A critical introduction to Economics

경제학산책

A critical introduction to Economics

경제학산책

김준호 지음

신론사

책머리에

I don't know mathematics,
therefore I have to think.

노벨경제학상 단골 후보였던 로빈슨Joan Robinson여사의 말이다. 20세기 최고의 여성경제학자로 평가받는 그녀가 수학을 몰랐을 리 없다. 그녀는 수학적 분석에 매몰된 경제학, 철학이 사라져 버린 주류경제학을 비판하고 있는 것이다. 그녀의 스승인 케인즈가 경제학자는 수학 외에도 철학, 정치학, 역사학을 공부해야 한다고 말한 것과 같은 취지다. 경제학자로서는 드물게 환경운동에 앞장서고 있는 볼딩Kenneth Boulding은 주류경제학을 비판하면서 수학으로는 '-와 같다' '-보다 크다' '-보다 작다' '-의 부분이다'라는 네 가지 외에는 생각하기 어렵다고 말한다.

경제학의 아버지로 불리는 아담 스미스가 도덕철학자였다는 데서도 알 수 있듯이 경제학은 근대사회의 윤리적 기초를 세우는 과정에서 탄생한 학문이다. 그래서 고전경제학은 현상에 대한 수학적 분석보다 당위當爲에 대한 토론으로 넘쳐났었다. 경제학은 모든 근대사상의 최종적 집결지였으며 입장을 달리하는 이데올로기들이 그 진면목을 여과 없이 드러낸 곳이었다. 경제사, 경제학설사, 정치경제학 등 소위 '말로 하는 경제학'을 강의해 온 나는 경제문제를 둘러싼 다양한 주장과 논쟁들이 소홀하게 다루어지는 것을 늘 아쉽게 생각해 왔다. 나는 학생들에게 문과에 속하는 다른 학문들과 마찬가지로 경제학 역시 사람이 사람답게 살 수 있는 조건들을 연구하는 학문이라는 것, 경제학을 통해서 인간에 대한 깊은 통찰과 사회적 당위에 대한 치열한 모색들을 접할 수 있다는 것을 알려주고 싶었다. 그렇게 하는 것이 경제학의 대중화, 경제학시장의 확대에 기여하는 것이라고 생각했다. 그러나 경제학과 교과과정은 주류경제학을 수용하기에도 벅찼기 때문에 그런 기회는 좀처럼 오지 않았다.

천학비재를 무릅쓰고 이 책을 쓰게 된 것은 우리 대학 교양과정의 일대 혁신 덕분이었다. 학생들의 선택 폭을 넓혀주기 위해 가볍고 실용적인 교과목들 외에 '비판적 사고를 함양할 수 있는 본원적 강의'들도 설강하겠다기에 제안서를 냈고, 강의안 대신 무리하게 책을 만들었다. 대학이 요구한 본원적이고 비판적 사고를 함양하는 것이야말로 이 책의 가장 중요한 목표다. 한 마디로 말해서 이 책은 우리가 살고 있는 자본주의시장경제에 대한 비판적 해설서다. 우리가 '주어진 것'으로 받아들이고 있는 모든 것들이 누군가에 의해 '만들어진 것'이라는 사실을 확인함으로써 학생들은 비판적이고 창조적인 사고의 첫 걸음을 뗄 수 있을 것이다.

인문분야에서 좋은 책을 많이 출판한 신론사와 만난 것은 이 책의 취지로 볼 때 의미 있는 일이다. 읽기 편한 책을 만들기 위해 한더위에 고생하신 신론사 편집진 선생님들께 감사드린다. 내 나름으로는 쉽게 쓰려고 노력했지만 아쉽고 부끄러운 곳을 많이 남겼다. 시간과 집중력이 허락하는 대로 더 많은 내용을 추가하고 더 쉽게 고쳐나갈 생각이다.

2009년 7월

삼정동 언덕에서 저자

차 례

제1장

빵과 말씀

우리는 가끔 물질적 이익과 정신적 가치를 두고 어느 쪽을 택할 지 망설일 때가 있다. 진로를 결정할 때는 보람과 수입을 두고 저울질하게 되고 가깝게 지내는 친구와의 금전거래에서는 우정과 손익이 충돌하는 경우도 있다. 요즘 세태는 배우자를 선택할 때도 경제적 조건을 앞세울 만큼 물질을 중시하는 방향으로 흘러가고 있지만 모든 사람이 다 그런 것은 아니다. 좋은 직장을 그만두고 사회봉사의 길을 걷는 사람도 있고, 물질적 풍요보다 정신적 여유를 찾아서 귀농歸農을 결단하는 이들도 적지 않다.

"사람이 빵만으로 살 것이 아니요 하나님의 입으로 나오는 모든 말씀으로 살 것이라."

물질을 중시하는 우리의 현실과는 달리 동서고금의 성현들은 대체로 정신적 가치를 더 소중히 하라고 가르친다. 물질생활에 대한 집착은 인간관계를 삭막하게 만들고 사회적 결속을 해칠 뿐만 아니라 그 자신의 인간적 품위를 떨어뜨리기 때문이다. 동서양의 전근대사회를 지배했던 유교와 기독교는 모두 부富를 추구하는 행위에 대해 부정적이다. 공자孔子(B.C.552-479)는 "군자는 밥이 아니라 도를 추구하며, 가난이 아니라 도를 걱정한다(君子謀道不謀食, 憂道不憂貧)"라고 말한다. 예수Jesus(B.C7?-A.D26?)는 더욱 심하게 '부자가 천당에 가는 것은 낙타가 바늘구멍을 통과하기보다 어렵다'고 말하고 있다.

물론 성현들이 우리에게 요구하는 것은 물질생활을 중단하라는 것이 아니라 물질적 풍요에 과도하게 집착하지 말라는 것이다. 인간도 생물인 이상 인간이 생물학적으로 존재할 수 있는 수준의 물질생활은 삶의 기본 조건이다. 식의주食衣住를 중심으로 하는 물질생활 즉 경제생활이 안정되지 않고서는 아무리 좋은 '말씀'도 귀에 잘 들어오지 않을 것이다. 그래서 예수는 '빵으로'가 아니라 '빵만으로bread alone'라고 말한 것이다. 주기도문에서도 예수는 죄에 대한 용서나 시험에 들지 말게 해 달라는 요청에 앞서 '일용할 양식을 달라'고 기도하고 있다.

"창고가 가득차야 예절을 알고, 의식이 풍족해야 영욕을 안다倉廩實則知禮節 衣食足則知榮辱 〈管子〉"

빵이 말씀보다 더 소중하다고는 말할 수 없지만 먹고 사는 문제가 우선적으로 해결되어야 한다는 것은 논쟁의 여지가 없다. 국가도 마찬가지다. 관중管仲(B.C.725?-645)은 춘추시대의 제齊나라를 패권국으로 부상시킨 인물이다. 그는 '먼저 백성을 잘 살게 해야 한다'는 필선부민必先富民 정책을 강력하게 추진했다. 관중에 의하면 사회가 유지되고 발전하기 위해서는 '예의염치禮義廉恥'가 바로 서야 하는데, 백성들이 헐벗고 굶주리면 예의는 고사하고 부끄러움조차 모르게 된다는 것이다. 관중 등의 법가法家에 반대하여 중의경리重義輕利를 설파했던 맹자孟子(B.C.372?-289?)조차도 '유항산유항심有恒産有恒心' 즉 백성의 살림살이가 안정되어야 민심이 변하지 않는다고 말하고 있다.

제2차 세계대전 이후 출범한 현대국가는 국가경제의 안정적인 운용과 경제성장을 최우선적인 과제로 삼는다. 각국의 정부조직에서 경제관련 부서의 비율이 절반을 넘는 것이 보통이다. 경제를 시장에 맡기지 않고 국가가 직접 통제했던 과거 사회주의 국가에서는 정부조직의 80% 이상이 경제업무를 담당했다. 정부정책에 있어서도 경제가 우선적이다. 오늘날 세계 모든 나라는 경제에 올인하고 있다고 해도 과언이 아닐 것이다. 2008년 9월 미국에서 발생한 금융위기가 세계경제를 급격히 침체시킨 가운데 우리나라를 포함한 각국 정부는 지금 국내 경기를 활성화하기 위해 고군분투하고 있다.

Karl Marx의 유물사관은 자연법칙으로서의 변증법적 유물론을 인간사회에 적용한 것이다. 그는 인류역사를 변화 발전시키는 힘은 신神 또는 초자연적인 관념에서 나오는 것이 아니라 인류의 물질생산의 영역에서 나온다고 주장한다. 물질영역에서의 변화는 정치 및 이데올로기의 영역으로 파급되어 사회 전체를 변화시킨다.

01 '하부구조가 상부구조를 결정한다'

경제생활의 목표가 생물학적 존재를 유지하는데 있는 것은 아니다. 동물들처럼 겨우 목숨을 연명하고 번식할 정도의 물질생활이 목표라면 이렇게 열심히 노력하고 서로 경쟁할 이유가 없다. 인간은 언제나 지금보다 더 편리하고 더 윤택한 경제생활을 추구한다. 그리고 우리의 대부분은 경제적 풍요가 도덕과 문화와 같은 정신생활도 풍요롭게 만든다고 믿고 있다. 관중이 말한 것처럼 의식이 족하면 영욕을 알게 되는 것이다. 이처럼 물질생활과 정신생활이 분리되어 있지 않고, 물질생활의 변화가 정신생활의 변화를 가져온다는 믿음이 유물론唯物論 materialism이다.

마르크스K. Marx(1818-83)는 사회가 변화해 가는 역사적 구조를 설명하기 위해 우선 사회를 하부구조sub-structure와 상부구조super-structure로 구분한다. 물질생활을 영위하는 경제영역이 사회의 하부구조에 해당되며 그 위에 정치영역과 이데올로기영역으로 구성되는 상부구조가 자리 잡고 있다. '하부구조가 상부구조를 결정한다'는 그의 주장은 사회의 변화, 즉 인류역사의 발전을 주도하는 것은 정치나 사상이 아니라 경제영역이라는 것이다. 사적유물론historical materialism의 논리에 따라 중세봉건제사회가 근대자본주의사회로 발전하는 과정을 살펴보기로 하자.

그림 1.1 • 자본주의사회의 성립

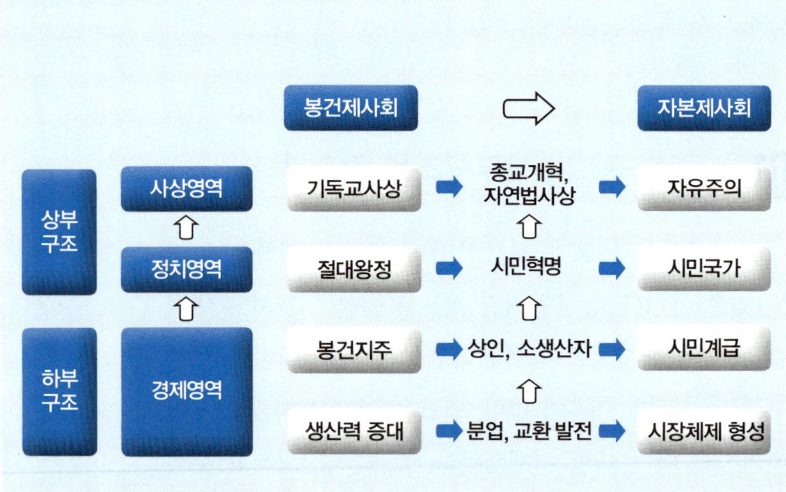

우리가 살고 있는 자본주의사회는 부르주아지bourgeoisie계급이 주도하는 사회이므로 이들의 성장과정은 곧 자본주의의 성립과정이기도 하다. 중세도시에서 주로 소상공인小商工人으로 살아가던 이들은 중세말기 교환경제와 시장체제가 형성되는 과정에서 부를 축적하여 중세사회의 지배계급인 봉건영주들을 경제적으로 위협하게 된다. 경제력에서 우위를 확보한 부르주아지들은 영업의 자유를 억압하는 절대왕정과 대립하다가 마침내 시민 혁명을 일으켜 시민정부를 수립한다. 경제영역에 이어 정치 영역까지 장악한 부르주아지들은 위의 그림에서 보는 것처럼 최종적으로 자신의 이익에 부합하는 이데올로기인 자유주의를 확립하게 되는 것이다.

하부구조가 상부구조를 결정한다, 쉽게 말해서 경제가 사회 전체를 좌우한다는 인식은 단기적인 사회 변화에도 적용될 수 있다. 가령 1997년에 발생한 우리나라의 외환위기 즉 'IMF사태'는 그 이전과 그 이후가 서로 다른 시대에 속한다고 할 수 있을 정도로 우리 사회에 커다란 변화를 가져왔다. 외환위기를 극복하는 과정에서 한국자본주의는 보다 순수한 모습의 자본주의 또는 국제적으로 표준화된 자본주의로 변모했다. IMF의 요구에 따라 강력하게 추진된 금융, 기업, 노동, 공공의 4대 부문에 대한 개혁조치는 한국자본주의 특유의 관치官治와 온정溫情의 요소들을 제거하고 투명성과 공정성을 높이는데 크게 기여했다. 노동시장의 경우 시장의 유연화라는 이름으로 비정규직제도를 정착시켜 근로자들을 평생 파트타임 노동자로 살아가도록 만들어 놓았지만, 그것이 종신고용제보다는 더 자본주의적이라는 것은 분명한 사실이다.

경제영역에서의 자본주의의 진전은 사회의 다른 영역에 남아 있던 전근대적인 요소들도 빠른 속도로 청산해 나갔다. 가장 중요한 변화는 자유주의liberalism의 확산이었다. 자본주의 이데올로기인 자유주의는 사회를 독립된 개인들의 집합체로 파악한다. 여기서는 모든 개인이 서로 경쟁관계에 있으며 인간관계는 서로의 이익을 위한 계약에 의해 성립한다. IMF 사태 이후 인간관계가 삭막해지고 타산적으로 변했다는 것은 한국사회가 의식면에서도 더 많이 자본주의화 되었다는 것을 의미한다. 최근에 우리 사회를 휩쓸고 있는 보수화의 물결, 특히 20대 청년층의 보수화 역시 자유주의의 확산과 무관하지 않다.

사회생활의 토대가 되는 경제영역 중에서도 가장 기본적인 경제행위는 생산이다. 빵을 먹기 위해서는 우선 빵을 생산하지 않으면 안 된다. 생산은 경제생활의 출발이며 분배와 소비를 원천적으로 규정한다. 생산은 일차적으로 '인간과 자연의 관계' 속에서 수행된다. 우리가 소비하는 실물재화의 대부분은 자연으로부터 나온다. 우리의 시선이 닿는 모든 것들이 자연에서 캐낸 것들이다. 현대인들의 과소비를 비판하는 생태주의자들은 우리가 사용하는 모든 재화들을 자연의 시체라고 표현할 지도 모른다. 그러나 인류의 역사는 자연으로부터 더 많은 것을, 더 쉽게 가져오기 위해 노력해 온 과정이었다.

생산능력 또는 생산력productive forces은 인간이 자연을 통제해서 생산물을 획득할 수 있는 힘이다. 그것은 인간이 자연을 개조하고 지배할 수 있는 능력이며, 인간의 물질적 욕구를 충족시키는 힘이다. 따라서 생산력 수준은 자연에 대한 인간의 지식이 어느 수준인가, 그 지식에 기초해서 자연을 얼마나 통제할 수 있는가에 달려있다. 베이컨F. Bacon(1561-1626)의 말처럼 자연에 대해 '아는 것이' 많을수록 자연을 통제하는 '힘'이 커지는 것이다. 생산력이 높아진다는 것은 동일한 분량의 생산물을 생산하는데 소요되는 인간의 노동이 감소한다는 것을 의미한다. 인류의 역사는 생산력을 높이는 방향으로 전개되어 왔다. 문명은 노동시간의 절약을 통해서 발전해 온 것이다.

생산은 또한 인간과 인간의 관계 속에서 수행된다. 생산과정에서 맺어지는 인간과 인간 사이의 여러 가지 관계를 통 털어서 생산관계relations of production라고 표현한다. 가장 단순한 형태인 협업관계는 하나의 재화를 생산하기 위해 다수의 사람들이 동일한 노동을 반복적으로 수행하는 것을 말한다. 모내기를 하거나 흙으로 제방을 만들 때는 주로 협업관계에 의존한다. 생산과정에서 형성되는 보다 발전된 인간관계는 분업이다. 작업장에서 이뤄지는 분업은 하나의 공정을 여러 부분으로 나누고 각 공정마다 전담자를 배정하여 생산을 수행하는 방법이다. 근대 초기에 공장제 수공업manufacture을 통해 본격화된 이 분업은 생산력의 증대에 있어서 협업과는 비교할 수 없을 정도로 큰 효과를 낳았다.

생산관계에서 가장 중요한 관계는 '생산수단을 누가 소유하느냐' 하는 생산수단의 소유관계이다. 왜냐하면 토지나 공장 등의 생산수단을 소유한다는 것은 그 생산수단을 이용하여 수행하는 모든 생산과정을 통제할 수 있다는 것을 의미하기 때문이다. 가령 빵공장을 소유한 자본가는 생산하려는 빵을 구상하고, 그것을 생산하는데 적합한 노동자들을 모집하고, 모집한 노동자들의 협업과 분업을 조직하고, 그들의 노동과정을 감독하며, 생산된 빵들을 처분하는 권리를 행사한다. 자본이 생산수단인 자본주의사회에서는 노동자가 아니라 자본을 소유한 자본가가 생산을 주도한다. 노동이 아닌 자본이 생산의 주체이며, 노동자가 아니라 자본가가 생산자인 것이다. 생산자이론의 목표가 임금극대화가 아니라 이윤극대화에 있는 것도 이 때문이다.

생산수단의 소유관계가 갖는 의미는 생산의 영역에 그치지 않는다. 지금까지 논의해 온 것처럼 사회의 토대가 경제고 경제의 토대가 생산이기 때문에 생산을 장악한 자본가는 자본주의사회 전체를 주도하게 된다. 자본가들은 법과 정치와 정책수립에 큰 영향을 끼치고, 그들의 영리활동을 정당화하는 이데올로기는 사회 전체의 공식 이데올로기로 채택되어 우리의 사회관과 인생관으로 작용한다. 실제로 일반 시민들은 대통령을 비롯한 정치가들의 권력보다 자신이 근무하는 회사 사장의 권력을 더욱 실감한다. 그래서 자본주의를

그림 1.2 • 생산력과 생산관계

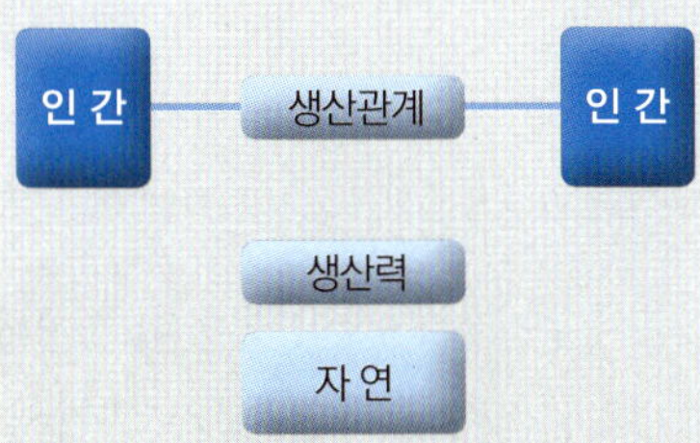

전면적으로 부정하는 사람들은 생산수단의 사유제도를 가장 큰 공격대상으로 삼는다. 마찬가지 이유로 사실상 생산수단의 사유제도를 도입한 중국은 그들의 주장과는 반대로 사회주의국가라고 말하기는 심히 거북한 것이다.

인류의 생산력은 자연을 통제하는 능력을 통해서만 발전하는 것이 아니라 생산관계를 통해서도 발전한다. 동일한 기술수준 아래서도 협업과 분업을 얼마나 잘 조직하느냐에 따라 생산능력이 달라지는 것이다. 생산수단의 소유관계 역시 생산력의 발전에 큰 영향을 미친다. 인류가 산업혁명을 통해 비약적인 생산능력을 보유할 수 있게 된 것은 자본가들이 중세의 봉건지주들을 몰아내고 생산수단을 장악했기 때문이다. '부르주아지는 백년도 채 안 되는 기간에 그 이전의 모든 세대가 해낸 것보다 더 많은 재화를 생산했다'고 마르크스는 말하고 있다.

02 빵문제의 사회적 해결

경제학은 인간의 빵문제를 연구하는 학문이다. 음식으로서의 빵 자체에 대한 연구는 자연계 학문들의 과제다. 경제학은 빵을 먹는 '인간에 대한 연구A. Marshall'이며 빵을 둘러싼 '인간과 인간의 관계F. Engels'를 다루는 학문이다. 인문과학과 사회과학의 궁극적 연구 대상은 인간이다. 인문과학은 개별적 존재로서의 인간을 다루고 사회과학은 사회적 존재로서의 인간을 탐구한다. 인간은 무소의 뿔처럼 혼자서 외롭게 백팔번뇌百八煩惱하는 존재인 동시에, 크고 작은 사회 속에서 집단적으로 살아가는 존재이기도 한 것이다.

경제학이 사회과학에 속하는 이유는 간단하다. 사람은 혼자서가 아니라 사회를 통해서 빵문제를 해결하기 때문이다. 물론 지금도 깊은 산 속이나 외딴섬에 들어가 혼자서 자급자족하며 살아가는 사람들이 있기는 하지만 그들은 극소수에 지나지 않는다. 또한 그들이 과연 사회와 완전히 단절된 채 의식주 일체를 해결할 수 있는지는 의심스럽다. 빵문제의 사회적 해결은 합의에 의한 것이 아니라 타고난 것이다. 인류는 처음부터 사회적인 동물, 집단생활을 하는 동물로 태어났다. 인간만이 아니라 대부분의 동물들이 군집생활群集生活을 한다. 구석기 시대의 인류는 대체로 30명에서 60명 규모로 이뤄진 씨족공동체를 통해서 빵문제를 해결했다.

우리가 먹는 초콜릿 속에는 서부아프리카의 카카오농장에서 일하는 이 소년의 노동이 들어있을 지도 모른다. 〈출처 : 희망무역 http://ecofairtrade.or.kr〉

지금은 전지구의 30억 인류 전체가 하나의 빵공동체를 이루고 있다. 한 조각의 식빵에도 헤아릴 수 없이 많은 사람들의 땀이 스며있다. 아직 제분製粉과정을 거치지 않은 단계에서만 보더라도 대규모 밀 농장을 운영하는 백인 농장주, 그 농장에 고용된 멕시칸 농업노동자, 운반을 담당하는 흑인 트럭운전자, 농약제조회사에 근무하는 아시아인, 농약 재료를 재배하는 아프리카인이 포함되어 있을 것이다. 이런 식으로 빵 한 조각의 생산에 참여한 사람들과 그들의 역할을 추적하면 아마도 책 한 권 분량도 넘을 것이다. 한 송이의 국화꽃을 피우기 위해 천둥이 먹구름 속에서 울었다는 것은 시인의 상상이지만 우리가 먹는 식빵 한 조각을 위해 수백 수천만의 사람들이 참여하고 있다는 것은 엄연한 사실이다.

빵을 혼자서 만들지 않았기 때문에 빵의 분배도 개인이 마음대로 결정하지 못한다. 원시사회에서는 사회구성원들의 생존을 보장하기 위한 실질적인 평등분배가 이뤄진 것으로 추측되며, 수장首長이 공동체를 지배하는 단계에서는 수장이 분배문제에 큰 영향력을 가진 것으로 보인다. 토지가 중요한 생산수단이었던 중세사회에서는 토지소유자인 봉건지주와 그의 토지를 빌려서 경작하는 봉건농민이 정해진 지대율에 따라 토지의 소산을 나눠가졌다. 근대사회에서의 분배는 원칙적으로 생산과정에서 얼마나 기여했느냐에 따라 분배 몫이 결정된다. 자본주의와 사회주의의 차이점은 전자가 자본가와 노동자 모두의 몫을 인정하는데 비해, 후자는 땀 흘려 일하는 노동자의 몫만 인정한다는 점이다.

분배된 빵을 소비하는 과정도 순수하게 개인적인 것이 아니다. 개인이 소비하는 빵의 양이 이미 사회적으로 수행된 생산과 분배과정에 의해 규정된다. 똑같은 노동을 수행했어도 생산력이 발전된 사회에서는 더 많은 빵을 만들어 더 많이 소비할 수 있으며, 동일한 양의 빵을 생산하더라도 분배구조가 평등한 사회일수록 사회구성원들에게 돌아가는 몫이 균등해진다.

어떤 빵을 먹을 것인가 하는 선택 역시 사회적 영향을 받는다. 매운 맛을 좋아하는 우리의 입맛도 어려서부터 사회적으로 길들여진 것이며, 맵고 짠 음식을 조금씩 멀리하는 것도 건강에 대한 사회적 각성에 따른 것이다. 설탕이 많이 들어간 빵을 좋아하지 않는 사람도 사회 전체의 기호가 단 것을 밝히면 자신의 입맛을 거기에 맞출 수밖에 없다.

이처럼 우리의 경제생활을 구성하는 '생산-분배-소비'의 모든 과정에서 우리는 서로 촘촘히 연결되어 있다. 경제생활이 윤택해질수록 우리는 더 많은 재화를 소비하게 되고, 그럴수록 다른 사람들과의 상호의존성도 높아진다. 우리가 서로에 대한 의존성을 느끼지 못하는 것은 우리 모두가 거대한 사회적 분업체계 속에서 서로 익명匿名으로 연결되어 있기 때문이다. 내가 먹는 빵을 누가 만들었는지 모르는 것처럼 내가 만들고 있는 이 책을 누가 사서 읽을지 알지 못한다. 우리가 아는 것은 단지 아침 일찍 가게 문을 여는 빵집 아주머니뿐이다.

03 물질지상주의와 경제학

유물론자들은 경제생활이 개인의 삶과 사회생활의 바탕이며 경제발전이 역사발전의 원동력이라고 주장하지만, 물질적 풍요가 인생의 가장 소중한 가치라고 말하지는 않는다. '돈이면 다'라거나 치부致富가 인생의 유일한 목표라거나 또는 물질적 소비를 통해서만 삶의 보람을 느낀다거나 하는 태도는 유물론이 아니라 물질지상주의다. 따라서 과거 반공교육에서 자주 등장했던 '사회주의자=유물론자=물질지상주의자'라는 비판은 개념적으로 잘못된 것이다. 유물론과 관념론idealism은 "우주의 근본이 무엇인가, 물질인가 정신인가" 라는 이른바 '철학의 근본문제'에 대한 철학적 입장인 것이다.

물질지상주의 또는 황금만능주의는 사회주의가 아니라 자본주의와 더 가깝다. 왜냐하면 자본주의는 기본적으로 재산의 많고 적음에 의해 사회적 서열이 결정되는 사회이기 때문이다. 또한 자본주의는 물질적 부를 둘러싼 개인들 사이의 무한경쟁을 자연스러운 것으로 인정하기 때문이다. 돈 때문에 벌어지는 각종 반사회적 범죄나 도덕적 타락은 물질지상주의의 극단적 폐해일 뿐이다. 법과 도덕을 위반하지 않는 선량한 시민이라도 삶의 중심에 물질이 있는 한 물질지상주의라는 비판에서 벗어날 수 없다. 아니, 우리가 자본주의사회에 살고 있는 한 누구든 물질지상주의에서 자유로울 수 없다.

> 물질지상주의는 인간의 영혼을 황폐화시킬 뿐만 아니라 지구온난화 사막화 등 자연생태계까지 파괴하고 있다.

물질지상주의에 대한 비판은 종교계를 비롯하여 정신적 가치를 존중하는 사람들과 여러 단체들로부터 제기되고 있다. 그 중에서도 가장 강력한 비판은 생태주의Eco-centrism로부터 나오고 있다. 그들은 물질적 부에 대한 과도한 집착이 인간의 영혼을 황폐하게 만들고 인간적인 삶을 왜곡시키며 자연생태계를 파괴하고 있다고 주장한다. 또한 이대로 가다가는 머지않아 이 지구에 대재앙이 일어날 것이고, 끝내는 자연과 함께 인류도 절멸絶滅하고 말 것이라고 경고하고 있다. 일부 생태주의자들은 물질지상주의를 조장하는 대표적 학문으로 경제학을 지목한다. 그들은 경제학이 자본주의에 내재된 물질지상주의를 아무런 비판 없이 수용할 뿐만 아니라 심지어 그것을 합리화한다고 주장한다.

"이 광란적인 낭비적 생산과 소비생활의 고삐를 잡지 못하는 한 파멸은 불가피하다고 할 때, 무엇보다 절실한 것은 생태계의 질서와 인간영혼의 요구에 대한 완전한 무지와 몰각에 기초해 온 종래의 경제학의 근본가정이 전면적으로 바뀌지 않으면 안 된다는 사실일 것이다. (김종철, 『녹색평론선집1』, 1997, 3쪽)"

경제학에 대한 적대감이 흘러넘치는 말씀이다. 비록 어세語勢가 사납기는 하지만 경제학이 '자연생태계의 질서와 인간영혼의 요구에 대한 완전한 무지와 몰각에 기초'하고 있다는 것은 과한 말이 아니다. 왜냐하면 경제학은, ① 자연은 그 자체로서는 전혀 가치가 없는 것이고, 인간의 손이 닿아야 비로소 가치가 생긴다고 주장하기 때문이며 ② 특히 근대경제학은 인간영혼의 요구에는 눈곱만큼의 관심도 없기 때문이다. 경제학에서는 정신적 행복을 다루지 않는다. 경제학에서 행복에 해당되는 용어는 효용utility인데, 효용은 소비하는 재화의 양에 비례하는 것으로 설명된다. 많이 소비할수록 효용이 커지고 행복해지는 것이다.

경제학Economics과 경제학을 원수로 삼는 생태주의Eco-centrism에는 모두 Eco가 붙는다. Eco는 집家이라는 의미의 그리스어 Oikos에서 온 말이다. 말하자면 인간과 자연이 원래는 한 집안에서 사이좋게 살았는데 대략 18세기경 유럽인들이 자연을 집에서 쫓아내 버렸고, 자연이 쫓겨나자 자연과 인간을 연결해 주던 영혼마저 시들어버린 것이다. '광란적'으로 자연을 파괴하고 소비에 열중하는 이 영혼 없는 인간들의 삶의 교재가 바로 경제학이라는 것이다.

"경제적 측면에서 말하자면 우리의 그릇된 생활방식은 우선 의식적으로 탐욕과 질투심을 조장하며 한없는 욕망을 해방시켜버린 데서 찾아볼 수 있다. 인간을 기계의 힘으로 인도한 것은 탐욕이 저지른 죄악이다. 현대인의 마음이 탐욕 –그리고 질투심–에 의해 정복되어 있지 않다면, '생활수준'이 향상되고 있는데도 마치 미치광이같은 경제주의가 횡행하거나, 가장 풍요로운 사회가 가장 사정없이 경제적 이익을 추구할 리가 없다. (슈마허, 『작은 것이 아름답다』, 김진욱 역, 37쪽)"

경제학이 물질지상주의의 조장에 연루되어 있다는 것은 사실이다. 그러나 그것은 자본주의 자체에서 유래한 것이지 경제학이 만들어 낸 것이 아니다. 경제학은 단지 자본주의사회에서 합리적으로 살아가는 방법을 연구해 왔을 뿐이다. 경제학 특히 근대경제학은 자신의 임무를 자본주의적 현상들에 대한 당위적 평가가 아니라 과학적 분석으로 한정하고 있다. '탐욕'과 '질투심(=경쟁)'도 경제학이 개발해서 유포한 개념이 아니다. 그것은 서구근대의 수많은 사상가들에 의해 확정된 인간의 본성이다. 경제학은 본질이 아니라 근대자본주의사회의 수많은 현상 중의 하나에 지나지 않는 것이다.

그렇다고 해서 물질지상주의를 숙명처럼 받아들여야 한다는 것은 결코 아니다. 앞에서 말한 것처럼 물질에 대한 집착은 인간관계를 포함한 우리의 삶을 왜곡시키고 인간적 품위를 한없이 떨어뜨린다. 물질지상주의의 극복은 현실적으로 개인의 성찰에 의존하는 수밖에 없다. 우리가 인생의 의미에 대해 깊이 생각하고 크게 각성하지 않는 한 우리는 자신도 모르는 사이에 황금만능주의에 빠지게 된다. 사람이 빵만으로 살 것이 아니라는 예수의 가르침이나 무소유를 통하지 않고는 진정한 자아를 발견할 수 없다는 부처의 가르침이 항상 새로운 이유가 여기에 있다.

제2장

하필왈리何必曰利!

경제사상의 역사는 경제학의 역사보다 길다. 경제학은 자본주의와 함께 탄생했지만 경제문제와 경제사상은 그 이전에도 존재했었기 때문이다. 근대 이전 즉 고대와 중세의 지식인들은 경제문제를 주로 정치나 사회정의의 차원에서 다루었는데, 대체로 물질적 풍요보다는 도덕적인 삶을 중시하는 입장이었다. 중세사회의 경우 동양에서는 유가사상이, 서양에서는 기독교사상이 지배이데올로기로 채택됨으로써 중세지식인들의 관심은 물질보다는 정신에 집중되었다. 동서양의 중세는 경제사상의 암흑기라고 해도 과언이 아닐 것이다.

그러나 고대중국의 사상가들은 경제와 도덕의 상대적 중요성을 주제로 치열한 논쟁을 전개하여 이 시기에 제출된 다양한 경제사상들은 오늘날까지 큰 영향을 미치고 있다. 기원전 8세기부터 약 5백년간 지속된 춘추전국시대의 지식인들의 최종적인 관심은 나라를 다스리는 치국治國과 천하를 평화롭게 만드는 평천하平天下였다. 국가의 운영과 관련된 이들

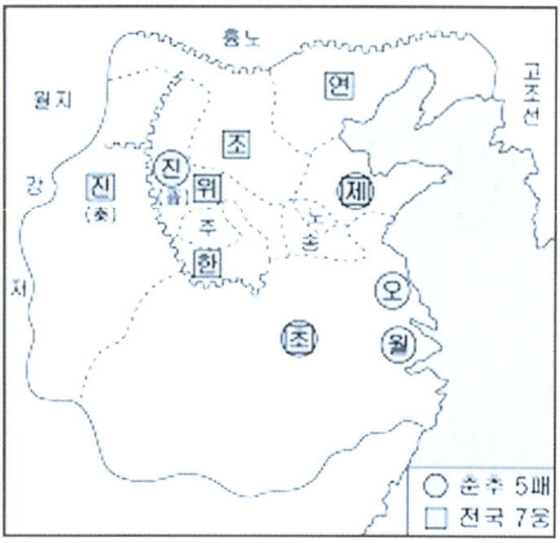

춘추전국시대 약도

의 사상과 실천은 서양보다 2천 년 이상 앞서는 것이어서 18세기 프랑스의 계몽주의 철학자 튀르고A.R.J. Turgot(1727-1781)는 고대 중국사상의 높은 수준에 충격을 받고 자존심이 상한 나머지 '중국에서는 너무 이른 시기에 이성과 정의가 과잉되어 중국문명을 질식시켰다'는 억지주장을 펴기도 했다.

백가쟁명百家爭鳴의 시대로 불리는 춘추전국시대의 경제사상은 당시의 주류였던 관자管子등의 선리후의先利後義 노선과 공자孔子를 중심으로 하는 중의경리重義輕利 노선, 그리고 묵자墨子의 의리합일義利合一 노선으로 대별할 수 있다. 제2장에서는 주로 경제와 도덕의 선차성先次性 문제를 중심으로 관자와 공맹孔孟, 그리고 묵자의 경제사상을 살펴본다.

01 관자의 필선부민必先富民

관포지교管鮑之交로 널리 알려져 있는 관중管仲(B.C.725?-645)은 춘추시대 초기에 제齊나라 재상으로 활동한 정치가로서 제나라를 최초의 패권국覇權國으로 부상시킨 인물이다. 그가 백여 개의 제후국을 누르고 패권을 차지할 수 있었던 것은 그의 부국강병책이 지극히 현실적이고 합리적이었기 때문이다. 그의 사상을 책으로 정리한 『관자』는 국가경영의 백과전서로 불릴 만큼 다양한 내용들을 담고 있다. 『삼국지』 최고의 경세가 제갈공명諸葛孔明은 관중을 평생의 모범으로 삼아 사람들은 그를 관중의 환생이라고 말하기도 했다. 조선시대의 개혁사상가 허균許筠은 '어차피 (유가의) 왕도정치가 불가능하다면 관중과 같은 인물이 나와야 한다'고 했고, 다산茶山 정약용 선생도 관중의 실사구시적 태도를 높이 평가하여 『관자』의 「목민편」을 자신의 책 이름으로 삼았다.

관중(管仲, B.C.725?-645)은 제나라의 왕위계승 전쟁에서 패배한 후 자신이 모시던 공자 규(糾)를 따라 죽지 않았다. 자신을 비겁하다고 비난하는 사람들을 향해 그는 '이오사즉제국불리(夷吾死則齊國不利)', '나 이오가 죽으면 제나라에 불리하다'고 항변했다.

사오사욕四惡四欲

관중은 사농공상士農工商의 사민四民이 국가의 기초라고 말하고 '정지소흥 재순민심政之所興 在順民心'이라고 하여 국가를 다스리는 기본원리는 민심을 따르는데 있다고 주장한다. 백성을 '사랑하고, 이롭게 하고, 재산을 늘려주고, 편안하게 해 주는 것愛之利之 益之安之'이야말로 하늘의 뜻이라고 생각하는 것이다. 그는 법가法家의 창시자이면서도 법가에 속하는 다른 사람들이 대체로 국가를 군주君主와 일체화하여 '위로부터의 다스림'에 치중한 것과는 반대로 치국治國의 바탕은 백성에 있다고 말한다. 더욱 중요한 것은 그가 말하는 민심은 '민심은 천심天心'이라는 식의 추상적인 것이 아니라 구체적이고 현실적인 것이라는 점이다. 민심을 도덕이나 정의에서 찾는 사상가들과는 달리 그는 민심이 바라는 바는 물질적 풍요와 안전한 삶이라고 주장한다.

백성은 우로憂勞 빈천貧賤 위추危墜 멸절滅絕 즉 힘들고 가난하고 위태롭고 대가 끊기는 네 가지를 싫어하며, 일락佚樂 부귀富貴 존안存安 생육生育의 네 가지를 추구한다. 관중이 파악한 민심은 인간이면 누구나 가질 수밖에 없는 자연스럽고 현실적인 욕구들 즉 사욕四欲으로 구성되어 있다. 인간의 물질적 욕구를 충족의 대상으로 인정하는 것은 근대적이며 자본주의적인 발상이다. 서양의 전근대 사상가들과 동양의 중세를 지배한 유가는 인간의 물욕物慾을 도덕적 타락의 원천으로 보고 절제의 대상으로 간주하고 있다. 관중의 경제사상이 80년대 이후 시장경제체제로 선회한 중국에서 다시금 각광받고 있는 것도 인간의 욕망을 있는 그래도 인정한 그의 사상적 선진성 때문일 것이다.

사순四順과 사유四維

관중은 올바른 정치란 백성의 사욕四欲을 충족시켜주는 사순四順의 정치라고 말한다. 사순의 정치가 행해질 때 비로소 사회윤리가 확립될 수 있고 백성이 군주를 따르게 된다. 공자보다 백년 이상 앞선 춘추시대 초기에 활약했던 관중도 사회윤리의 중요성을 강조하여 사유론四維論을 전개하고 있다. 사유란 국가를 지탱하는 네 가지 기둥이라는 뜻으로 예禮·의義·염廉·치恥를 가리킨다. 그의 설명에 따르면 '예'는 절도를 지키는 불유절不踰節, '의'는 스스로 벼슬을 구하지 않는 불자진不自進, '염'은 악을 감추지 않는 불폐악不蔽惡, '치'는 굽은 것을 좇지 않는 불종왕不從枉이다. 관중은 이중 하나를 상실하면 나라가 흔들리고 네 개를 다 잃으면 파멸을 면치 못한다고 말한다.

또한 법가法家로서의 그는 '군신상하귀천개종법君臣上下貴賤皆從法'이라고 하여 군주와 노비에 이르기까지 모든 사람이 법을 따라야 한다는 점도 강조하고 있다. 그러나 관중은 사회윤리를 바로 세우고 법질서를 확립하기 이전에 백성들의 경제적 기반부터 갖춰져야 한다고 생각한 것이다. 백성들은 의식주가 보장되면 죄를 범할 이유가 없어지고, 자신의 마음에 안거安居하여 직분과 예절을 지키고 살아갈 수 있는 것이다. '창름실

즉지예절倉廩實則知禮節'이요, '의식족즉지영욕衣食足則知榮辱'이라. 창고가 가득차야 예절을 알고, 의식이 풍족해야 영욕을 안다는 그의 지론은 누구도 부인할 수 없는 불후의 명언이라고 하겠다.

필선부민必先富民

관중은 백성이 먼저 부유해져야 한다는 '필선부민必先富民'을 되풀이하여 강조한다. 그는 '범치국지도필선부민凡治國之道必先富民' 즉 나라를 다스리는 모든 길은 먼저 백성들을 부유하게 만드는 데 있다고도 했고, '필선부민연후치지必先富民然後治之' 즉 우선 백성을 부유하게 만든 다음에 그들을 다스리라고도 했다.

민부와 국부를 일치시킨 관중의 민부民富 우선주의는 백성들의 경제적 고통에는 아랑곳 하지 않고 부국강병에만 골몰한 다른 법가 사상가들과는 판이하게 다르다. 또한 국가와 국민을 분리시키고 오로지 왕실 재정의 확충만을 추구한 17세기 서양의 중상주의자들보다도 앞서는 것이었다. 서양의 경제사상에서는 아담 스미스A. Smith (1723-1790)의 『국부론』에 와서야 비로소 민부의 중요성을 발견하게 된다.

백성을 부유하게 만들기 위해서는 백성의 대다수가 종사하는 농업을 발전시켜야 한다. 관중은 농업을 본本, 본사本事, 본업本業이라 하여 백성의 경제생활과 국가재정의 기반으로 중시했다. 그는 '얻으면 반드시 살고, 잃으면 반드시 죽는 것은 무엇인가得之必生 失之必死者 何也?'라고 묻고 그것은 바로 식량이라고 자답한다. 따라서 현명한 군왕의 임무는 쓸모없는 일들을 물리치고 '강본强本' 즉 농업에 역점을 두는 것이다. "무릇 나라를 가지고 백성을 다스리는 자는 사시사철 농업에 힘쓰고 국고를 잘 관리해야 한다. 나라가 부유하면 사람들이 멀리서 찾아들고 토지가 잘 개간되면 백성들이 머물고 거처를 잡게 된다凡有地牧民者, 務在四時, 守在倉

廩. 國多財, 則遠者來, 地辟擧, 則民留處."

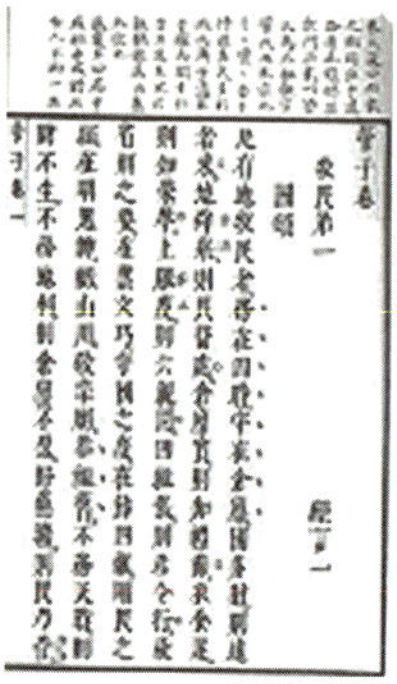

관중의 사상을 정리한 「관자」는 모두 86편으로 구성되어 있으나 그중 10편은 전하지 않고 76편만이 남아있다.

관중이 재상으로 활동하던 당시의 중국농업은 철제농기구의 보급, 우경牛耕의 확대 등을 통해 생산력이 비약적으로 성장하고 있었다. 농업생산력의 성장으로 영농의 기본단위가 씨족공동체에서 평균 5인 규모의 소가족으로 재편되자 관중은 씨족공동체에 기초한 정전제井田制를 폐기하고 소가족을 생산단위로 하는 소농경영小農經營을 적극 추진했다. 정전제의 해체는 곧 원시적 공동생산의 청산을 의미하기 때문에 농민들은 자신의 책임 하에 영농에 종사함으로써 농민들 사이의 생산 경쟁을 통해 농업생산력은 더욱 증대될 수 있었다.

관중은 또한 황무지를 개간하여 경작지를 넓히도록 권장했고 농업용수의 확보를 위한 관개수리시설 등 농업기반시설을 크게 확충했다. 또한 그는 농산물가격의 안정을 위해 사치품이나 공산품의 가격이 상승하지 않도록 물가를 조정하기도 했다. 그가 상공업을 말업末業 또는 말산末産이라고 하여 그 성장을 억제한 것은 '말산을 금하지 않으면 토지가 개발되지 않는다末産不禁則野不辟' 즉 농민들이 재물을 얻기 위해 상공업으로 전업하는 것을 우려했기 때문이다. 특히 그는 상인들이 지배계급을 사치에 빠지게 하여 백성들을 궁핍케 한다는 이유로 상인의 조정 출입을 경계하고 있다.

균분均分

관중은 분배의 중요성에 대해서도 충분히 인식하고 있었다. 정전제의 해체와 소농경영의 확대로 농민들 사이에 부농과 빈농의 분화가 일어나는 것은 필연적이었으나 경제적 불평등이 지나치게 심화되면 사회의 안정과 백성들 사이의 단합이 위태롭게 된다. 그는 백성 중에 자식을 파는 자가 생기는 것은 '재유소병財有所幷' 즉 재산이 몰려있기 때문이라고 지적한다. 빈곤을 개인의 책임이 아니라 사회적 문제로 본 것이다. 물론 그의 균분은 경제적 평등 자체를 지향한 것이 아니라 치국을 위한 방법이었다. '심부불가사甚富不可使' 지나치게 부유하면 다스릴 수 없고, '심빈부지치甚貧不知恥' 지나치게 가난하면 부끄러움을 모르기 때문에 나라를 운영하기가 어렵다는 것이다. 나아가 그는 '빈부무도즉실貧富無度則失' 즉 빈부의 차이가 지나치면 모든 것을 잃는다고 경고하고 있다.

그는 지배계급의 사치와 낭비를 배척하면서도 소득의 재분배를 위한 부자들의 소비를 적극 권장한다. 「치미侈靡」편에서 그는 분묘墳墓 축성을 예로 들어 분묘를 크게 만들면 빈민이 고용되고, 분묘를 치장하면 조각공이 고용되고, 관곽을 크게 만들면 목공이 고용된다고 하여 부유한 계층의 소비를 유도하고 있다. 소비를 경기부양과 빈민구제의 방법으로 본 것은 탁견이 아닐 수 없다.

관중은 귀족과 관료들이 백성을 착취하는 행위나 지방 세력가들이 백성의 토지를 침탈하는 행위를 엄중하게 제재했다. '배와 수레를 호화롭게 꾸미고 궁궐을 지나치게 넓히면 과중한 조세를 물리게 되고, 백성들을 함부로 부려 피로하게 만들면 백성의 힘이 고갈된다'는 지적에서 보는 바와 같이 그는 군주를 포함한 지배계급의 사치생활로 백성들이 혹사당하는 것을 경계하고 있다.

관중은 농민에 대한 조세부과의 공평성을 기하기 위해 부과 대상인 토지면적을 비옥도 또는 소출량을 기준으로 조정했다. 같은 면적의 토지라도 비옥도에 따라 소출량이 다르기 때문에 토지면적만 가지고 조세를 부과하는 것은 공정하지 못했기 때문이다. '수등이척隨等異尺의 법'으로 불리는 이 방법은 우리나라에서도 고려 중기부터 사용되었다. 조선 세종世

宗 때는 토지를 여섯 등급으로 나누었는데 가장 낮은 6등급 토지의 면적은 대체로 1등급의 4배 정도였다.

그러나 관중의 이러한 균분사상은 법가에 계승되지 않았다. 후일 법가사상을 집대성한 한비자韓非子(B.C.280~?)는 '사이타자빈 역이검자부侈而墮者貧 力而儉者富'라고 하여 빈부의 차이는 개인의 도덕성과 능력의 차이에서 나온다고 주장한다. 따라서 부자에게서 거두어 가난한 자에게 나누어 주는 것은 부당하다는 것이다.

관자의 선진성

관중의 경제사상은 중세중국을 지배한 유가에 의해 오랫동안 외면당해 왔다. 그러나 그는 살아서는 춘추를 제패했고, 죽은 후에는 '치국'과 '평천하'를 추구한 춘추전국시대 수많은 국가들의 전범典範이 되었다. 그의 선진적인 경제사상은 중세를 뛰어넘어 근대로 직결되고 있다. 앞에서 지적한 것처럼 그는 민부와 국부를 동일시했다는 점에서 『국부론』의 아담 스미스A. Smith와 크게 다르지 않다.

사욕四欲은 백성의 본성이며 사유四維의 바탕이라는 관자의 도덕론은 이기심을 사회윤리의 기초로 삼은 밴덤J. Bentham이나 아담 스미스의 그것과 일치한다. 뿐만 아니라 경제영역(四欲)으로부터 정치영역(四順)과 이데올로기영역(四維)으로 나아가는 그의 방법론은 하부구조가 상부구조를 규정한다는 사적유물론의 방법과도 일치한다. 덩샤오핑鄧小平(1904~1997)의 개혁개방 이래 중국이 추구해 온 국가자본주의 노선의 사상적 연원淵源은 공자가 아니라 관중에 있다고 해야 할 것이다.

02 공맹孔孟의 중의경리重義輕利

백여 개의 제후국이 난립하여 상쟁을 벌이고, 이들이 다시 일곱 개의 국가로 재편되어 서로 패권을 다투던 춘추전국시대는 그야말로 난세亂世였다. 이 시기에 활약했던 제자백가의 과제는 난세를 종식시키는 방법을 찾는 데 있었다. 공자의 방법은 국가 간의 경쟁을 통한 새로운 체제의 수립이 아니라 쇠락한 주周 왕실을 재건하여 천자天子를 중심으로 하는 구체제를 회복해야 한다는 것이었다.

그는 '주나라는 하나라와 은나라의 좋은 점을 본받아 찬란하게 빛났으니 나는 주나라를 따르겠다周監於二代 郁郁乎文哉 吾從周'라고 선언한다. 이는 주나라의 몰락을 전제로 천하의 새 주인이 되기 위해 경합을 벌이던 당시의 군주들로서는 받아들일 수 없는 방법이었다. 법가가 부국강병을 통한 평천하를 도모한 것과는 반대로 공자가 예교인의禮敎仁義를 강조한 것도 서로의 지향점이 근본적으로 달랐기 때문이다.

'춘추무의전春秋無義戰' 즉 춘추시대에 정의로운 전쟁은 없었다고 한 맹자孟子(B.C.372?-289?)의 지적에서 보는 것처럼 공자를 비롯한 유가는 전쟁의 정당성을 인정하지 않았다. 공자는 천하무도天下無道의 상황이 초래된 것은 정征과 벌伐이 천자天子에게서가 아니라 제후諸侯들에게서 나왔기 때문이라고 보았다.

공자의 지향이 옛 질서의 회복에 있었기 때문에 필요한 것은 국가 간의 무력경쟁이 아니라 무너질 대로 무너진 예절과 도덕을 바로잡는 일이었다. 사마천司馬遷은 『사기史

공자(孔子, B.C.552-479) "도가 행해지지 않는구나. 뗏목을 타고 바다로 떠내려갈까 보다(道不行乘浮于海)." 공자의 일생은 탄식으로 점철되어 있다. 자신의 사상과 능력을 알아주지 않는 군주들에 대해, 그리고 도가 통하지 않는 세상에 대해서 그는 탄식하고 또 탄식했다.

記』의 서문에서 공자가 집필한 『춘추』를 예禮와 의義의 대종으로 평가하면서 『춘추』에는 자신의 군주를 살해한 자 36인과 나라를 망하게 한 자 52명이 등장한다春秋之中弑君三十六亡國五十二고 쓰고 있다. 공자가 그들을 주목한 것은 난세의 직접적인 원인이 도덕의 타락에 있다고 보기 때문이다.

극기복례克己復禮

관중이 백성의 욕망을 있는 그대로 인정하고 그것을 충족시키는 '사순의 정치'를 주장한데 비해 유가는 욕망을 극복의 대상으로 간주한다. 성악설性惡說로 널리 알려진 순자荀子(B.C.298?-238?)에 의하면 '인생이유욕人生而有欲' 즉 모든 인간은 욕망을 가지고 태어난다. 그런데 그 욕망이 충족되지 못하면欲而不得 다툼과 혼란이 발생하여 사회가 막다른 상황에 처하게 된다. 따라서 인간의 욕망은 반드시 예禮를 통해서 제어되고 조절되어야 한다.

맹자는 인간의 본성을 순자와는 다른 각도에서 파악하여 선하다고 했으나, 그 역시 물질에 대한 욕구가 선한 본성을 파괴한다고 주장하고 있다. 공자가 인仁을 '나를 이기고 예로 돌아가는 것克己復禮'이라고 정의했을 때의 '나' 역시 욕망의 주체로서의 나라고 할 수 있다. 주희朱熹의 '천리를 보존하고 욕망을 제거한다存天理去人欲'는 지침은 유가의 입장을 대변하는 것이다.

유가에서는 '이利' '식食' '재財' '부富' 등으로 표현되는 인간의 물질적 욕망의 대상들이 '인' '의' '예' '덕' '도' 등과 정면으로 대립한다. 그들은 경제를 중시하는 법가사상가들을 소인배들이라고 비난한다. '군자유어의 소인유어리君子喻於義 小人喻於利' 군자는 의에 밝고 소인은 이에 밝다거나 '군자회덕 소인회토君子懷德小人懷土' 군자는 덕을 그리워하고 소인은 땅을 그리워한다, 또는 '군자는 밥이 아니라 도를 추구하며 가난이 아니라 도를 걱정한다君子謀道不謀食, 憂道不憂貧'는 공자의 말 속에는 법가의 중리주의重利主義에 대한 비판이 내포되어 있다. 공자는 '이익 추구를 방임하면 원망이 많아진다放於利而行 多怨'고 하여 경제적 욕구를 난세의 한 원인으로 파악하고 있는 것이다.

『논어』「안연顔淵」편에는 다음과 같은 대목이 나온다. "자공이 정치를 묻자 공자께서 족식(足食=경제) 족병(足兵=안보) 민신(民信=백성들의 신뢰)이라고 대답하셨다. 자공이 셋 중에서 하나를 버려야 한다면 무엇을 버려야 하느냐고 묻자 병兵을 버리라고 하셨다. 자공이 남은 둘 중에서 꼭 하나를 버려야 한다면 무엇이냐고 묻자 식食이라고 하셨다." 공자는 주희가 엮은 『대학大學』에서는 국가재정의 확보에 주력하는 것은 소인배들의 짓이라고 법가들을 직접적으로 공격하고 있다. 그는 '나라는 이익으로써 이익을 도모하지 말고, 의로움을 통해서 이익을 도모해야 한다國不以利爲利, 以義爲利'고 주장하고 있다.

노심자勞心者와 노력자勞力者

유가에 속하는 사상가들이 걸핏하면 입에 올리는 대인大人과 소인小人의 구분은 도덕성이 아니라 신분제에 기초한 것이다. 대인은 지배계급이고 소인은 피지배계급 즉 백성이다. 공맹이 법가의 중리주의를 줄기차게 비판하는 것은 국가의 운영을 책임진 대인들이 다스림을 받는 소인들과 마찬가지로 이익을 우선적으로 추구한다는 데 있다. 물질적 욕망을 버리고 천리天理를 보존하는 것은 백성된 자들의 책무가 아니다. 맹자는 '재산이 없어도 마음이 변치 않는 것은 백성이 아니라 선비만이 가능하다無恒産而有恒心者, 惟士爲能'고 말한다. 대인 또는 군자君子의 신분에 있는 사람이 그 신분에 합당하지 않는 행위를 하면 그는 도덕적으로 소인과 다름

없는 것이다.

유가는 신분제도를 지지한다. 앞에서 말한 것처럼 유가의 목표는 주周나라를 복구하는 것이고, 그 속에는 주대周代의 신분제도도 포함되어 있다. 주나라의 신분제도는 지배계급인 천자天子-제후諸侯-경卿-대부大夫와 피지배계급인 사농공상士農工商의 사민四民으로 엄격하게 분리되어 있었다. 백성에 속하는 신분 가운데 평민인 사士는 일정 수준의 신분상승이 가능하여 비교적 자유로웠지만 농공상에 속한 신분은 노예와 다름없는 처지에 있었다. 춘추전국시대는 이 신분제도가 붕괴되어 미천한 신분 출신도 얼마든지 지배계급으로 상승할 수 있었는데 유가는 여전히 주대의 신분제를 옹호하고 있었던 것이다. 그들은 식食을 걱정하고 이利를 추구하는 것은 천한 백성들의 일이라고 간주했다.

맹자에 의하면 '대인의 일이 있고, 소인의 일이 있는 것有大人之事 有小人之事'이다. 그는 계속해서 다음과 같이 말한다. '마음을 쓰는 자가 있고 힘을 쓰는 자가 있다.' '노심자치인 노력자치어인勞心者治人勞力者治於人' 즉 마음을 쓰는 자는 남을 다스리고 힘을 쓰는 자는 남에게 다스림을 받는다. '다스림을 받는 자는 남을 먹여야 하고 다스리는 자는 남의 힘으로 먹고 사는 것이 천하에 통하는 올바름이다治於人者食人治人者食於人, 天下之通義也.' 육체노동과 치부에 대한 경멸적 태도가 신분제에 기초하고 있다는 점에서 유가는 고대서양 사상가들과 입장을 같이하고 있다.

정전제井田制

공맹이 인의를 무겁게 보고 이익을 가볍게 본다고 해서 백성들의 살림살이나 국가재정의 중요성을 간과한 것은 아니다. 유가儒家가 이상적인 시대로 평가하는 요순시절의 요체는 백성들의 함포고복含哺鼓腹 즉 잔뜩 먹고 배를 두드리는 것이었다. 맹자는 '백성을 굶기거나 추위에 떨지 않게 하는 것黎民不飢不寒'이 왕의 임무라고 지적하고 '유항산 유항심有恒産有恒心'이라고 하여 백성들에게 일정한 재산이 있어야 마음이 변하지 않는다고 말한다. 유가의 경제정책은 균분均分에 초점이 맞춰져 있다. 공자는 '불환과이환불균不患寡而患不均' 부족한 것이 걱정이 아니라 고르지 못한 것이 걱정이라고 했다.

성장보다는 분배를 중시했으므로 유가에서는 관중과는 정반대로 해체되어 가는 정전제井田制의 복구를 강력히 촉구한다. 정전제는 사방 1리里의 토지를 '井(정)'자 모양의 아홉 개로 구획하고 그 각각의 구획을 농민에게 배분하는 토지제도를 말한다. 9개의 구획 중 가운데 부분을 공전公田으로 삼아 공동으로 경작케 하여 그 소출을 국가가 조세로 수취하고, 주위의 8개 구획은 8개 호戶에 사전私田으로 배분한다. 정전제는 토지의 균등배분만이 아니라 유력자들에 의한 토지침탈을 방지할 수 있고, 조세를 대체로 1/10로 고정함으로써 백성들의 조세부담을 안정적이고 가볍게 하는 장점이 있다.

맹자가 정전제로의 복귀를 주장한 것은 춘추시대 이래 농민들 사이의 경제적 불평등이 심화되어 토지를 상실한 농민이 급증하고, 농민에 대한 국가와 귀족관료들의 착취가 심했기 때문이다. 이 정전제는 유가만이 아니라 백성의 경제생활을 걱정하는 모든 동양사상가들이 지향하는 이상적인 토지제도였다. 다산茶山 정약용은 정전제의 취지를 바탕으로 토지를 여閭 즉 30가구 단위로 배분하고 여장閭長의 지휘 하에 공동경작케 하자는 여전제閭田制를 제시하고 있다. 그러나 왕토사상王土思想과 균전均田의 정신

맹자(孟子, B.C.372?~289?) 하필이면 공자를 따르는 바람에 맹자는 공자와 마찬가지로 백수생활을 오래 했지만 벼슬이 걸린 면접 자리에서 그는 오히려 공자보다 당당했다. 양나라 혜왕이 자신을 찾아온 맹자에게 인사를 겸해서 "선생께서 천리를 멀다 않고 오셨으니 장차 우리나라에 이로움이 있지 않겠습니까?" 하고 묻자, 맹자는 즉각 질문이 틀려먹었다고 면박을 준다. "왕께서는 하필 이(利)를 말씀하십니까? 오직 인의(仁義)가 있을 뿐입니다."

에 입각한 정전제는 기존 토지소유권을 몰수하는 조치를 취해야 하기 때문에 기득권세력의 강력한 반발을 살 수밖에 없었다. 춘추시대와 함께 무너진 정전제는 그 이후 한 번도 시행되지 못했다.

맹자의 민본사상

유가에게 있어 백성은 기본적으로 보호와 교화敎化의 대상이다. 백성은 사회적으로 무력하고 도덕적으로 무능한 계층이기 때문에 때로는 덕德으로 감싸줘야 하고 때로는 예禮로써 다스려야 한다. 유가의 민본사상民本思想은 왕도정치王道政治를 표방한 맹자에게서 두드러지게 나타난다. 그는 백성을 보호하는 보민保民이야말로 임금의 자리를 지키는 바탕이며, 덕 있는 임금이라면 마땅히 '여민해락與民偕樂' 즉 즐거움을 백성과 함께 해야 한다고 말한다. 맹자는 공자의 덕치德治와 예치禮治에서 한 걸음 더 나아가 '백성의 마음을 얻어야 천자天子가 될 수 있으며' '백성이 가장 귀하고 사직은 그 다음이며 임금은 가벼운 존재다民爲貴 社稷次之 君爲輕'라고 주장한다.

그의 유명한 역성혁명론易姓革命論도 민본사상을 바탕으로 하고 있다. 상商나라를 세운 탕湯이 하夏왕조의 마지막 왕 걸桀을 내쫓은 사건과 주周 무왕武王이 상왕조의 마지막 왕인 주紂를 벤 사건을 두고 제나라 선왕이 "신하로서 임금을 죽이는 것이 옳은가?"라고 묻자 맹자는 다음과 같이 대답한다. "인仁을 해치는 자를 적賊이라 하고 의義를 해치는 자를 잔殘이라 하는 것이니, 이처럼 잔적殘賊한 사람은 일부一夫에 지나지 않습니다. 일부인 주紂를 죽였다는 말은 들었어도 아직 임금을 죽였다는 말은 듣지 못했습니다." 인의를 상실하여 백성의 지지를 받지 못하게 된 폭군은 임금이 아니라 한낱 지아비에 불과하며, 이런 군주는 천명天命을 상실했으므로 바꿔도 된다는 것이었다.

유교와 자본주의

앞에서 잠시 언급한 바와 같이 한·중·일 삼국을 비롯한 동아시아 국가들의 자본주의적 발전과 관련하여 그 발전의 원동력을 유교적 전통에서 찾으려는 사람들이 적지 않다. 그 중에는 동아시아 국가들의 자본주의를 '친족자본주의crony capitalism'로 비하하여 그 원천을 유교의 가족주의 전통에서 찾으려는 학자들도 있지만 친족자본주의 자체는 동아시아만의 현상이 아니다. 유교자본주의Confucian capitalism를 거론하는 대부분의 학자들은 동아시아 국가들의 경제적 성공을 높이 평가하고, 그 원인을 유교와 자본주의의 친밀성에서 찾고 있다. 그러나 지금까지 살펴본 것처럼 최소한 사상적으로는 유가와 자본주의의 친밀성을 발견할 수 없다. 물욕物慾과 주요 생산수단(=토지)의 사유私有와 치부를 위한 경쟁을 부인하는 유가사상은 자본주의가 아니라 사회주의에 가깝다.

유교적 전통이 동아시아 발전에 기여했다면 그것은 유가사상 일반이 아니라, 가령 유가가 교육을 강조한 덕분에 인적자본human capital이 다른 지역보다 더 많이 축적되었고 그 결과 고도성장을 달성할 수 있었다는 정도일 것이다. 전세계에서 거상巨商으로 활약하고 있는 화상華商들이 공자의 인의仁義 사상을 추종한다고 하지만 그들이 궁극적으로 추구하는 바가 영리營利라면 인의는 단지 수단일 뿐이다. 베버M. Weber의 청교도적 금욕정신이 자본주의의 목표가 아니라 수단인 것과 마찬가지다. 부에 대한 무한추구를 목표로 하는 자본주의와 유교는 근본이 다르다. 유교자본주의라는 용어는 사실상 형용모순인 것이다.

03 묵자의 '겸애교리兼愛交利'

법가와 유가가 비록 부강富强과 인의仁義를 두고 서로 다투었으나 그

묵자(墨子, B.C.479?-381?) 묵자를 따르는 사람들은 규율이 엄격한 비밀결사를 조직하여 활동했는데 이들은 다리에 털이 났거나 손톱이 긴 사람은 집단에 받아들이지 않았다. 털과 손톱은 놀고먹는 계층을 입증하는 것이기 때문이었다.

들의 최종적 지향은 백성이 아니라 국가에 있었다. 법가의 부민富民이나 유가의 보민保民이 모두 올바른 치국治國의 방편이었던 것이다. 그래서 이들의 사상은 차례로 중국의 고대국가들과 중세 왕조들의 이데올로기로 채택될 수 있었다. 그러나 춘추전국시대에 활약한 제자백가諸子百家 중에는 국가가 아니라 백성을 최종 지향점으로 설정하거나 국가 자체를 부정한 사상가들도 적지 않았다. 무위자연無爲自然을 주장한 노장老莊, 개농皆農공동체를 주장한 무정부주의자 허행許行, '터럭 하나를 뽑아서 천하를 이롭게 할 수 있어도 그렇게 하지 않겠다'고 한 지독한 이기주의자 양자楊子 등이 여기에 포함될 수 있다. 이들 비주류 사상가들 중에서 법가나 유가와 어깨를 나란히 할 만큼 영향력이 컸던 사상가는 전국시대 초기에 활약한 철저한 민중주의자 묵자墨子다.

비공非攻

유가도 전쟁을 반대했지만 묵자의 반전사상은 유가보다 훨씬 강하고 실천적이다. 그는 인류 역사상 최초의 반전운동가로 불려도 손색이 없을 만큼 전쟁을 막기 위해 동분서주했다. 그에게 전쟁은 대규모 살인행위와 대대적인 물자의 낭비에 지나지 않았다. 그는 전쟁을 기획하고 미화하는 지배계급을 강하게 비판한다. '사람을 죽이는 것이 불의이며 반드시 죄를 물어야 한다는 것을 모르는 사람은 없다. 그런데 한 사람도 아니고 수천, 수만 명을 죽이는 일에 대해서는 왜 불의라고 하지 않는가.' '크게 불의를 일으켜 다른 나라를 공격하는데 이르러서는 비난할 줄 모르고, 그를 좇아 칭송하며 의롭다고까지 한다. 이것은 진실로 불의가 무엇인지 알지 못하는 것이다今至大爲不義攻國 則弗知非 從而譽之 謂之義 情不知其不義也.'

묵자는 전쟁이 가져오는 경제적 손실에 대해서도 '천하백성들이 사용할 재물을 말리는 것이 얼마나 많은지 이루 헤아릴 수 없다竭天下百姓之財用 不可勝數也.'고 말한다. 반전평화주의자로서의 그는 초나라가 송나라를 공격한다는 말을 듣고 열흘 낮 열흘 밤을 달려가 초왕을 설복시켰으며, 제나라 태왕을 설득하여 노나라에 대한 공격을 중단시키기도 했다. 당시 전쟁도발의 구실로 자주 사용되던 '하늘을 대신하여 주벌誅伐한다'는 명분에 대해 묵자는 이렇게 반박한다. '아버지가 사람구실 못하는 아들을 매질하니까, 이웃집 영감이 몽둥이로 때리면서 내가 이 아이를 때리는 것은 그의 아버지의 뜻을 따르는 것이라고 말하는 것과 같다.'

겸애兼愛

묵자는 '천하지난물 개기불상애天下之亂物 皆起不相愛'라고 하여 천하가 혼란한 것은 모두 서로 사랑하지 않기 때문에 발생한다고 말한다. '비공'을 통해 법가를 비판한 묵자는 공자의 인仁을 겨냥하여 더욱 날카로운 대립각을 세운다. 그는 유가의 인이 신분질서와 가족을 중심으로 하는 친분親分관계에 갇혀 있는 차별적이고 개별적인 사랑 즉 별애別愛며 체애體愛라고 비판한다. 가령 유가에서 강조하는 효孝에 대해 묵자는 '애인지친약애기친愛人之親若愛其親' 즉 남의 부모 사랑하기를 자기 부모 사랑하듯이 하라고 말한다. 별애에 묶여 있으면 공정성을 상실하게 된다. 그는 '의리상 친한 사람에게 후하게 하는 것은 공평을 행하는 것이 아니라 무리를 짓는 것義厚親不稱行而類行'이라고 지적한다.

겸애는 보편적인 사랑이다. 사랑의 대상에 차별을 두지 않고 사랑의 범위를 한정하지 않는다는 것이다. 다시 말해서 겸애는 '남의 나라 보기를 자기 나라 보듯이 하고, 남의 집 보기를 자기 집 보듯이 하고, 남의 몸 보기를 자기 몸 보듯이 하는 것視人之國若視其國, 視人之家若視其家, 視人之身若視其身'이다. '천하무인天下無人' 즉 천하에 남이란 없다는 그의 말은 '네 이웃을 네 몸처럼 사랑하라'는 예수의 말을 떠올리게 한다. 묵자의 겸애론은 안민安民을 중심으로 하는 민중사상의 바탕이 된다. 유가가 신분에 따른 예절을 강조하여 그들의 민본사상이 일정한 한계를 갖는데 반해 묵자의 무차별적인 사랑의 주된 대상은 일반백성들이다. '사람은 나이와 귀천에 상관없이 모두 하늘의 신하다人無幼長貴賤, 皆天之臣也.' 그래서 겸애의 대상에는 노예도 포함된다. '여자노예도 사람이고 남자노예도 사람이다. 따라서 노예를 사랑하는 것은 사람을 사랑하는 것이다獲人也愛獲愛人也. 臧人也愛臧愛人也.'

교리交利

겸애의 최종적인 목표가 백성에 대한 사랑이라면 그 사랑을 구체적으로 실현하기 위해서는 백성이 원하는 바를 충족시켜 주어야 한다. 묵자가 본 춘추전국시대의 백성은 무엇보다도 경제적 고통 속에 있었다. '기자불식 한자불의 노자불식飢者不食 寒者不衣 勞者不息' 즉 주린 자는 먹을 것이 없고, 추운 자는 입을 것이 없고, 일하는 자는 쉴 틈이 없다는 것이다. 춘추전국시대가 난세인 까닭은 예절이나 인의가 무너져서가 아니라 백성의 경제생활이 파탄상태에 처했기 때문이다. 따라서 백성들을 물질적으로 이롭게 하는 것이 그 시대의 대의大義다. 겸애의 실체는 서로를 이롭게 하고 이익을 나누는 것 즉 교리交利에 있는 것이다. 묵자에서는 겸애와 교리가 하나로 통합되어 나타난다. '아울러 사랑하고 아울러 이롭게 하라兼而愛之 兼而利之' '서로 사랑하고 서로 이롭게 하라相愛相利' '사람을 사랑하고 이롭게 하라愛人利人' '사랑하고 이롭게 하라愛利' 등에서 보는 바와 같이 사랑愛은 곧 이롭게 하는 것利이다.

묵자의 제자들이 묵자의 언행을 묶은『묵자(墨子)』는 모두 71편으로 구성되어 있으나 현재 53편만 전해지고 있다.

관중이 부민富民을 통해 부국강병을 추구했고 선리후의先利後義를 표방했다면 묵자의 의리합일은 순수하게 백성을 위한 것이었고 백성에게 이로운 것이 곧 의로운 것이라는 '의=리(義, 利也)'의 의미를 갖는다. 더욱 중요한 것은 묵자의 이利는 오늘날과 같은 경쟁적 추구의 대상이 아니라 서로를 이롭게 하는 것, 즉 나눔의 대상이라는 점이다.

겸애에 기초한 교리는 균분均分으로 나아가고 균분은 안민安民을 위한 절대적인 조건이다. 묵자는 국가 혹은 지배계급이 백성들 사이의 경제적 불평등을 시정해 줄 것이라고 믿지 않았다. 백성 스스로의 힘으로 균분과 안민을 달성해야 하기 때문에 겸애교리를 강조했던 것이다.

절용節用

묵자는 권력을 쥔 지배계급에게 사치와 낭비를 줄일 것을 요구한다. 그는 백성이 경제적으로 고통을 당하고 있는 가장 큰 원인은 군주를 비롯한 귀족관료들의 낭비에 있다고 생각한다. 묵자는 당시의 군주들이 주로 궁전, 옷, 음식, 배와 수레, 하인의 다섯 부문에서 낭비를 하고 있다고 구체적으로 열거하면서 거기에 소요되는 재물들은 모두 '백성들이 먹고 입을 재물을 함부로 빼앗은 것들暴奪民衣食之財'이라고 지적한다. 군주의 사치는 귀족 관료의 사치로 이어져 결국 국가의 재정 상태는 '흉년과 기근에 대비하거나 고아나 과부를 구제하기에 부족해지는 것'이다. 묵자에 따르면 굳이 다른 나라의 땅을 빼앗지 않더라도 '쓸데없는 비용을 없애는 것去其無用之費'만으로도 국가의 부를 두 배로 늘릴 수 있다.

묵자는 낭비의 또 다른 원천을 유가가 조장하는 허례허식에서 찾고 있다. 그는 유가의 번잡스럽고 호사스런 장례葬禮를 예로 들어 그것은 '모아둔 재물을 땅에 묻어버리는' 것이고 '오랫동안 일을 못하게 하는(=삼년상)' 행위에 지나지 않는다. 그는 유가의 장례에 대해 '송사약사送死若徙' 즉 장사지내는 것을 마치 이사 가듯 한다고 비꼬면서 그만하면 '천하를 망치기에 충분하다此足以喪天下'고 비판한다. 나아가 묵자는 유가에서 중시하는 악무樂舞 역시 낭비라고 주장한다.

공자는 개인적으로도 음악을 좋아하여 순舜 임금이 지은 소韶라는 음악을 듣고 '석 달 동안 고기 맛을 잊었다'고 할 정도였지만, 유가에 있어 악樂은 예禮의 경직성을 보완하여 인격을 완성해 주는 것이며, 천지자연과의 화和에 이르는 길이다. 그러나 악무는 대다수 민중과는 거리가 먼 것이었다. 백성에게 이로운가, 해로운가를 기준으로 행위의 정당성을 판단하는 묵자는 '임금과 대신들이 음악에 빠져 백성들의 입고 먹을 재물을 빼앗아 음악을 연주하는 것이 이처럼 심하다'고 개탄하면서 '음악은 나쁜 것爲樂非也'이라고 단정한다.

상로상분相勞相分

유가는 주나라의 예악禮樂을 제정한 주공周公을 모범으로 삼지만 묵가는 치수治水로 유명한 하夏나라의 우禹임금을 모범으로 삼는다. 우임금은 황하의 범람을 막기 위해 스스로 삼태기와 가래를 들고 치수공사에 참여하여 장딴지에 살이 붙지 않을 정도로 신명을 바쳤다는 전설상의 임금이다.

묵자를 열성적으로 따르는 묵가들은 거자(巨子, 鉅子)로 불리는 지도자를 중심으로 집단생활을 한 것으로 알려져 있는데 이 묵가집단은 다리에 털이 났거나 손톱이 긴 사람은 받아주지 않았다고 한다. 노동에 종사하는 민중은 하루 종일 바지를 걷어 부치고 일을 하기 때문에 다리에 털이 자랄 수가 없고, 손톱 역시 깎지 않아도 자라지 않기 때문이다. 앞에서 본 것처럼 이들은 놀고먹는 계급, 즉 귀족들과 지식인들의 행태에 큰 반감을 보이고 있다.

묵가는 기본적으로 기층민중의 이익을 대변하는 사상이다. 묵자 자신이 아궁이에 불을 지피지 못할 정도로 가난하여 굴뚝에 검댕이 없었다고 한다. 또 묵자는 자신의 주장을 펼 때 자주 목공木工의 작업을 예로 들어 그가 목수 출신이라는 추측을 낳기도 한다. 이들은 노동을 신성한 것으로 여겼고 함께 노동하고 그 결과를 함께 나누는 것은 하늘의 뜻이라고 생각했다. 하늘은 '힘이 있으면 서로 도와서 일하고, 도가 있으면 서로 가르쳐 주고, 재물이 있으면 서로 나누어 갖기를 바란다欲人之有力相營, 有道相教, 有財相分也.' 묵자는 힘이 있어도 함께 일하지 않고 재물이 썩어도 나누지 않는 것은 금수와 같은 짓이라고 비판한다.

묵가의 민중주의

묵가의 철저한 민중사상은 유가에 못지않은 지지를 얻어 '공자와 묵자의 제자와 따르는 무리가 천하에 가득 찼다孔墨之弟子從屬滿天下'고 할 정도였다.

같은 비주류로서 유가와 묵가는 사상적으로 치열하게 경합했다. 맹자는 천하의 이론이 극단적 이기주의자 양주楊朱가 아니면 극단적 이타주의자 묵자에게 귀착된다고 개탄하면서 이 둘을 싸잡아 이렇게 비판한다. "양주는 나만을 위하는 것이니 이는 임금도 없는 것이며, 묵적은 모든 사람을 아울러 사랑하는 것이니 이는 아비도 없는 셈이다. 아비도 없고 임금도 없다면 그것은 바로 금수인 것이다." 맹자는 묵자에 대해 '머리꼭대기부터 발꿈치까지 털이 다 닳아 없어진다고 해도 천하를 이롭게 하는 일이라면 하였다'라고 높이 평가하면서도 '한가지를 내걸어 백가지를 배척하는擧一而廢百也' 편벽된 태도를 문제 삼았다.

유가를 비롯한 다른 사상들과 묵가의 근본적인 차이점은 민중주의였다. 중세중국의 왕조들이 유가를 받들고 묵가를 탄압한 것도 묵가의 철저한 민중사상 때문이었다. 묵자의 반전평화사상, 보편적 인도주의, 그리고 안민주의 노선은 오늘의 시점에서 보더라도 대단히 진보적이다.

과거 중국공산당은 묵자가 하늘과 귀신을 섬겼다는 옹색한 이유로 그를 배척했지만 동서양의 전근대사회를 통털어 묵자만큼 적극적으로 노동자계급의 이익을 대변한 사람은 없었다. 그의 실천적인 반전사상과 보편적 인도주의는 마르크스를 뛰어넘는 사상적 진보성을 갖는다고도 볼 수 있다.

제3장

정당한 가격

한동안 천정부지로 치솟던 아파트 가격이 2008년부터 하락세로 돌아서 마침내 부동산 거품이 꺼지는 것이 아니냐는 전망이 나오고 있다. 앞으로도 가격이 계속 내릴 것이라는 예측이 우세한 가운데, 더 많이 내려야 한다고 주장하는 사람들도 적지 않다. 이들은 아파트의 '적정가격'을 얼마로 보기에 가격이 더 떨어져야 한다고 주장하는 것일까. 교과서에 따르면 수요와 공급에 의해 결정되는 시장가격이 곧 적정가격이다. 그리고 시장가격은 생산비용에 평균이윤을 더한 생산가격과 일치하는 경향을 갖는 것으로 되어 있다.

현재의 아파트 시세가 적정가격이 아니라고 주장하는 사람들은 먼저 아파트공급자들의 생산가격 즉 분양가격이 잘못되어 있다고 주장한다. 토지매입비와 건축비를 부풀리고, 이윤이 평균이윤을 훨씬 웃돈다는 것이다. 그래서 이들은 아파트 원가 공개를 줄기차게 요구해 왔고, 최근 일부 공개되기 시작한 공공아파트의 원가 산정과 수익률에 문제가 많다는

사진출처 : 한국아파트신문, 2004년 2월 18일자

점을 부각시키고 있다. 2008년 국회 국정감사에서 밝혀진 바에 따르며 2003년 이후 주택공사가 분양한 77개 블록의 아파트 평균 수익률이 18.3%였다. 7개 지역에서는 50%이상의 수익률을 올렸고, 무려 103%의 폭리를 취한 곳도 있었다. 정부가 공급하는 공공아파트의 생산가격이 이 정도라면 민간아파트는 더 말할 나위가 없는 것이다.

'상식적으로 납득할 수 있는 가격'이라는 의미의 적정가격과 시장가격이 일치하지 않는 두 번째 원인은 수급의 불균형에 있다. 아파트 수요자는 많은데 공급이 딸리면 수요자들 사이에 구매경쟁이 일어나고, 공급자들은 평균이윤을 상회하는 초과이윤을 얻게 된다. 전체적으로는 주택 보급률이 100%를 넘는다고 하더라도 서울 강남지역처럼 지역에 따라서는 얼마든지 수급의 불균형이 발생할 수 있다. 초과수요에 의한 가격상승은 불가피한 현상이고 공급의 확대를 통해서 장기적으로 해소할 수 있는 문제다.

세 번째 원인은 매매차익을 노리는 투기수요에 있다. 전형적인 투기수요자는 다주택소유자들이다. 정부의 발표에 따르면 2007년 말 우리나라 주택보급률이 108.1%(수도권 96.9%)인데, 자가점유율은 55.6%에 지나지 않는 이유 중의 하나가 한 사람이 여러 채의 아파트를 소유하고 있기 때문이다. 아파트 한 채를 소유하고 그 아파트에서 실제로 거주하는 사람들의 경우에도 투기수요의 성격을 배제할 수 없다. 그들 역시 매매차익을 통해 재산을 늘리려고 아파트 매매를 거듭하기 때문이다.

결국 아파트의 '적정가격'을 회복하기 위해서는 생산가격의 투명성을 확보해서 분양가부터 낮춰야 하고, 아파트 공급을 늘려야 하며, 부동산 소유와 관련된 세금을 올려서 투기수요를 억제해야 한다. 시민단체에서는 주로 첫 번째와 세 번째 방법을 강조하고, 정부와 공급자들은 두 번째 방법을 선호한다.

01 정당한 가격just price

가격price이라는 말 앞에 적정proper, reasonable이라는 수식어를 붙이는 것까지는 받아들일 수 있지만 '정당한just'이나 '공정한fair' 따위의 도덕적인 수식어를 붙이면 아무래도 어색하다. 가격은 시장에서 결정되는 것이지 윤리적인 기준에 의해 결정되는 것이 아니기 때문이다. 즉 앞에서도 말한 것처럼 우리는 대체로 '시장가격=생산가격=적정가격'이라고 알고 있다. 그런데 아파트의 경우처럼 생산가격에 원가 부풀리기와 폭리가 개입되어 있고, 시장가격에 투기수요가 작용하고 있다면 이는 적정가격이라고 볼 수 없다. 다시 말해서 우리가 용인하고 있는 '적정'이라는 수식어 속에 이미 윤리적이고 규범적인 의미가 내포되어 있는 것이다.

근대 이전의 유럽인들은 상품의 가격을 도덕과 정의의 차원에서 규정하려고 노력했다. B.C. 4세기의 철학자 아리스토텔레스Aristotle(B.C. 384-322)는 교환의 정의에 대해 이야기하면서 두 상품의 정당한 교환비율 즉 정당한 가격은 두 상품에 '내재된 가치intrinsic worth'의 비율에 따라야 한다고 주장했다. 그는 당시의 로마법과는 달리 교환당사자 사이의 합의만으로는 교환의 정의를 확보할 수 없다고 생각했던 것이다. 가령 아파트 한 채 가격이 판매자와 구매자의 합의에 의해 15억 원으로 결정되었다고 하더라도 우리가 그것을 적정가격으로 간주하지 않는 것과 같은 이치다.

그런데 아리스토텔레스는 상품의 내재적 가치가 구체적으로 무엇을 의미하는지 설명하지 않았기 때문에 그의 사상을 이어받은 중세철학자들은 이 개념을 중심으로 여러 가지 가격이론을 전개한다. 그들은 우선

T. Aquinas(1224–1274) 아리스토텔레스의 사상을 계승한 아퀴나스는 중세교부철학을 집대성한 인물로 추앙되고 있다.

내재적 가치를 상품 자체의 가치가 아닌 '인간에게 주는 유용성usefulness'으로 좁혀서 해석했다. 상품은 그 유용성의 비율로 교환되어야 한다는 것이다. 그러나 여기서도 문제가 발생한다. 만일 그 유용성이 구매자의 유용성을 의미하게 되면 판매자는 그것을 이용해서 얼마든지 부도덕한 가격을 매길 수 있기 때문이다. 따라서 상품의 유용성은 판매자의 유용성이 되어야 한다. 즉 판매자는 자신이 구매자의 입장에서 기꺼이 그 상품에 지불하고자 하는 가격 이상을 받아서는 안 된다는 것이었다. 이에 대해 토마스 아퀴나스T. Aquinas(1224–1274)는 『신학대전』에서 다음과 같이 명확하게 말하고 있다.

> "구매자에게는 엄청나게 큰 도움을 주는 반면 판매자에게는 그 정도의 손실이 없는 상품을 판매할 때, 판매자는 결코 높은 가격을 받아서는 안 된다. 왜냐하면 판매자로부터 구매자에게로 넘어가는 유용성은 판매자에게서 나온 것이 아니라 구매자의 조건에서 나온 것이기 때문이다. 누구든 자신에게 속하지 않는 것을 팔아서는 안 된다."

중세철학자들의 정당한 가격에 대한 논의는 주로 상인들의 부당한 치부를 경계하기 위한 것이었다. 그런데 상인들보다 도덕적으로 더 취약한 부류는 대금업자들이었다. 돈을 빌려주고 이자를 받는 행위를 중세철학자들은 도저히 용납할 수 없었다. 또 대금업 종사자가 주로 이교도인 유태인이었다는 것도 대금업을 강하게 비난하는 원인이 되었다. 그들은 돈은 신이 창조한 것이 아니라 인간의 편의를 위해 발명된 것이므로 내재적 가치가 없으며, 따라서 돈을 빌려 주었다가 회수하는 과정에서 가치의 변동이 일어나지 않는다고 주장한다. 다음은 셰익스피어의 『베니스의 상인』에 나오는 샤일록과 안토니오의 대사 일부다.

> 샤일록 : (방백) 내가 저 놈을 미워하는 건 저 놈이 예수쟁이기 때문이야. 게다가 겸손한 체하면서 굽실거리고 무이자로 돈을 마구 꾸어줘 베니스의 우리 대금업자들의 금리를 낮추고 있단 말야. 저 놈은 하느님이 선택한 백성인 우리 유태인을 증오하고 있어서 상인들이 많이 모이는 곳에서 나를. 내 장사를, 내 정당한 돈벌이를 고리대금업이라고 헐뜯었겠다. 내가 저런 놈을 용서한다면 우리 유태인종족은 몽땅 저주를 받아 지옥으로 떨어질거다!
>
> 안토니오 : 난 앞으로도 당신을 개새끼라구 부를거구, 계속 침을 뱉구, 발길질도 하겠어. 돈을 꿔주더라도 행여 친구에게 빌려준 거라고는 생각말어. 새끼도 치지 못하는 쇠붙이에서 이자를 받아먹으려는 자가 어디 있어?
>
> 〈출처 : 박정근, '베니스의 상인' 대본〉

아리스토텔레스에서 유래한 정당한 가격에 대한 논의는 중세 후기로 갈수록 점차 현실을 반영하는 방향으로 수정된다. 가령 그들이 가장 적대시했던 대금업에 대해서도 ① 빌려준 돈을 못 받을 위험성이 있는 경우 ② 돈을 빌려줌으로써 다른 데 투자할 기회를 잃는 경우 ③ 갚기로 한 약속 기한을 어긴 경우 등에는 이자를 청구할 수 있다는 예외규정을 두게 되었다. 그러나 위의 조건들은 대금업에서는 언제나 발생하는 것이었으므로 중세교회는 사실상 대금업의 이자수취를 승인한 것이다.

경제생활과 관련된 중세교회의 보다 근본적인 관점, 즉 부 또는 부자에 대한 부정적 입장은 16세기의 종교개혁을 통해 전복된다. 종교개혁을 선도한 칼뱅Jean Calvin(1509-1564)의 '직업소명설'에 따르면 사람의 세속적 직업은 하나님이 주신 것이므로 그 직업에 충실해야 한다. 열심히 일 하고 그 결과 돈을 버는 것은 결코 죄악이 아니다. 더구나 하나님이 요구하시는 금욕적인 생활을 실천하여 부자가 된다면 그것은 하나님의 은총이다. 근면과 검소를 통해 부자가 된 사람은 얼마든지 천당에 갈 수 있다는 것이다.

02 '상품의 가격은 노동의 양에 의해 결정된다'

그렇다고 해서 유럽의 철학가들이 가격의 도덕성을 완전히 포기한 것은 아니었다. 중세의 '정당한 가격'은 경제학의 창시자들에 의해 '자연가격natural price'이라는 개념으로 계승된다. 그들에게 '자연'은 신의 섭리 혹은 사회현상의 배후에 있는 본질이었고 진리와 정의와 조화를 의미했기 때문에 정당한 가격과 마찬가지로 자연가격 역시 도덕적 범주 안에 있었다.

경제학의 아버지로 불리는 아담 스미스A. Smith는 경제학자이기 이전에 도덕철학자였고 그의 최대의 관심 역시 국부의 증진에 있었던 것이 아니라 근대사회에 적합한 새로운 사회윤리를 확립하는 데 있었다. 따라서 그가 본격적으로 제시한 자연가격의 개념은 도덕적 색채를 띠지 않을 수 없었던 것이다. 그 역시 아리스토텔레스와 마찬가지로 모든 상품은 그 상품에 내재된 가치에 따라 판매 또는 교환되어야 한다고 말한다. 그러나 그는 아리스토텔레스나 그의 계승자들과는 달리 상품의 가치를 결정하는 것은 그 상품을 만들기 위해 투하된 인간의 노동력이라고 주장했다. 『국부론』에서 그는 다음과 같이 말하고 있다.

> "모든 상품의 진정한 가격, 즉 모든 것들이 그것을 획득하려고 원하는 사람에게 실질적으로 치르게 하는 것은 그것을 획득하는 데 들어간 노고와 고통(toil and trouble)이다…… 노동이야말로 모든 것들에 지불되었던 최초의 가격이며 원천적인 구매화폐(original purchase-money)였던 것이다. 세상의 모든 부를 본원적

으로 구매했던 것은 금과 은이 아니라 노동이었다."

Adam Smith(1723-1790) 아담 스미스는 평생 여자를 멀리 하고 사는 바람에 누구의 아버지도 되지 못했다. 그 대신 그는 '국부론'을 통해 경제학의 아버지가 되었다. 1764년 7월 그는 '너무 심심해서 시간을 때우려고' 이 책을 쓰기 시작했다. 만일 그 여름에 스미스에게 여자친구가 생겼더라면 경제학의 역사는 많이 달라졌을 것이다.

상품에 내재된 가치는 신이 부여한 것도 아니고, 사람마다 주관적으로 판단하는 유용성도 아니다. 그 상품을 만들기 위해 흘린 땀의 양이 가치의 크기를 결정하는 것이며, 그것이 자연의 질서에 부합하는 자연가격이다. 아담 스미스는 중세 후기에 제시된 '생산비+생존비'도 정당한 가격으로 인정하지 않았다. 그것은 세속적 부에 대한 종교적 경멸에 기초한 것이었고, 부에 대한 그러한 부정적인 인식은 앞에서 본 대로 종교개혁 과정에서 이미 불식되었기 때문이다. 더구나 생산자가 겨우 끼니를 이어갈 정도의 가격이 정당하다는 주장은 경제력이 비약적으로 발전하고 있던 18세기 유럽의 실정과는 동떨어진 것이었다. 최소한 땀을 흘린 만큼의 부자가 되는 것은 도덕적으로 보호받아야 했던 것이다.

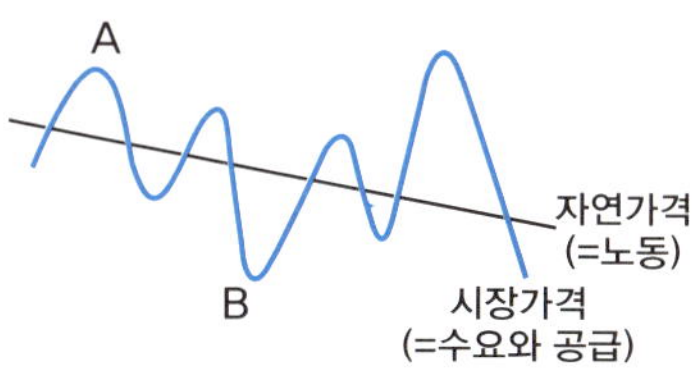

현실적으로 작동하는 상품가격은 자연가격이 아니라 시장가격이라는 사실을 스미스도 알고 있었다. 그러나 그는 위의 그림에서 보는 것처럼 수급상황에 따라 오르락내리락하는 시장가격의 중심에는 자연가격이 버티고 있다고 믿었다. 그는 이렇게 말한다. '자연가격은 모든 상품의 시장가격을 끊임없이 끌어당기는 중심가격

central price이다.'

스미스는 시장가격에서도 인간의 정직한 땀 냄새를 맡고서야 도덕적으로 만족할 수 있었던 것이다. 앞의 그림에서 시장가격이 자연가격보다 높은 A점은 수요가 공급을 초과하는 상황이고 B점은 그 반대다. 자연가격 선이 오른쪽 아래로 내려가는 이유는 생산능력의 향상으로 동일한 상품의 생산에 투하되는 노동의 양이 줄어든다는 것, 즉 모든 상품의 가치=자연가격은 역사적으로 하락한다는 것을 의미한다.

David Ricardo(1772-1823) 리카도는 '비교우위설'에 기초한 자유무역주의자로 널리 알려져 있지만 그 자신은 경제학의 목표가 분배의 원리를 밝히는 데 있다고 주장했다.

상품의 정당한 가격 즉 가치는 그 상품을 소비하는 과정에서 향유하는 유용성이 아니라 그 상품을 생산하는 과정에서 흘려야 하는 노동의 양이라는 아담 스미스의 노동가치설labour value theory'은 리카도D. Ricardo에 의해 더욱 순정純正한 형태로 발전한다. 우리에게 비교우위설로 잘 알려진 그는 노동만이 가치의 원천이라는 점을 강조하기 위해 기계(=자본)를 '과거 노동'이라는 이름으로 노동에 포함시킨다. 상품을 생산하는 것은 노동과 기계가 아니라 현재노동과 과거노동이며, 과거노동으로서의 기계는 새로운 가치를 창출하지 않는다는 것이다. 또한 그는 유용성이 가치의 원천이라는 주장에 대해 『정치경제학 및 과세의 원리』에서 다음과 같이 반박한다.

> "물과 공기는 대단히 유용하며 그것들은 실로 생존에 필수불가결하다. 그러나 정상적인 상황에서는 그것들과 교환해서 얻을 수 있는 것은 아무 것도 없다. 반대로 금과 은은 공기와 물과 비교할 때 거의 쓰임새가 없지만 수많은 다른 상품과 교

환될 것이다. 따라서 유용성은 교환가치에 있어 절대적으로 본질적인 것이지만, 그것의 척도는 아닌 것이다."

노동가치설이 후일 마르크스경제학의 토대가 되는 데서도 알 수 있는 것처럼 노동만이 상품의 가치를 창출한다는 이들의 도덕적인 주장은 현실자본주의가 받아들일 수 없는 논리였다. 그들의 주장대로라면 생산의 세 요소인 자연(=토지), 자본, 노동의 소유자 중에서 지주와 자본가는 가치 창출에 아무런 기여도 하지 않았다는 것이고, 따라서 창출된 모든 가치를 노동자가 가져가야 한다는 결론이 나오기 때문이다. 분배문제에 대해서는 다른 장章에서 다루겠지만 자연가격에 기초한 아담 스미스의 가치론은 이처럼 사회 구성원들 사이의 갈등과 대립을 내포하고 있었다.

T. Malthus(1776–1834) 식량은 산술급수적으로, 인구는 기하급수적으로 증가하므로 빈곤은 인류의 피할 수 없는 운명이라고 주장한 그의 『인구론』은 당시 영국 시민정부의 정책결정에 큰 영향을 끼쳤다. 그러나 시인 카알라일(T. Carlyle)은 이 책을 읽고 '경제학은 음울한 학문(dismal science)'이라고 개탄했다.

03 가격은 시장에서 결정된다

아담 스미스의 『국부론』이 간행된 1776년은 영국의 산업혁명이 본격화된 해이기도 했다. 상품생산의 수단이 '도구에서 기계로' 옮아가자 노동과 기계(=자본) 중에서 어느 편이 더 생산에 기여하는지 불분명해졌다. 생산 공정의 세분화로 노동이 극단적으로 단순화됨에 따라 생산과정에서의 인격적 요소는 점점 배제되어 갔다. 기계제대공업체제는 인간의 노동을 파편화하여 기계에 종속시킴으로써 상품을 생산하는 것은 사람이 아니라 기계라는 인식, 즉 물物이 물物을 만든다는 인식을 갖도록 했다.

공교롭게도 국부론이 출간된 해에 태어난 멜더스Thomas. R. Malthus(1776-1834)는 스스로 아담 스미스의 충실한 제자라고 했지만 투하노동가치설을 인정하지 않았다. 그에 의하면 우리가 상품의 가치를 따지는 이유는 다른 상품과의 교환비율을 결정하기 위한 것이므로 본질적으로 상대적인 개념이다. 따라서 하나의 상품을 대상으로 '이 상품에는 100단위의 노동이 들어갔으므로 100의 가치가 있다'라는 식으로 표현하는 것은 무의미한 것이다. 설령 투하노동가치론을 상대적인 의미로, 즉 상품의 가치는 각각의 생산에 필요한 비교노동량에 의해 결정된다는 의미로 이해한다고 하더라도 그것이 적용된 사회는 한 번도 실재하지 않았으므로 공론空論에 지나지 않는다는 것이었다.

멜더스는 두 상품의 교환비율은 상대의 상품을 얻으려는 욕구의 정도와 그 상품을 획득하는 과정의 난이도難易度에 의해 결정된다고 주장한다. 상품의 가치가 '욕구'와 '난이도'에 의해 결정된다는 것은 수요와 공급에 의해 결정된다는 것이고, 결국 상품의 가치는 통상적인 시장가격으로 나타난다는 것이다.

옥스퍼드 대학 초대 경제학 교수이며 신고전파의 선구자가 된 나소 시니어Nasseau Senior(1790-1864)는 멜더스에서 한 걸음 더 나아가 경제학에서 도덕적 가치판단을 배제해야 한다고 주장하고 나섰다. 그는 경제학이 진정한 과학이 되기 위해서는 객관적으로 확정할 수 없는 윤리적인 요소들을 청산하고 가치중립적인 태도를 취해야 한다고 역설했다.

시니어와 그의 후계자들에 따르면 경제행위의 목표는 도덕이 아니라 욕망의 충족이며, 경제학의 과제 또한 욕망을 극대화시키는 방법을 찾는데 있다. 그렇다면 상품의 가치는 인간의 욕망을 충족시켜 주는 유용성, 즉 효용utility에서 찾아야 한다. 아리스토텔레스의 '내재적 가치'를 '인간에 대한 유용성'으로 해석한 중세적 가치론이 부활한 것처럼 보이지만 신고전파가 말하는 유용성이란 판매자가 평가하는 유용성이 아니라 구매자

또는 소비자가 판단하는 유용성이다. 다시 말해서 아무리 적은 비용으로 생산한 상품이라도 그 상품에 대한 구매자의 욕구가 크다면 판매자는 얼마든지 비싼 가격으로 팔아도 된다는 것이다.

사실은 나소 시니어가 경제학의 가치중립을 선언하기 훨씬 이전에, 경제학의 탄생 자체가 도덕과는 무관한 영역에서 이루어졌다. 왜냐하면 경제학은 중상학파로 불리는 학자들의 논쟁 속에서 탄생했고, 3백년에 걸친 그들의 논쟁 주제는 도덕이나 정의가 아니라 오로지 '국가의 부national wealth'를 증대시키는 방법이었기 때문이다. 아리스토텔레스의 관심은 부의 '올바른' 취득이었지만, 중상학파들의 관심은 '더 많은' 부를 획득하는 방법이었던 것이다. 물론 그들의 논의는 '국가=정의의 구현체'라는 전제하에 이루어진 것이었지만, 그 전제는 그들의 논의에 아무런 영향도 미치지 않았다.

아담 스미스의 최종적 관심 역시 국부였다. 경제학 최고의 고전이 『국부론』 즉 『국부의 본질과 원인에 대한 연구(An Inquiry into the Nature and Causes of the Wealth of Nations)』라는 이름으로 간행되었던 것이다. 멜더스는 경제학을 '부를 증대시키는 원인을 탐구하는 학문(a science of the great object of which is, to inquire into the causes which influence the progress of wealth)'으로 정의함으로써 자신이 아담 스미스의 정통적 계승자라는 것을 분명히 했다. 이 점에서는 스미스의 노동가치설을 계승한 리카도보다 멜더스가 더 스미스에 가깝다. 왜냐하면 리카도는 경제학의 과제가 '분배를 규정하는 법칙들을 밝히는 데 있다'고 쓰고 있기 때문이다.

신고전파에 의해 시장가격market price은 자연가격을 대신하여 정당한 가격의 지위에 올랐다. 자연가격, 즉 상품 속에 스며있는 인간의 정직한 땀방울은 시장가격의 중심에도 배후에도 존재하지 않았다. 그러나 시장가격은 ① 상품을 둘러싸고 충돌하는 모든 욕망들, 즉 소비자와 소비자, 생산자와 생산자, 소비자와 생산자들의 욕망들을 사회적으로 절충해 내는 가격이라는 점에서 ② 사회적 욕망과 그 욕망을 충족시킬 자원을 조절함으로써 그 사회의 자원을 효율적으로 배분하는 가격이라는 점에서 정당한 가격이다. '절충'과 '조절'만이 아니라 시장가격은 모든 경제주체들의 합리적인 경제행위를 지시하고 최종적으로 심판하는 권력과 명예까지 누리게 되었다.

04 거품가격bubble price

시장가격이 '자원의 효율적 배분'이라는 그 본래의 기능을 제대로 수행하기 위해서는 완전경쟁을 비롯한 여러 가지 조건들이 충족되어야 한다. 만일 한 개의 기업이 특정 상품을 독점적으로 공급한다면 그 상품의 가격은 터무니없이 높아질 수 있다. 자본주의는 이미 19세기부터 독점자본주의 단계에 진입했고 실제로 우리가 사용하는 공산품의 대부분을 독과점 기업들이 공급하고 있기 때문에 독과점에 의한 가격 왜곡의 가능성은 상존하고 있다. 정부가 공정거래위원회 등을 설치하여 독과점의 담합행위를 비롯한 각종 불공정 거래행위를 규제하는 것도 이 때문이다.

시장가격의 왜곡은 수요측면에서도 발생한다. 대표적인 경우가 매점매석買占賣惜 행위다. 매점자들의 수요는 실제로 소비하기 위한 수요가 아니라 매매차익을 노리는 가수요假需要 또는 투기수요다. 아파트를 비롯한 부동산 가격을 비정상적으로 상승시킨 주범은 바로 이들인 것이다. 투기수요에 의해 결정되는 가격은 실수요자들에게 경제적 손실을 입힐 뿐만 아니라 그 가격의 거품bubble이 사라졌을 때 국가경제 전체가 큰 타격을 받는다는 점에서 명백히 반사회적이다. 그러나 투기수요의 더 큰 위험성은 그것이 '재테크'라는 이름으로 당연시되고 있다는 사실이다.

투기행위가 자본주의에 고유한 현상은 아니다. 박지원의 『허생전』에서 보는 것처럼 시장경제가 발전하지 않은 사회에서도 매점매석은 얼마든지 나타날 수 있다. 투기는 전근대 상업의 '사기적' 속성에 기반을 두고 있으며, 시장경제를 통해 그 속성이 일반인들에게까지 확대된 것이다.

투기에 의한 거품경제의 대표적 폐해 사례는 17세기 네덜란드에서 발생한 튤립버블Tulip mania이다. 1630년대 초기부터 투기수요에 의해 폭등하기 시작한 튤립가격은 한 뿌리에 집 한 채 값과 맞먹는 수준까지 치솟았다. 1637년 2월 마침내 튤립시장의 거품이 터지자 가격은 1/100 이하로 폭락하고 말았다. 돈이란 돈은 죄다 튤립시장에 몰려 있었기 때문에 네덜란드의 국가경제가 걷잡을 수 없는 혼란 속에 빠진 것은 물론이다.

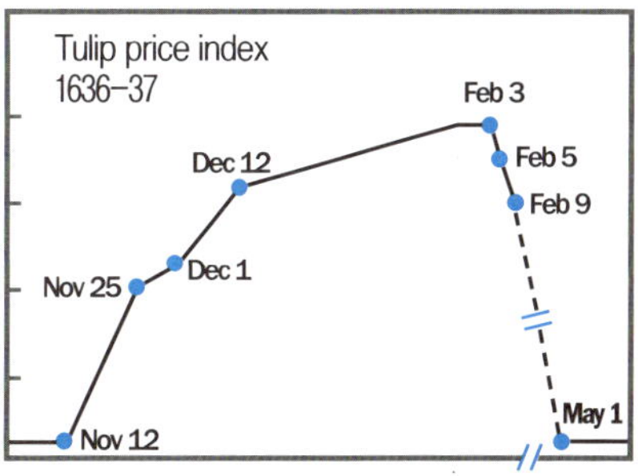

튤립버블 당시의 가격 등락추이
〈자료출전 : Wikipedia〉

그 후로도 버블은 끊임없이 발생해서 큰 후유증을 남기고 사라지곤 했다. 최근의 버블은 주로 부동산시장에서 발생하고 있다. 1980년대의 일본이 그랬고, 지금도 지속 중인 미국의 금융위기도 부동산시장의 거품에서 기인한 것이었다. 앞에서 본 것처럼 한국경제 역시 부동산버블이 일시에 터질까봐 전전긍긍하고 있다. 이 비정상적인 가격상승의 원천에 인간의 탐욕 혹은 욕망이 있다면, 그것을 바탕으로 삼고 있는 근대경제학은 버블에 대해 어떠한 대책도 내놓을 수 없다. 지난 20년간 미국의 경제대통령으로 군림하면서 세계경제를 쥐락펴락했던 그린스펀은 자신을 '미스터 버블'이라고 비난하는 사람들을 향해 '인류는 버블에 대해 지금까지 아무런 대책을 내놓지 못했다'고 응수한다.

시장가격과는 달리 거품가격은 아직 공식적으로는 정당한 가격으로 인정받지 못하고 있다. 그러나 가수요의 대열에 참여하는 사람들 대부분이 자신의 구매행위가 투기가 아닌 투자며, 그런 방식으로 치부를 해도 대단히 떳떳하다고 생각하는 한 거품가격은 현실적으로 정당한 가격이다. 아파트 투기로 벌어들인 돈의 출처가 집 없는 서민들의 주머니라는 사실은 그들의 양심에 아무런 영향을 미치지 않는다. 중세교회의 눈으로 보자면 거품가격이 인도하는 현대자본주의는 그 자체로서 지옥일 것이다. 가격은 오직 정직한 땀으로 결정되어야 한다고 믿었던 스미스의 눈에는 오늘날의 경제체제가 국제적 규모의 거대한 사기조직으로 비칠 것이다.

우리의 탐욕은 끝이 없고 돈마저 흘러넘치므로 앞으로도 거품은 계속될 것이고 지옥과 사기도 계속될 것이다. 자라나는 세대들은 거품가격에 더 큰 정당성을 부여할지도 모른다. 바라는 것은 시간 날 때 아담 스미스의 땀에 대해, 정당한 가격에 대해 잠시라도 생각해 주었으면 하는 것이다.

제4장

호모에코노미쿠스

한 줄의 시는커녕
단 한 권의 소설도 읽은 바 없이
그는 한평생을 행복하게 살며
많은 돈을 벌었고
높은 자리에 올라
이처럼 훌륭한 비석을 남겼다
그리고 어느 유명한 문인이
그를 기리는 묘비명을 여기에 썼다
비록 이 세상이 잿더미가 된다 해도
불의 뜨거움 굳굳이 견디며
이 묘비는 살아 남아
귀중한 사료가 될 것이니
역사는 도대체 무엇을 기록하며
시인은 어디에 무덤을 남길 것이냐

– 김광규, 묘비명墓碑銘 전문

사람은 무엇을 위해서 살아야 하고 어떻게 살아야 하는가, 라는 질문에 대한 자본주의적 혹은 세속적 대답은 부자가 되기 위해서 살아야 하고 부자가 될 수 있도록 살아야 한다는 것이다. 왜냐하면 위의 시에서 말하고 있는 것처럼 부자는 '많은 돈을 벌어' 호의호식하고, '높은 자리에 올라' 권력을 행사하며, '유명한 문인이 그를 기리는 묘비명을' 쓸 만큼 큰 명예를 누리기 때문이다. 세속적 욕망의 대상인 부와 권력과 명예가 모두 부자에게 있으므로 김광규 시인이 다른 시 「저녁길」에서 말하는 것처럼 '돈벌이가 끝날 때마다 머리는 퇴화하고 온 몸엔 비늘이 돋고 피는 식어' 버려도 우리는 한사코 부자가 되기 위해 전력을 투구하고 있는 것이다.

01 욕망과 합리성

인간의 삶은 시대와 공간의 제약을 벗어나지 못한다. 한반도라는 동일한 공간에서도 조선시대 사람들과 오늘날의 우리는 전혀 다른 삶을 살고 있다. 같은 시대에 살고 있더라도 북한과 남한 주민의 삶은 서로 이해하기 힘들 정도로 다르다. 조선시대의 대부분의 선비들이 벼슬살이를 인생의 목표로 삼았던 것은 봉건관료가 조선사회의 엘리트였기 때문이고, 북한 주민들이 김정일을 위해 죽음을 불사하는 것은 북한사회의 지배이데올로기가 대단히 견고한 사회유기체설에 바탕을 두고 있기 때문이다. 우리가 부자가 되기 위해서 노력하는 것 역시 절대불변의 당위當爲가 아니라 단지 우리가 자본주의사회에 살고 있기 때문이다.

특정 사회를 살아가는 인간을 집약적으로 표현하는 인간상을 그 사회의 '전형적인typical' 인간상이라고 한다. 전형적인 인간상은 그 사회의 특성과 그 사회에서 살아가는 사람들의 삶의 뼈대를 드러내는 추상적인 인간이다. 그렇다면 자본주의사회의 전형적 인간상은 어떤 모습일까. 제1장에서 본 것처럼 자본주의를 가장 충실하게 반영하는 학문은 경제학이므로 경제학에서 제시하는 인간상이 곧 자본주의의 전형적인 인간상이 될 수 있다. 그리고 그것은 '호모에코노미쿠스Homoeconomicus' 또는 '경제인Economic man'으로 나타난다.

군더더기 없이 말하면 호모에코노미쿠스는 탐욕스럽고 타산적인 인간이다. 이런 부류의 사람들이 따로 있는 것이 아니라 자본주의사회에서 살고 있는 우리 모두가 본질적으로 그렇다는 것이다. 자본주의 자체가 탐욕스럽고 타산적인 사회체제라고 말할 수도 있다. 또는 자본주의가 인간 내부에 잠재되어 있는 탐욕과 타산의 속성을 끄집어내서 전면화하고 정당화했다고 말할 수도 있다. 약 40만 년 전의 '호모사피엔스사피엔스Homo sapiens sapiens'가 현생인류의 생물학적 직계조상이라면 약 3백 년 전 유럽에서 자본주의와 함께 그 모습을 드러낸 호모에코노미쿠스는 21세기를 살아가는 현대인들의 역사적인 직계조상이라고 할 수 있다.

중세유럽의 귀족들에게 호모에코노미쿠스는 경멸의 대상이었다. 그들은 교양 없고 탐욕스럽고 인색하고 비정한 인간들로 간주되었다. 그들은 베니스의 상인에 나오는 유태인 고리대금업자 '샤일록'의 이미지에 가까웠다. 사진은 알 파치노가 샤일록으로 열연한 '베니스의 상인'의 영화 포스터.

호모에코노미쿠스의 개념을 처음으로 제시한 영국의 고전파 경제학자 밀J. S. Mill(1806-1873)은 경제학은 인간의 본성이나 사회적 행동들의 모든 측면을 다루는 학문이 아니라고 전제하고 다음과 같이 말한다. "경제학은 부를 소유하기를 욕망desire하고 그것을 획득하는 모든 수단들의 효과를 비교 판단judging할 수 있는 존재로서의 인간을 다룬다." 다시 말해서 호모에코노미쿠스는 경제학의 임무인 인간의 경제행위를 분석하기 위해 만들어낸 비현실적인 인간일 뿐이라는 것이다. 그러나 물질에 대해 탐욕스럽고 이해타산에 밝은 인간상이 과연 비현실적일까.

경제학에서는, 돈을 돈이라고 하지 않고 굳이 화폐라고 표현하는 한국의 경제학에서는 더욱이, 노골적인 언사를 쓰지는 않는다. 경제학에서는 탐욕greediness을 욕망desire으로 순화해서 '인간은 욕망하는 존재'라고 표현한다. 그리고 그 다음 페이지를 열면 욕망의 대상은 물질이고, 그 욕망은 무한하다고 나온다. 경제학의 제1원칙인 희소성의 원칙principle of scarcity은 '인간의 욕망은 무한한데 그 욕망을 충족시킬 수단은 유한하다'는 것이다. 경제학에서는 이 욕망의 무한성이 증명할 필요도 없는 인간의 본성으로 전제된다. 본래 그렇게 타고났다는 말이다.

자본주의 이전 시대의 인간 역시 무한욕망의 소유자들이었다. 다만 그들은 욕망을 도덕적 타락의 원천으로 보고 그 절제를 강조했을 뿐이다. 경제학이기 때문에 인간의 물질적 욕구만을 부각시키는 것은 아니다. 만일 우리의 관심이 물질보다는 정신에, 쾌락보다는 깨달음에, 이승보다는 저승에 있다면 경제학에서 제시하는 호모에코노미쿠스는 현대인의 전형이 될 수 없다. 그러나 우리의 일상적 관심과 즐거움의 원천이 물질에 있다면, 그래서 사회적 경쟁의 최종적인 대상이 부에 있다면, 욕망의 대세는 무한물욕無限物慾이고 우리는 모두 호모에코노미쿠스에 속한다.

경제학에서는 타산적calculating이라는 말을 합리적rational이라는 표현으로 바꿔서 '인간은 합리적인 존재'라고 정의한다. 경제학에서 말하는 합리적 인간이란 욕망 충족의 수단이 유한하다는 희소성의 원칙 아래 자신의 만족이나 이익을 극대화할 줄 아는 인간이다. 내용적으로 보자면 계산능력을 보유한 인간이라는 뜻이다. 그리고 이 정의는 경제학의 제2원칙인 '최소비용 최대효과'라는 경제원칙economic principle으로 나타난다. 정해진 비용으로 최대의 효과를 추구하고, 정해진 효과를 최소의 비용으로 해결하며, 비용과 효과의 차이를 극대화한다는 것이다.

그러나 이 경제원칙은 인간의 모든 행위에 폭넓게 적용될 수 있기 때문에 경제원칙을 준수하는 합리성을 호모에코노미쿠스만의 속성이라고 할 수 없다. 그 합리성이 자본주의적 합리성이기 위해서는 '이기적이다' '철저히 계산에 따라 행동한다' '야박하다' 등의 의미가 부각되어야 한다. 그래서 차라리 타산적이라고 하는 편이 자본주의적 인간의 속성을 정확하게 드러내는 표현이라고 할 수 있다. 경제학 교과서는 현실의 인간은 그렇게 비정非情하지 않지만 분석의 편의를 위해 비현실적인 인물상을 제시한 것뿐이라고 말한다. 하지만 무한물욕에 휘둘리며 부자가 되기 위해 살아가는 우리에게 호모에코노미쿠스의 타산적 합리성은 마땅히 준수해야 할 행동준칙인 것이다.

Plato(B.C.427–B.C.347) 서양 관념철학의 기초를 닦은 플라톤은 가장 궁핍한 생산자계급에게 도리어 절제를 요구하고 있다.

02 욕망의 해방

합리성의 출처인 이성과 마찬가지로 인간의 욕망 역시 일찍이 고대철학자들에 의해 포착되었다. 그러나 욕망은 처음부터 인간의 부정적인 속성이며 경계의 대상이었다. 플라톤Plato에 따르면 인간의 영혼은 이성reason과 기개spirit와 욕망desire으로 삼분三分된다. 이 영혼들이 각기 육체의 탈을 쓰고 세상에 나와 철인哲人과 전사戰士와 평민으로 살아간다. 가장 낮은 영혼인 욕망을 타고난 평민들은 절제節制를 평생의 덕목으로 삼고 살아야 한다. 왜냐하면 욕망은 인간으로 하여금 끊임없이 쾌락을 추구하게 하여 마침내는 도덕적 파탄으로 이끌기 때문이다.

장 칼뱅(Jean Calvin, 1509–1564) 16세기에 전개된 종교개혁운동은 기독교가 자본주의적으로 진화하는 과정인 동시에 자본주의적 이데올로기를 평민계층으로 확산시키는데 결정적인 역할을 수행했다. 장 칼뱅이 종교개혁을 주도했다.

중세유럽의 기독교적 윤리관에서도 세속적 욕망은 모든 죄악의 근원이었고, 천국으로 가는 길의 가장 큰 장애물이었다. 그들이 가장 경계한 욕망 중의 하나는 부富에 대한 욕망이었다. 예수는 재물과 하나님을 함께 섬기기가 심히 어렵다고 했고, 제롬Jerome 신부는 '부자는 죄인이거나 그의 자식'이라고 비난했다. 지배계급을 제외하면 전근대사회의 부자들은 대체로 상인이나 고리대금업자들이었고 이들의 치부致富는 사기(=상인)나 강탈(=고리대)로 이루어지는 것으로 간주되었다. 베버Max Weber의 표현을 빌리면 이들은 '도덕의 진공지대'에 속하는 자들이었다.

그러나 15세기부터 유럽사회에는 또 다른 부류의 부자들이 나타나기 시작했다. 중소지주, 농민, 소상인, 수공업자 등 결코 태생적으로 부도덕하다고 말할 수 없는 평민들 중에서 부를 쌓는 사람들이 대거 등장하게 된 것이다. 그들의 치부는 사기나 강탈에 의한 것이 아니라 사회적 생산능력의 전반적 향상에 바탕을 둔 것이었다. 부의 증대가 거역할 수 없는 대세였으므로 교회도 부와 부자들을 인정할 수밖에 없었다. 제3장에서 본 것처럼 종교개혁Reformation을 통해 거듭 난 기독교는 마침내 부를 근면과 절제의 결과이며 하나님의 은총이라고 선언했다.

보다 근원적으로 부에 대한 욕망까지 인정한 것은 자연법 사상가들이었다. 그들은 부 또는 재산은 인간의 천부적 권리인 생명권의 발현이며, 부에 대한 욕망은 인간의 본성인 자기애의 일부라고 주장했다. 재산권을 최초로 제기한 로크J. Locke는 재산권을 생명 및 자유와 동일한 수준의 천부적 권리로 평가했다. 그는 재산권에 대해 생존에 필요한 이상의 재산을 소유해서는 안된다는 도덕적 제한을 두었지만 물질적 생산능력이 비약적으로 향상되고 있던 당시의 현실에서 그 제한은 무의미했다. 세속의 부자들이 경청한 것은 부에 대한 욕망이 자연스러우며 정당하다는 것이었다.

John Locke(1632–1704)
'정부의 유일한 목적은 재산을 보호하는 것(Government has no other end, but the preservation of property)' 이라는 그의 주장은 '야경국가론'의 기초가 된다.

인간의 자연적 권리에 대한 관심이 깊어지면서 부에 대한 욕망만이 아니라 인간의 모든 욕망이 정당한 것으로 인식되기 시작했다. 공리주의를 창시한 밴담J. Bentham은 쾌락과 고통만이 우리가 무엇을 해야 하는지를 결정하는 유일한 기준이며 고통을 회피하고 즐거움을 추구하는 것이 인간의 자연, 즉 인간의 본성이라고 주장했다. 그는 플라톤의 인간론에서 이성의 정반대편에 위치했던 욕망을 이성과 대등한 인간의 본성으로 자리매김함으로써 플라톤의 '욕망→쾌락→타락'의 도그마를 무력화시켰다.

Jeremy Bentham(1748–1832)
"최대다수의 최대행복이야말로 도덕과 입법의 기초다"

03 도구적 이성

유럽인들이 자신에게 복종하고 회개하는 능력 이외의 또 다른 능력이 있다는 것을 깨닫게 된 직접적인 계기는 16세기부터 시작된 과학과 기술의 발전이었다. 근대과학은 르네상스운동, 아메리카 침략, 종교개혁, 절대국가의 성립 등 중세의 질서를 뒤흔드는 대사건들 속에서 태동하여 눈부실 정도로 빠르게 성장했다. 유럽인들은 자신들이

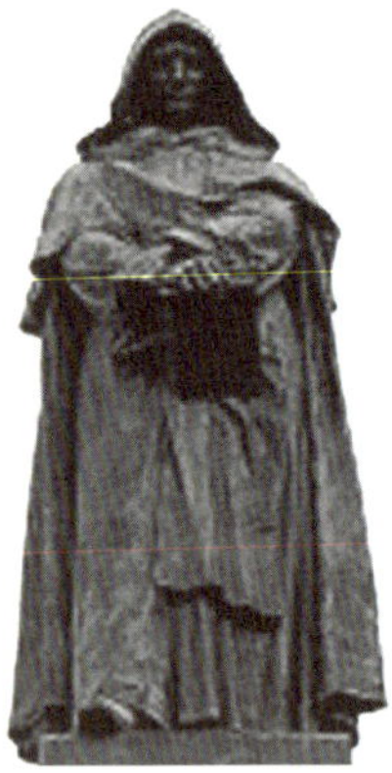

Giordano Bruno(1548-1600) 자신이 화형 당한 '캄포 디 피오리' 광장에 세워진 브루노의 동상

발견해낸 자연법칙들과 그 법칙들을 이용한 발명품들에 커다란 자부심을 느끼면서 그것을 가능케 한 과학과 기술의 원천에는 이성이 있다는 것을 발견했다. 그리고 그 이성은 신분과는 무관하게 사람이면 누구나 소유하고 있는 인간의 보편적 속성이라는 것을 깨닫게 되었다.

이성이 인간의 보편적 속성으로 확정되는 과정은 조심스러웠다. 이성은 당분간 신의 범주 안에 있어야 안전했다. 신을 벗어난 이성은, 갈릴레오와는 달리 최후까지 지동설을 굽히지 않았던 브루노Bruno 신부의 경우처럼, 종교재판을 받았고 끝내는 화형당했다. 이성은 반드시 신으로부터 부여받은 속성이어야 했고, 이성의 힘으로 인간이 파악하는 것은 자연의 법칙이 아니라 신의 섭리여야 했다. 그러나 이것만으로도 인간은 자연과 사회를 객관적으로 이해할 수 있는 존재로 격상되었다. 그리고 복종과 회개라는 기독교적 속성에 이성이라는 속성이 더해졌을 때 유럽의 지식인들은 비로소 '인간은 어떤 존재인가'라는 질문을 제기하기 시작했다.

인간을 이성적 존재로 파악한 최초의 사상은 고대 그리스의 스토아철학이었다. 그들은 삼라만상을 주재하는 법칙은 로고스이며, 인간은 로고스의 분신인 이성을 타고 났기 때문에 이성을 통해서 자연과 일치하는 현자賢者의 삶을 영위할 수 있다고 주장했다. 그러나 스토아학파의 이 명상적 혹은 비판적critical 이성은 인간을 신의 위치로 끌어올리는 불경不敬을 내포하고 있었으므로 근대유럽의 이성은 도구적instrumental 이성에서 더 나아갈 수 없었다. 아니, 그들은 이성의 힘으로 자연을 지배하고 인간의 물질생활을 편리하게 해 주는 것만으로 충분히 만족했다.

도구적 이성은 진리에 이르는 사유능력이 아니라 주어진 목표를 효율적으로 수행하는 능력이다. 도구적 이성의 초점은 본질이나 목적에 대한 근원적인 성찰에 있는 것이 아니라 주어진 조건 아래서 최선의 효과를 가져오는 방법의 모색에 있다. 말하자면 '왜why'가 아니라 '어떻게how'에 맞춰져 있는 것이다. 도구적 이성에 기초한 근대과학은 인류의 물질생활을 비약적으로 발전시켜 왔지만 철학이 배제된 과학은 대규모 전쟁, 자연파괴, 인간생명의 경시 등 엄청난 재앙과 부작용도 함께 가져왔다. 그리고 우리의 일상적인 삶 속에서 작동하는 것도 주로 도구적 이성이다. 우리의 뇌는 왜 사는 지에 대한 고뇌가 아니라 어떻게 살 지에 대한 고민으로 가득 차 있는 것이다.

Sir Thomas More(1478–1535)
유토피아는 의미상으로는 ou(없는)-topia지만, 발음상으로는 eu(좋은)-topia다. 이 세상 어디서도 찾아볼 수 없는 좋은 나라, 거기에는 정치 경제 종교 교육 등 모든 분야에서 평등의 원칙이 관철된다.

그러나 도구적 이성을 확보한 것만으로도 서구근대의 지성인들은 인류사의 무한한 진보를 꿈꿀 수 있었다. 그들은 이성의 빛나는 힘으로 구원救援의 섭리까지 파악하여, 그 구원된 세상을 저승이 아닌 이승에 구현할 수 있지 않겠느냐는 몽상을 하기 시작했다. 1516년 모어T. More는 이 세상 어디에도 존재하지 않는 이상사회 '유토피아'를 그려냈다. 그곳으로 가는 구체적 노정은 제시하지 않았지만 저승이 아닌 이승에 지금과는 다른 세상을 설계했다는 것만으로도 유토피아는 실천적이었다. 실천은 자신이 희망하는 바를 스스로 획득하기 위한 행위다.

이처럼 근대의 여명에 선 유럽인들은 과학기술을 이용하여 당장의 물질생활을 급격히 향상시켰을 뿐만 아니라 더 나은 사회를 구상하고 실천하려는 의욕에 불타올랐다. 인간사회가 창조에서 종말로 가는, 지난 천년처럼 한결같이 밋밋한 직선이 아니라, 더 높은 곳을 향해서 우상향右上向하는 직선으로 포착되기 시작했던 것이다. 일단 역사가 진보한다는 관념이 형성됨으로써 진보를 위해서는 도구적 이성과 함께 도덕적 능력, 즉 비판적 이성도 필요하다는 주장도 제기될 수 있었다. 비록 성공하지는 못했지만 사회주의는 새로운 사회에 대한 모색의 일환이었다.

04 보편적 인간에서 개인으로

16세기에서 18세기에 이르는 약 3백년에 걸친 기나긴 사상투쟁을 통해서 서구의 지식인들이 쟁취한 인간상은 대체로 다음과 같았다. 인간은 ① 자연의 섭리를 파악하고 더 나은 사회를 창출할 수 있는 이성적인 존재며 ② 자신의 생명을 유지하고 더 많은 행복을 추구하기 위해 욕망하는 존재다. 또한 인간은 자연에 순응하는 존재가 아니라 자연의 밖에서 자연을 관찰하고 통제한다는 점에서 자연으로부터 독립적이며, 설령 신으로부터 생명을 부여받았다 하더라도 그 생명에 대한 주인으로서 생명을 유지하는 영역에서는 신으로부터도 독립적인 존재다.

인간중심주의Humanism의 극단을 보여주는 이 '보편적 인간'은 서로 의존하는 유기체적 존재가 아니라 상호 독립적인 원자적 존재다. 즉 인간의 보편적 속성은 모든 개인에게 내재되어 있기 때문에 개인individual은 마치 소우주처럼 자기완결적이며 자율적autonomous인 존재라는 것이다. 다시 말해서 사람은 자연과 신에 대해서만이 아니라 다른 사람에 대해서도 독립적이다. 시민혁명의 사상적 무기였던 사회계약설social contract theory에 의하면 모든 형태의 사회는 개인들의 집합체에 지나지 않는다. 사회는 개인들의 합의에 의해 성립한 것이므로 개인은 사회에 우선하며, 사적 영역에 대한 공공권력public authority의 개입은 엄격하게 제한되어야 한다.

더욱 중요한 것은 보편적 인간에 내재된 이성과 욕망 그리고 자율성은 개인의 노력에 따라 서로 다른 수준으로 실현된다는 점이다. 가령 교육을 통해 이성의 활동을 진작시키는 개인은 그렇지 못한 개인보다 자신의 욕망을 효율적으로 충족시킬 수 있다. 특히 사유재산은 개인의 욕망과 합리성 및 근면과 절제라는 도덕성까지 반영하는 것이므로 자율성을 평가하는 중요한 척도가 된다. 소유권의 신성불가침을 규정한 프랑스 인권선언 제17조는 사유재산 혹은 소유권이 자율적 개인의 표상임을 분명히 하고 있다.

프랑스 인권선언서 '인간과 시민의 권리에 대한 선언'이라는 제목에서 보는 것처럼 인간(Homme)과 시민(citoyen)이 분리되어 있다.

보편적 인간이 개인으로 분립分立되고 개인은 다시 자율적 능력에 따라 시민과 대중으로 분화分化된다는 사상은 시민사회의 성립과 직접적으로 연결되어 있다. 근대시민사회의 건설을 주도한 것은 주로 중소지주와 중소 상공인으로 구성된 시민bourgeoisie계급이었고 그들의 계급적 이익은 시민혁명에 동참한 다수의 무산자proletariat계급과는 다른 것이었다.

따라서 그들은 혁명을 통해 획득한 권력을 무산대중들과 나누어 가지려고 하지 않았다. 그들은 자신들이 표방한 주권재민主權在民의 원칙이나 '국민동의에 의한 국가'의 개념에 일반대중이 포함되는 것, 즉 참정권과 민주주의가 확대되는 것에 강한 거부감을 느꼈다. 민주주의 국가는 부의 재분배나 사회복지를 지향함으로써 그들

보편적 인간 (16세기) → 개인 (18세기) → 시민-자유주의 대중-민주주의 → 자유민주주의 (20세기)

의 소유권을 침해할 가능성이 높기 때문이다.

독립적이고 자율적인 존재로서의 개인은 역사적으로는 자본주의 시장경제가 형성되는 과정에서 탄생한 인간이다. 자본주의 이전 사회에서의 물질생활은 어떤 형태로든 공동체적 관계 속에서 이루어졌으나 생산력이 비약적으로 향상된 자본주의 사회에서는 물질생활의 기초단위가 개인으로 축소된다. '인간은 역사를 통해서 개인이 되었다'는 마르크스K. Marx의 말처럼 물질적 생산능력의 증대로 인류는 집단에서 벗어나 개인으로 자립自立할 수 있었던 것이다.

시장경제의 성장 역시 개인의 자립을 촉진한다. 시장은 재화를 임의로 처분할 수 있는 권리를 가진 자들, 즉 재화에 대한 배타적 소유권을 확보한 사람들만이 참여할 수 있는 공간이었기 때문이다. 시민의 입장에서 볼 때 개인의 자유가 가장 이상적으로 구현되는 사회적 공간은 시장이다. 시장에서의 개인은 소유의 주체로서 즉 노동력과 생산수단의 소유자로서 대등하며, 계약에 의해 서로가 소유한 생산요소를 결합하는 것으로 상정된다. 또한 시장에서는 이윤과 효용을 획득하려는 개인들의 욕망이 각축한다.

욕망의 원천인 자기애Self-love 또는 이기심은 인간의 본성이므로 어떠한 도덕도 이를 억제할 수 없고 오직 자유로운 경쟁만이 보장되어야 한다. 이기적 개인들을 자유로운 경쟁 속에 내버려 둘 때 사회는 '보이지 않는 손' 즉 가격기구에 의해 자동적으로 조화와 번영을 담보할 수 있는 것이다. 물론 경쟁에서의 도태와 이에 따른 경제적 궁핍은 개인의 책임이다. 경쟁에서의 패배자들을 위하여 정부가 복지정책을 펴는 것은 자연적 도덕을 위배하는 것이다.

호모에코노미쿠스는 시장 속의 개인이다. 보편적 인간으로서의 개인은 시장을 통해서 호모에코노미쿠스라는 더욱 구체적인 모습으로 태어난다. 물론 호모에코노미쿠스는 이성과 욕망의 소유자다. 그러나 그의 이성은 합리성 혹은 효율성으로 조절된다. 그리고 이 경제적 합리성이 시장 속에 살아가는 개인의 이성을 대표한다. 이성이 합리성으로 축소되는 것과 정반대로 욕망은 무한욕망으로 확대된다. 호모에코노미쿠스의 욕망은 자연권의 실현을 위한 소극적인 욕망이 아니라 더 많은 효용과 더 많은 이윤을 향해 끊임없이 팽창되는 적극적인 욕망이다. 그것은 도덕적 근거를 요구하지 않는다. 욕망은 그 자체로서 근거인 것이다.

제5장

팔기 위한 생산

저질 튀김기름에 중국산 참기름을 섞어 가짜 참기름을 만든 뒤 일본 유명상표 참기름인 것처럼 속여 부산과 경남 일대 고깃집 등에 판매한 제조업자가 경찰에 붙잡혔다. 부산 사하경찰서는 27일 가짜 참기름 5만병, 시가 10억원 상당을 만들어 일본 유명 참기름 상표를 부착해 판매한 혐의(식품위생법 위반 등)로 김모(48. 부산 동구 수정동)씨를 구속하고 중간 유통업자 이모(35)씨 등 7명을 불구속 입건했다. 경찰에 따르면 김씨는 2002년 4월 부산 사하구 당리동과 동구 수정동에 무허가 비밀공장을 차린 뒤 질이 낮은 튀김용 옥수수기름과 중국산 참기름을 10 대 1의 비율로 섞은 가짜 참기름 80여만ℓ를 만들어 일본 유명 참기름 상표를 부착해 판매해 온 혐의를 받고 있다. 〈동아일보 2007년 7월 27일자에서 발췌〉

'먹는 것 가지고 장난치는' 행위에 대한 국민들의 분노에도 불구하고 가짜식재료와 불량식품이 좀처럼 근절되지 않고 있다. 가짜참기름, 가짜꿀, 가짜한우 등 소비자들이 많이 찾는 식품일수록 가짜들이 기승을 부린다. 원산지를 속이는 것도 문제지만 몸에 해로운 물질까지 첨가하는 것은 용서받을 수 없는 범죄행위다. 엉터리 상품은 식품에 한정된 것이 아니다. 어린이 장난감부터 가전제품에 이르는 수많은 공산품 중에서도 불량상품이 끊임없이 나오고, 자동차정비와 같은 서비스 업종에서도 고객들에게 터무니없이 바가지를 씌우는 경우가 적지 않다.

불량식품의 궁극적 원인은 상품생산commodity production 즉 '팔기 위한 생산'에 있다. 그러나 불량식품을 근절하기 위해서 상품생산을 폐기한다는 것은 빈대 한 마리 잡으려고 초가삼간을 태우는 것과 마찬가지다. 왜냐하면 상품생산은 인류가 창조한 가장 효율적인 물질생산 방법이기 때문이다. 자본주의사회는 상품생산이 일반화된 사회다. 가전제품이나 자동차 등을 생산하는 대기업은 물론이고 농산물을 생산하는 농민들도 시장에 내다 팔기 위해 생산한다. 우리가 일상적으로 소비하고 있는 재화 중에서 우리가 직접 만든 것은 거의 없다.

자본주의 사회에서 생산의 주체는 기업 또는 자본가다. 자본가는 '팔기 위한 생산'의 주체로서 자본주의적 생산의 모든 과정을 지휘한다. 이 장章에서는 상품생산의 발전 및 산업자본가의 등장 과정을 살펴보기로 한다.

01 사용가치의 세계

지금의 우리와는 달리 자급자족自給自足의 경제생활을 영위했던 전근대사회의 인류는 식의주食衣住를 비롯한 소비재를 자신이 직접 만들어서 사용했다. '사용하기 위한 생산production for use'이 일반적이었던 것이다. 사용하기 위해 재화를 생산하던 단계의 생산 목표는 사용가치use value의 획득에 있다. 사용가치는 재화 속에 내재되어 있는 '인간의 욕구wants, needs를 충족시켜 주는 유용성'이다. 이 유용성은 공기나 자연경관과 같이 자연 그 자체에서 획득되기도 하지만 주로 인간의 노동에 의해 창출된다.

인간의 노동에 의해 생산된 재화는 모두 경제재economic goods에 속한다. 그 재화를 타인에게 양도할 때 일정한 대가를 요구할 수 있다는 것이다. 공기와 같이 희소성이 없고 따라서 누구든 아무런 대가 없이 향유할 수 있는 재화는 자유재free goods로 분류된다.

아리스토텔레스에 따르면 신발을 포함한 모든 재화는 두 가지 용도를 가지고 있다. 하나는 사용하는 용도이고, 다른 하나는 교환하는 용도이다. 즉 신발은 신고 다닐 수도 있고 다른 물건과 교환할 수도 있다는 것이다. 이 두 용도는 후일 영국의 고전파 경제학자들에 의해 사용가치use value와 교환가치exchange value로 불리게 된다. 서양의 전근대 경제사상을 대표하는 아리스토텔레스는 모든 재화의 '본성本性에 따른 용도'는 사용하는 것이지 다른 재화와 교환하는 것이 아니라고 말한다. 그리고 본성에 따르지 않는 행위는 사회적 정의를 해칠 가능성이 크다고 주장한다.

교환 또는 상업에 대한 아리스토텔레스의 부정적인 견해가 중세 유럽의 중심사상이 될 수 있었던 것은 전근대 사회에서는 생산의 목표가 사용가치의 획득에 있었다는 것, 즉 '사용을 위한 생산'이 일반적이었다는 것을 반증한다. 자신이 소비하는 재화를 자신이 직접 생산한다는 것은 거꾸로 말하면 생산할 수 있는 재화만 소비한다는 것이며, 따라서 소비하는 재화의 종류가 극히 제한되어 있다는 것을 의미한다. 생산과 소비가 결합되어 있던 전근대인들의 경제생활은 생필품 수준에서 크게 벗어나지 못했다. 우리나라의 경우 1950년대까지만 하더라도 농촌에서는 생활에 필요한 재화의 대부분을 집안에서 해결했다. 시장이라고는 5일마다 열리는 시골장터가 전부였는데 거기서 구입하는 재화는 소비재의 극히 일부에 지나지 않았다.

자급자족 경제라고 해서 재화의 교환이 전혀 없었던 것은 아니다. 교환의 가장 오래된 형태는 공동체 사이에서 이뤄진 '침묵의 교환silent trade, dumb barter'으로 알려져 있다. 서로 긴장관계에 있거나 언어가 소통되지 않는 두 공동체가 직접 접촉하지 않고 재화를 교환하는 방식이다. 가령 농촌마을과 산촌마을이 인접해 있을 경우, 농촌마을에서 마을의 경계지점에다 쌀 한 가마를 갖다 놓고 말없이 돌아온다. 그러면 산촌마을 사람들이 역시 말없이 토끼 두 마리를 갖다 놓고 쌀을 가져가는 방식이다. 교환의 최초형태인 물물교환(C_A-C_B)은 자신이 생산한 재화 A의 사용가치를 넘겨주는 대신 상대방이 생산한 재화 B의 사용가치를 얻는 것이다. 즉 이 단계의 교환은 생산과 마찬가지로 그 목표가 사용가치의 획득이었다.

교환이 일정 수준 발전하여 교환과정에 화폐(M)가 개입하는 단계 즉 교환이 C_A-M-C_B의 형태를 취하는 교환에서도 교환의 목표는 여전히 사용가치의 획득에 있다. 이 시기의 화폐는 단지 교환의 수단일 뿐이다. 이처럼 사용가치를 추구하는 단계에서는 부富가 화폐가 아닌 현물의 형태를 취하게 되므로 부富의 축적에 한계가 있었다. 생산력 수준이 지금보다는 훨씬 낮았던 탓에 축적 대상 자체에 한계가 있었고, 현물을 보관하는 데는 공간적 시간적 제약이 따랐기 때문이다. 전근대사회에서 부의 원천이었으며 부를 대표했던 토지는 봉건지주들이 세습적으로 소유하고 있었기 때문에 토지소유를 확대하는 것도 쉽지 않았다.

전근대사회에서 사용가치가 아닌 교환가치 즉 화폐를 추구하고 화폐로서 부를 축적한 계층은 상인들이었다. 인구의 대다수를 차지한 농민들이 자급자족적 경제생활을 유지하면서 아주 제한적으로 교환에 참여했던데 반해, 상인들은 교환에 종사함으로써 생계를 꾸려갔다. 그리고 이들의 교환은 농민들의 교환 즉 '판매-구매(C_A-M-C_B)'의 형태가 아니라 '구매-판매(M-C-M')'의 형태를 취한다. 전자는 교환의 결과가 '다른 상품(=C_B)'이지만 후자는 '더 많은 돈(=M')'이다. 상인들의 목표는 구매자금과 판매대금의 차액인 상업이윤인 것이다.

아리스토텔레스는 이 상업이윤이 판매자나 구매자, 또는 그 둘 모두에게 손해를 입힌 결과라고 간주하고 이를 도덕적으로 인정하지 않았다. 제2장에서 언급한 것처럼 전근대 사상가들의 눈에 비친 상인은 사기꾼에 지나지 않았던 것이다. 그러나 화폐를 추구하는 전근대 상인들의 활동은 사용가치의 세계를 위협할 수준이 아니었다. 그들은 도시에 거주하면서 주로 소수 특권층인 봉건지주들을 대상으로 사치품이나 희귀품을 판매했기 때문에 사용가치의 세계에서 살아가는 농민들에게는 아무런 영향을 미치지 않았다.

02 분업과 교환의 성장

'팔기 위한 생산' 즉 상품생산의 목표는 화폐의 획득이므로 상품생산이 성립하기 위해서는 화폐의 사용이 확대되어야 하고, 그 중요성이 사회적으로 인정되어야 한다. 그리고 그것은 자급자족경제가 해체되고 교환경제가 성장해야 한다는 것을 의미한다. 교환경제 또는 시장경제가 형성되는 과정을 추상적으로 설명하면 '생산력↑→분업↑→교환↑→생산력↑⇒교환경제↑'이라는 과정을 밟는다.

가령 여기 50세대로 구성된 마을이 있다고 하자. 각 세대는 1년에 평균 20가마의 식량과 몇 가지 생필품이 필요하다. 그런데 먹고 살기가 몹시 힘들어서 모든 세대가 20가마의 식량을 생산하기도 벅찬 실정이다. 몇 가지 안 되는 생필품도 아주 조악한 수준으로 만들어 쓰고 있다. 말하자면 먹을 것은 입에 풀칠하는 정도, 입을 것은 겨우 몸을 가리는 정도다. 인류는 오랜 기간 동안 이런 열악한 경제생활을 영위해 왔다. 50세대 모두가 이런 수준으로 생활하고 있다면 이 마을에서 분업은 일어나지 않는다. 식량과 생필품을 각기 생산해야 한다.

그런데 이 마을에 새로운 농사기술, 가령 획기적인 시비법施肥法이 도입되어 농업생산력이 크게 증대되었다고 하자. 가령 세대별 식량 생산량이 평균 25가마가 되었고, 그래서 집집마다 먹고 남는 식량이 5가마가 되었다면 어떤 일이 벌어질까. 마을 전체의 잉여식량인 150가마는 이 마을 7세대를 먹여 살릴 수 있는 양이다. 주민 중에는 손재주가 좋아서 각종 생필품들을 잘 만드는 사람들이 있을 것이다. 150가마의 잉여식량은 이런 사람들이 농사에서 벗어날 수 있는 여지를 만들어 준다. 농기구, 옷, 그릇, 구두, 모자 등 생필품 제작에 소질 있는 사람들은 사회적 잉여social surplus를 바탕으로 서서히 농업에서 이탈하여 특정 생필품 제작으로 전업轉業하게 된다.

마을 주민들 사이에 농업과 수공업의 분업이 발생하게 되는 것이다. 분업은 모두에게 이익이다. 농민들은 수공업자로부터 자신이 직접 만드는 것보다 훨씬 품질 좋은 재화들을 구입할 수 있다. 생필품 만드는데 드는 시간과 노력을 절약하여 농사짓는데 전력을 기울임으로써 더 많은 식량을 생산할 수도 있다. 수공업자 역시 농업에서 해방되어 자신의 재주를 살릴 수 있어서 좋고, 수공업에 몰두함으로써 더 좋은 재화들을 더 많이 생산할 수 있어서 좋은 것이다. 분업은 교환을 필요로 한다. 교환 없는 분업은 상상할 수 없다. 우리나라 5천만 인구 중에서 농업에 종사하는 인구가 3백50만인데, 지금부터 모든 교환이 중단되면 4천6백50만은 굶어 죽는다. 분업과 교환은 '분업=교환'이라고 말해도 좋을 만큼 밀접하게 연결되어 있다.

중세후기에 이르면 유럽의 농촌 내부에서 서서히 교환경제가 발전하기 시작한다. 영국의 경우 이미 14세기 후반에는 다수의 촌락을 하나의 교역권으로 묶는 국지적 시장局地的市場 즉 시골장터가 곳곳에 설치되어 농민들은 1주일에 2-3회 시장에 참여할 수 있었다. 국지적 시장이 형성되었다는 것은 그 시장권에 속하는 주민들의 생필품이 내부적으로 공급될 수 있었다는 것, 즉 사회적 분업이 일정 수준 발전되었다는 것을 의미한다. 특히 농업으로부터 수공업의 분화가 필수적이었는데 농촌수공업은 농기구와 의류 분야를 중심으로 성장했고 여기에 도시의 수공업자들까지 합류했다.

국지적 시장을 중심으로 C_A-M-C_B의 형태의 교환이 더욱 활발하게 이루어지면, 즉 교환되는 상품의 종류와 양이 확대되면 돈의 중요성도 점차 커진다. 돈은 상품보다 보유하기가 쉽고, 돈만 가지고 있으면 언제 어디서든 자신이 원하는 상품을 구입할 수 있기 때문이다. 구매할 상품이 많은 사람일수록 돈에 대한 욕구도 늘어난다. 따라서 돈에 대한 욕구는 농민들보다는 봉건지주들에게서 먼저 일어났다. 이들은 지대를 현물이 아닌 돈으로 징수하기 시작하여 15세기가 되면 유럽에서는 화폐지대money rent가 일반화된다. 화폐지대가 성립할 수 있었다는 것은 그 당시의 농민들이 지대를 납부할 정도의 화폐를 보유하고 있었다는 것, 즉 교환경제가 일정 수준 발전했다는 것을 의미한다.

농촌내부의 분업과 교환경제가 성장하게 되자 상인들의 국내 상업 활동도 크게 신장되었다. 봉건제 말기에 성립한 절대주의 또는 중상주의 국가는 먼저 단일한 조세체제를 수립하고 화폐와 도량형을 통일하여 상업의 기반을 구축했다. 그리고 무역상인들의 수출을 늘리기 위해 산업육성

1936년에 발표된 이효석의 단편소설 「메밀꽃 필 무렵」은 시골장터를 무대로 살아가는 장돌뱅이들의 삶의 애환을 잘 드러내고 있다. 사진은 1930년대 우리나라의 시골장터의 모습.

정책을 강력하게 추진했다. 그것은 곧 상업이 생산의 영역으로 침투하는 과정, 즉 '팔기 위한 생산'을 촉진하고 확대하는 과정이었다. 본격적인 상품생산은 수출 전략산업을 중심으로 전개되었지만 이 과정에서 일반농민들과 영세 수공업자들도 상품생산의 대열에 합류하게 된다. 앞에서 본 것처럼 화폐지대가 성립하는 단계에서 이미 부분적 상품생산에 종사했던 이들은 상인들의 유인誘引과 분업 및 교환경제의 성장에 힘입어 서서히 상품생산자로 변모해 간 것이다.

이 시기에 광범위하게 등장하는 상품생산자들은 지금의 자영농민과 자영업자들과 마찬가지로 자신의 생산수단을 보유하고 있었고 자신이 직접 노동하는 생산자들이었다. 가령 농촌수공업의 경우 반농반공半農半工, 즉 농사를 지으면서 틈나는 대로 지역적 특성에 맞는 공산품을 만들어서 판매하는 사람들이 늘어났다. 이들을 '쁘띠부르주아지petit bourgeoisie' 또는 소생산자small producer라고 부르고 이들의 상품생산을 소상품생산으로 규정한다. 소상품생산은 생산수단과 노동력이 결합되어 있고, 생산물의 전부가 판매의 대상이 되지 않는다는 점에서 자본주의적 상품생산과는 다르다.

03 산업자본의 성장

소상품생산의 성장은 기본적으로 농촌 내부에서 교환경제가 발전한 결과지만, 앞에서 본 것처럼 교환경제의 발전을 자극한 것은 상인들이었다. 15세기 말부터 시작된 대항해시대 또는 상업혁명commercial revolution을 통해서 막대한 부를 축적하고, 이를 바탕으로 중상주의국가를 수립한 상인들은 생산자들을 끊임없이 상품생산의 세계로 끌어들였다. 그리고 이들은 16세기부터는 수출상품을 중심으로 선대제先貸制Putting-out system를 운영함으로써 생산과정에 직접 참여하게 된다.

선대제는 상인이 수공업자에게 원료, 또는 반제품을 공급하고 이를 가공케 하여 그 완제품의 판로를 상인이 독점하는 제도이다. 가장 발전된 형태의 선대제는 상인이 상품 생산의 모든 과정을 지배함으로써 사실상 오늘날의 산업자본가의 역할을 수행하고, 수공업자는 단지 노동력만을 제공하는 공임工賃 수취자로 전락하는 형태를 취한다. 선대제는 전통적 수공업과 근대적 공장제공업 사이의 과도기적 공업경영형태이며 '상업자본의 생산지배'라는 성격을 갖는다.

중상주의 시대의 상인들은 소생산자들을 육성하기도 했지만 동시에 이들의 성장을 저지하기도 했다. 왜냐하면 상인과 소생산자는 판매를 통해 이윤을 다툰다는 점에서 경쟁관계에 있었기 때문이다. 상인들의 소생산자 지배는 압도적인 자본력과 정치적 특권을 바탕으로 이루어졌다. 절대왕정과 결탁한 대상인들은 정부로부터 특정 지역이나 특정 상품의 독점적 판매권을 부여받아 경쟁관계에 있는 다른 상인들을 배제하고 소생산자들의 자유로운 영리활동을 억압했다.

상업자본의 견제 속에서도 소생산자들 중에서 성공한 사람들은 16세기 중엽부터 공장제수공업Manufacture을 경영하게 된다. 가내수공업과 기계제대공업의 중간 단계에 속하는 공장제수공업은 기업주에 고용된 다수의 수공업자가 한 작업장에 집결하여 기업주의 지휘 하에 공업생산에 종사하는 경영형태이다. 공장의 규모는 생산 분야와 자본규모에 따라 달라지는데, 고용인원이 10명 이내인 소규모 공장에서 1천명이 넘는 특권 매뉴팩추어까지 다양하게 존재했다. 일반적으로 소규모 공장의 기업주는 '소생산자→중산적 생산자→공장기업주'로 성장한 장인匠人들이었고, 뒤늦게 나타나는 대규모 공장은 자본이 상대적으로 풍부한 특권상인들에 의해 운영되었다.

선대제가 독립된 작업장을 갖춘 수공업자들의 분산노동에 기초한 것과는 달리 공장제수공업은 이들을 하나의 작업장에 집결시키고 하나의 공정을 몇 단계로 나누어 분업화함으로써 이른바 '분업에 기초한 협업 Cooperation based on the division of labor'체제를 창출했다. 협업은 노동의 평균화, 노동도구의 공동사용, 경쟁심 자극, 작업의 연속성 보장 등의 효과를 가져온다. 또 분업은 노동시간의 단축, 전술 공정의 시간적 공간적 분리 및 축소, 노동용구의 분화 발전 등을 통해 효율성을 크게 향상시킨다.

선대제에서는 공업생산력의 발전이 소상품생산의 범위로 제한되지만, 공장제수공업에서는 협업과 분업에 기초하여 생산력이 비약적으로 발전할 수 있는 것이다. 아담 스미스는 『국부론』에서 핀pin 생산을 예로 들면서 공장제수공업이 실현한 '작업장 내 분업'의 효율성에 찬사를 보내고 있다.

상업자본이 그 크기와는 상관없이 '구매-판매(M-C-M')'의 형태를 유지하는데 비해 공장제수공업에 투하되는 자본은 생산과정을 포함한 '구매-생산-판매(M-C-C'-M')'의 운동 형태를 취함으로써 자본주의적 '팔기 위한 생산'의 전형을 보여준다. 또한 동일한 상품생산이라도 소상품생산이 자신의 노동에 기초한 생산인 것과는 달리 매뉴팩추어 생산은 타인의 노동력을 구매한다. 즉 오늘날의 산업자본과 마찬가지로 매뉴팩추어 자본이 구매(M-C)하는 상품(C)에는 노동력이 포함되어 있는 것이다.

산업혁명 이전 단계에서 '팔기 위한 생산'의 가장 선진적 형태였던 매뉴팩추어는 국내외 시장의 확대와 수요의 증대에 힘입어 비약적으로 발전한다. 그러나 매뉴팩추어 생산은 수공업에 기초하는 기술적 한계로 인해 자본이 노동과정을 완전히 장악할 수 없다는 결함을 가지고 있었다. 즉 수공업은 장기간 훈련된 노동 즉 숙련노동을 필요로 하기 때문에 노동자를 충원하기가 쉽지 않았고, 공장주가 노동과정에 개입할 여지도 적었다. 당시 영국에서는 이른바 종획운동Enclosure movement에 의해 농민들이 대거 도시로 몰려와 노동력이 넘쳐나는 상황이었지만 매뉴팩추어는 여전히 인력난에 시달리고 있었다. 매뉴팩추어 노동자들의 임금은 계속 상승할 수밖에 없었고 기업주들의 이윤은 그만큼 줄어들었다.

영국은 매뉴팩추어 단계에서 이미 '세계의 공장'으로 떠오르고 있었다. 북아메리카를 비롯한 세계 곳곳의 식민지로부터 영국 공산품에 대한 수요가 폭증했기 때문이다. 생산물의 판로가 무한정으로 열려 있다는 것은 매뉴팩추어 경영자들 즉 초기 산업자본가들에게는 자본축적의 절호의 기회가 아닐 수 없었다. 당시 초기 산업자본의 자본축적에 가장 큰 장애요소는 숙련노동자들이었다. 그들을 오랫동안 억압해 온 대상인들은 더 많은 이익을 좇아 스스로 산업자본가로 변신하는 경우가 많았고, 나머지 대상인들도 17세기에 완성된 시민혁명을 통해서 그 영향력을 상실한 상태였다.

18세기 중엽부터 시작된 산업혁명Industrial revolution은 '팔기 위한 생산'의 주체인 산업자본이 수작업手作業에 의한 숙련 노동을 무력화시키고 노동과정을 완전히 장악하는 과정이었다. 산업혁명은 생산수단을 '도구에서 기계로' 전환함으로써 숙련노동을 단순노동으로 대체했다. 숙련노동자들은 공장에서 쫓겨났고 그 자리를 도시빈민들이 채웠다. 산업자본가들은 임금을 더욱 낮추기 위해 부녀자들과 아동들을 우선적으로 채용하기도 했다.

일자리를 잃은 숙련노동자들은 산업혁명 직후 '러다이트운동Luddite movement' 즉 '기계파괴운동'을 격렬하게 전개했지만 기계제대공업으로 나아가는 역사의 흐름을 되돌릴 수는 없었다. 기계제대공업 하에서 노동력은 자본가가 구매하여

1978년부터 95년까지 폭탄을 소포로 배달하는 방법으로 3명을 죽이고 23명을 부상시킨 테러범이 96년에 체포되었다. FBI가 유나버머(Unabomber)라고 명명했던 이 인물은 대학교수 출신의 카친스키(T.Kaczynski)로 밝혀졌다. 그는 95년 9월 「워싱턴포스트」지를 협박하여 동 신문에 '산업사회와 그 미래(Industrial Society and it's Future)'라는 장문의 선언문을 게재했다. 생태주의를 지향하고 있는 이 선언문은 러다이트사상이 현대기술문명과 자본주의를 반대하는 유력한 사상으로 오늘날까지 건재하고 있음을 보여준다.

생산과정에서 소비하는 하나의 상품일 뿐이다. 노동자는 단지 기계를 보조하는 역할만을 수행함으로써 자본가에게 철저하게 종속되고 이로써 '자본에 의한 생산'이 완성되는 것이다.

산업혁명의 선두에 나선 것은 제조업자들 사이의 경쟁이 치열했던 면직물 공업이었다. 면직공업에서 비교적 다량의 노동력을 필요로 했던 부문은 면화棉花를 면사綿絲로 만드는 방적紡績부문이었는데 1764년에 발명된 제니방적기Spinning Jenny는 방적공의 90% 이상을 대체하는 효과를 발휘했다. 방적부문의 기계화에 의해 방적공정의 생산성이 크게 향상되자 면직공업의 타 분야에서도 기계 도입이 불가피하게 되었다. 여기에 1763년 제임스 와트J. Watt가 발명한 증기기관蒸氣機關이 결합함으로써 면직공업의 기계화는 확고히 정착되었다. 와트의 증기기관은 기존의 인력人力, 축력畜力, 풍력風力, 수력水力의 한계를 돌파했다는 점에서 산업혁명 그 자체의 동력으로 평가될 수 있다.

생산영역을 장악함으로써 물질적 기반을 확보한 영국의 산업자본가들은 19세기 초의 곡물법Corn law 폐지를 계기로 시민정부의 파트너였던 지주계급을 정치적으로 무력화시키고 권력을 독점한다. 상업자본의 기반이 정치적 특권이었기 때문에 절대주의 왕정의 붕괴는 곧 대상인들의 몰락을 의미하는 것이었다. 산업자본가는 이론적으로는 생산의 영역에서 '소생산자→중산적 생산자→공장기업주→산업자본가'의 경로를 거쳐서 성립하지만, 실제로는 유통의 영역에서 자본을 축적한 상인들이 대규모 산업자본가로 변신하는 경우가 더 많았다. 대상인들은 선대제나 매뉴팩처 경영을 통해서 이미 생산에 침투해 있었기 때문이다.

제임스 와트가 발명한 증기기관

04 산업자본의 지위

'팔기 위한 생산'의 주체는 자본이며, 자본은 이윤을 획득하기 위해 움직이는 돈이다. capital의 어원語源은 '머리에 해당하는' 즉 '머리에 해당할 만큼 중요한'의 의미를 갖는 라틴어의 'caput'이다. 이 caput이 소떼나 가축을 의미하는 cattle의 어원이기도 하다는 것은 자본의 본질을 이해하는 데 도움을 준다. 우선 가축은 돈과 마찬가지로 동산動産의 일종이다. 돈이 축재의 수단이 되기 이전에는 가축을 많이 소유한 사람이 부자였을 것이다. 더욱이 가축은 새끼를 낳아서 자신의 가치를 스스로 증식시키는 능력이 있는데 돈 역시 자기증식自己增殖하는 능력이 있다. '새끼 치는 돈' 즉 이윤이나 이자를 낳는 돈이 곧 자본인 것이다.

돈이 새끼를 치는 방법에는 세 가지가 있다. 하나는 돈을 빌려주고 원금에 이자를 붙여서 되돌려 받는 대금업이다. 대금업에 사용되는 돈을 대부자본이라고 하는데 그 움직임은 「돈-돈」 즉 「M-M'」로 표시할 수 있다. 또 다른 하나는 상업이다. 앞에서 본 것처럼 상업자본의 운동형태는 구매와 판매 과정을 합친 「M-C-M'」로 표시할 수 있다. 세 번째는 제조업이다. 제조업자들은 생산에 필요한 상품들을 구입하고 (M-C), 그 상품들을 사용해서 새로운 상품을 생산하여 (C-C'), 생산된 상품에 이윤을 붙여서 판매(C'-M')한다. 이 세 과정을 합친 「M-C-C'-M'」가 산업자본의 운동형태다.

산업자본은 좁게는 제조업 또는 공업에 투하되는 자본을 의미하지만 오늘날에는 서비스산업과 같이 무형의 사용가치를 생산하는 자본, 나아가서는 영화산업 스포츠산업 등에 투자되는 자본도 여기에 포함시킬 수 있다. 위의 세 자본 중에서 산업자본만이 생산과정(C-C')을 포함하고 있다. 생산을 통하지 않고는 새로운 가치가 만들어질 수 없다면, 대부자본의 이자나 상업자본의 상업이윤은 산업자본이 만들어내는 새로운 가치 즉 이윤에서 나오게 된다. 즉 대부자본과 상업자본은 산업자본에 의존 또는 기생寄生하고 있는 것이다.

산업자본과는 달리 자본주의 이전에도 존재했던 이 두 자본은 산업자본에 의존하기 전에는 주로 농업에 의존했었다. 이들이 획득하는 이자나 상업이윤의 궁극적인 출처는 농민이 생산하고 지주들이 가져가는 지대地代였다. 중세상인들은 지주들이 요구하는 사치재를 공급해 주고 그들의 지대 중 일부를 분취分取했던 것이다. 사회의 기간산업이 농업에서 공업으로 바뀌면서 산업자본에 종속된 이 두 자본은 비록 생산을 직접 담당하지는 않지만 대부자본은 생산에 필요한 자금을 제공하고, 상업자본은 생산된 상품의 판매를 담당한다는 점에서 산업자본의 이윤창출에 기여한다.

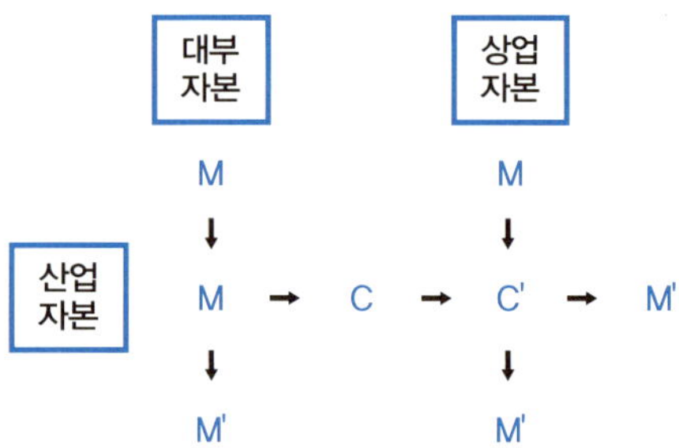

이 세 자본 가운데 논리적으로는 생산을 통해 직접 이윤을 만들어내는 산업자본이 이윤의 가장 많은 몫을 가져가야 하고 또 가장 큰 영향력을 발휘해야 하지만 실제로 자본의 힘을 결정하는 것은 자본의 크기다. 어떤 자본이든 자본의 규모가 크면 동일 자본 내에서 뿐만 아니라 타 자본들에 대해서도 지배적 지위를 갖는다. 전국적인 유통망을 갖춘 대형 상업자본은 중소 제조업체들의 위에 군림하고, 은행과 같이 거대한 대부자본은 거의 모든 자본을 압도하는 힘을 갖고 있다.

제6장

내버려둬라

When I find myself in times of trouble
Mother Mary comes to me
Speaking words of wisdom
let it be
And in my hour of darkness
She is standing right in front of me
Speaking words of wisdom
let it be

1960년대를 풍미했던 비틀즈The Beatles의 'Let it be'의 일부다. 'Let it be'는 보통 '내버려 둬'로 해석된다. 고통과 어둠의 순간에 직면했을 때는 순리에 따르는 것이 좋다는 말이다. 그러나 순리를 따르라는 것은 '지혜의 말씀words of wisdom'일지는 모르지만 현실적으로 별로 도움이 안 되는 소극적인 충고처럼 들린다. 순리가 무엇인지 분명하지도 않고 듣기에 따라서는 운명에 맡기라는 식의 무책임한 말 같기도 하다. 만일 국가대사를 논하는 자리에서 누군가 이런 대답을 한다면 우리는 그의 정신 상태를 의심할 것이다. 경제학의 아버지로 불리는 아담 스미스는 '국가가 부강해지는 방법은 무엇인가?'라는 질문에 대답하기 위해 『국부론』을 집필하기 시작했다. 10여년에 걸친 집필 끝에 그가 도달한 결론은 허망하게도 '내버려 둬라!'였다.

01 부국강병

15세기에서 18세기까지 유럽 사회를 지배한 것은 절대주의 국가였다. 그 이전의 유럽 국가들은 수많은 장원莊園들의 집합체에 지나지 않았고 각 장원은 봉건영주의 배타적인 지배하에 있었다. 영주 중의 1인에 불과했던 국왕은 자신의 영지에 대해서만 지배권을 행사했을 뿐, 다른 영지에 대해서는 아무런 권리도 갖지 않았다. 이처럼 크고 작은 장원들로 쪼개진 중세국가는 14세기의 이른바 '봉건위기'를 거치는 과정에서 절대주의 국가로 변모하게 된다. 장원들은 하나의 영토로 통합되었고 분권적인 정치질서는 절대군주의 단일한 지배 아래 중앙집권체제로 재편되었다.

이름뿐이었던 중세국왕이 절대군주로 군림하게 된 가장 큰 배경은 15세기부터 전개된 '대항해시대' 혹은 '상업혁명commercial revolution'이었다. 모험적인 대상인들에 의해 세계의 부富가 유럽으로 흘러든 상업혁명 기간 동안 국왕들은 상인들을 지원한 대가로 막대한 부와 강력한 무력을 갖출 수 있었다. 대상인세력과 결탁한 국왕들은 관료제와 상비군을 기반으로 영주들을 제압하고 국내통일을 달성했던 것이다. '짐이 곧 국가L'État, c'est moi'라는 루이14세Louis XIV(1638-1715)의 말에서도 알 수 있는 것처럼 당시의 국가는 곧 왕실을 의미했다. 국왕의 최대 관심사는 왕실재정을 확대하는 데 있었다. 절대주의 국왕들이 영토전쟁과 무역전쟁에 휘말린 것도 왕실의 재정 수입을 늘리기 위한 경쟁 때문이었다.

절대주의 국가의 성립은 안으로는 수많은 장원의 통합 과정이었지만 밖으로는 하나의 세계로 통합되어 있었던 유럽을 국가 단위로 분할한 것이었다. 비록 왕조중심의 국가였지만 국민nation으로 구성된 국민국가nation state가 형성되고, 국부國富를 증대하기 위한 경쟁이 치열하게 전개되면서 국가 사이의 장벽은 더욱 높아졌다.

국가마다 단일한 조세체제가 수립되고 화폐와 도량형이 통일된 것은 국내적으로는 경제생활의 범위가 장원에서 국가로 확대된 데 따른 필연적인 결과였다. 경제생활이 국가를 중심으로 새롭게 편성되는 과정은 자본주의 시장경제의 기반인 국민경제national economy의 형성을 의미하는 것이기도 했다. 정치경제political economy라는 이름으로 경제학이 그 모습을 드러내기 시작한 것도 이 시기였다.

중상주의Mercantilism로 불리는 이 시대의 국가적 목표는 '부국강병富國强兵'이었다. 당시의 군대조직이 용병제傭兵制였다는 점을 고려하면 부국강병론은 결국 국부론으로 귀결된다. 지금도 세계 모든 나라가 부국강병을 추구하고 있지만 앞에서 말한 것처럼 당시의 부국강병은 국민이 아니라 왕실을 위한 것이었다.

중상주의자들은 부는 곧 화폐(=금은)이며, 국부國富를 증대시키기 위해서는 화폐를 많이 확보해야 한다고 생각했다. 화폐의 확보는 국내 금은광의 개발, 식민지로부터의 수탈, 상품수출을 통한 획득 등의 세 가지 방법이 있었

유럽최초의 절대군주 영국의 Henry 8세(1491–1547) 첫 번째 아내 캐서린과의 이혼문제로 로마교황청과 대립한 그는 1534년 '국왕지상법'을 공포하여 영국교회의 수장을 겸하고, 다음 해에는 '반역법'을 만들어 국왕을 호칭할 때는 "하나님 다음으로 높으신 폐하(no superior under God, but only your Grace)"로 부르게 했다.

다. 이 가운데 가장 보편적인 방법은 수출을 통한 타국 화폐의 입수였고, 이를 위해 유럽 각국은 보호무역정책을 채택했다.

이들의 보호무역은 초기에는 '중금주의Bullionism'에 입각한 극단적인 형태를 취했으나 후기에는 총수출이 총수입을 초과하는 것을 목표로 하는 '무역차액론Theory of balance of trade'으로 전환한다. 보호무역 정책에는 특정 상품의 수입금지, 수입품에 대한 고율의 관세 부과, 수출업자들에 대한 보조금 지급, 주요 공업원료의 수출 금지 등이 포함되어 있었다. 절대주의 정부의 공업진흥정책도 수출경쟁력을 확보하기 위한 것이었다. 대부분의 공산품이 특정 상인과 제조업자들에 의해 독점적으로 생산되었는데 특히 프랑스에서는 대상인들에 의한 특권적인 공장제수공업이 발전하였다. 저임금 정책 역시 공업을 지원하기 위한 것이었다. 절대주의 정부는 최고임금과 최저노동시간을 설정하여 제조업자들의 자본축적을 보장했다.

이처럼 중상주의 정부의 부국정책은 국가경제에 대한 적극적인 개입과 통제에 기초한 것이었다. 정부는 제5장에서 살펴 본 것처럼 한편으로는 수출을 위해 소생산자들의 상품생산을 육성했지만 다른 한편으로는 생산과 판매의 모든 과정을 엄격히 제한함으로써 자유로운 영리활동을 봉쇄했다. 특히 왕실과 결탁한 특권적 대상인들로 하여금 소생산자들을 실질적으로 지배하게 함으로써 소생산자들의 자본축적에는 한계가 있었다. 이 시기에 개발된 보호무역 및 산업통제 정책들은 중상주의 시대가 끝난 이후에도 주로 개발도상국들을 중심으로 꾸준히 활용되어 왔다. 특히 우리나라는 보호무역과 대기업 중심의 산업정책 등 중상주의의 원형에 가까운 방법으로 고도성장을 달성했다.

02 Laissez faire

군주가 절대적 권력을 행사하고, 정부가 국가경제를 엄격히 통제하는 절대주의체제는 왕권신수설 및 '개인과 국가의 관계'에 대한 초기 자연법사상에 의해 정당화되었다. 『리바이어던Leviathan』의 저자 홉스T. Hobbes(1588-1679)는 인간의 본성에는 '자신을 보존하고자 하는 힘'이 작동하고 있으며 모든 개인은 그 힘을 무제한적으로 사용하려는 욕구를 가지고 있기 때문에 인간의 자연 상태에서는 '만인의 만인에 대한 투쟁'이 전개된다고 주장한다. 따라서 사회구성원들은 공멸을 피하기 위해 계약에 의해 국가를 형성하고 사회를 유지하는데 필요한 권력을 1인에게 위임한다는 것이다. 홉스는 전제군주 혹은 주권자가 만인으로부터 위임받은 권력은 절대적 성격을 갖는다고 주장함으로써 절대왕정을 옹호하는 이론을 전개했다.

Thomas Hobbes 그는 비록 군주권력의 절대성을 인정했으나 그 전제가 사회계약설이었기 때문에 당시의 왕당파들과 대립했다. 왕당파들은 군주의 권력은 신으로부터 부여받은 것이고, 따라서 군주는 신에게만 책임진다는 왕권신수설을 신봉했다.

홉스의 사상은 군주의 절대권력을 정당화한다는 점에서는 장 보댕Jean Bodin(1529-1596) 등의 '왕권신수설Divine Right of Kings'과 일치했으나 권력의 출처가 신이 아니라 국민이며, 절대권력이 계약에 의해 성립한다는 점에서 근본적인 차이를 보였다. 홉스의 사회계약설에는 절대권력을 부정할 수 있는 논리적 토대가 내재되어 있는 것이다. 가령 제4장에서 본 존 로크John Locke(1623-1704)는 사회계약설에 입각해서 국가권력은 개인들의 행복을 보장하고 증진하기 위해 수립되었다고 주장한다. 만일 통치자가 전제적인 압정을 통해 국민을 불행한 상태에 빠트린다면 그것은 계약을 위반한 것이기 때문에 국민은 그 통치자에 대해 저항할 권리를 보유한다는 것이다.

중세말기에서 근대에 걸쳐 종교 정치 윤리 경제 등 사회전반에 영향을 끼친 자연법la loi naturelle 사상은 자연에는 인간이 파악할 수 있는 섭리 혹은 법칙이 존재하며, 그 법칙은 인간사회에도 인간의 의사와는 독립적으로 존재한다고 믿는다. 이들에 따르면 모든 개인은 자신의 생명을 유지할 수 있는 자연적 권리 혹은 천부적 인권을 가지고 있으며 국가나 군주의 권력도 이를 침해할 수 없다. 여기에는 자기 보존을 위한 재산소유권, 혹은 계약의 자유도 포함되어 있다. 자연이 스스로 질서와 조화를 유지하는 것처럼 사회도 개인의 자유에 맡겨질 때 이상적인 상태로 된다고 하는 자연법사상은 절대권력 및 중상주의적 통제와 근본적으로 대립하는 것이었다.

중상주의에 대한 본격적인 비판은 중상주의가 극단적으로 전개된 프랑스에서 제기되었다. 루이 14세 치하의 재무장관 콜베르J. B. Colbert(1619-1683)는 강력한 통제정책으로 왕실재정을 확충하는 데는 성공했으나, 극단적인 공업보호 정책으로 국민의 90%가 종사하는 농업을 황폐화시켰다. 그가 육성한 공업마저도 왕실과 귀족을 위한 사치재 분야에 치중함으로써 내수 기반을 확보할 수 없었다. 소상공인들에 대한 각종 규제를 강화하여 산업은 정체상태에 빠졌고, 왕실 재정 확보를 위해 농민들에게 과도한 세금을 부과하여 왕실에 대한 전 국민의 불만이 고조되었다.

콜베르주의Colbertism로 불리는 프랑스의 중상주의를 정면으로 비판하고 나선 것은 의사 출신의 케네François Quesnay(1694-1774)였다. 자연법사상과 계몽주의를 계승한 그는 중상주의의 바탕이 되는 전제들을 인정하지 않았다. 우선 그는 국가의 부는 화폐가 아니라 토지(=농업)며, 농업만이 추가적인 부 즉 잉여생산물을 생산할 수 있다고 주장한다. 그것은 가시적 형태의 잉여생산이 농업생산에서 명료하게 나타나고, 농업이 타 산업

종사자들에게 식량을 공급하기 때문이다. 또한 잉여생산을 '자연의 은혜'로 인식했기 때문에 자연과 가장 가까운 농업을 부의 원천으로 간주했던 것이다. 그가 제창한 중농주의Physiocracy가 '자연의 힘을 연구하는 학파'라는 의미를 갖는 것도 이 때문이다.

François Quesnay 그가 작성한 『경제표』는 각 경제주체들의 이기적이고 자유로운 경제활동에도 총체적 질서가 존재한다는 점을 입증하기 위한 것이었다. 마르크스는 『경제표』에 대해 "경제학은 중농주의자들에 의해 비로소 하나의 특수한 과학으로 고양되었다."고 평가한다.

케네는 군주제도를 옹호했지만 그가 옹호한 군주는 그 자신보다 상위에 있는 자연법에 의거해서 법을 제정하고 거기에 기초해서 통치하는 계몽군주였다. 군주가 자의적으로 법을 제정하고 집행하는 경우도 있는데 이는 군주의 무지無知 때문이다. 케네는 자연법이 지배하는 사회, 즉 '자연적 질서order of nature'의 상태에는 어떤 권력자도 부정할 수 없는 객관적 법칙이 있으며, 그 법칙에 따라 통치가 이루어질 때 모든 인민이 행복을 누릴 수 있다고 주장한다. 만약 인위적인 질서가 자연적 질서를 따르지 않으면 사회적 혼란과 불행이 초래된다.

그는 이렇게 말한다. "이성이라고 하는 등불이 통치를 밝혀주면, 사회와 군주 자신에게 해로운 실정법은 소멸될 것이다." 소멸되어야 할 실정법이란 중상주의적 각종 규제였다. 그는 개인의 이익을 보장하는 것이 자연적 질서에 충실한 것이며 개인적 이익의 증대와 사회의 진보를 위해서는 자유경쟁이 필수적이라고 주장한다. 여기에는 거래의 자유 즉 자기가 원하는 상품을 자기가 원하는 상대방과 원하는 장소에서 매매할 수 있는 자유도 포함되어 있다. 그는 정부의 역할을 개인의 생명과 재산을 보호하는 것으로 국한함으로써 시민혁명 이후 수립되는 부르주아

정부의 지향을 정확하게 예시하고 있다.

케네는 중상주의적 통제를 정면으로 거부한 자유방임주의의 선구자로서 아담 스미스의 경제사상에 지대한 영향을 끼친다. 그리고 그가 자유무역을 주창하면서 말했던 "내버려 둬라, 지구는 스스로 돌아간다.(Laissez faire et laissez passer le monde va de lui meme)"는 후일 영국 자유주의의 슬로건이 된다.

03 보이지 않는 손

영국은 1688년의 명예혁명을 통해 절대주의체제를 종식시키고 시민정부를 수립했다. 프랑스는 그 백년 뒤인 1789년의 대혁명을 통해서 비로소 시민사회의 기틀을 마련할 수 있었다. 따라서 1763년 아담 스미스가 프랑스로 건너가 케네를 비롯한 중농주의자들과 교류했을 때는 영국이 프랑스보다 훨씬 앞선 상태였다. 그런데도 아담 스미스가 케네의 '자연적 자유주의' 사상에 영향을 받은 까닭은 무엇일까. 그것은 당시 영국의 시민정부가 자신이 타도했던 절대주의 시대의 통제정책을 그대로 유지하고 있었기 때문이다. 프랑스 중상주의에 대항한 케네의 사상은 영국에서도 유효했던 것이다.

물론 아담 스미스가 케네의 중농주의사상을 그대로 답습한 것은 아니었다. 우선 중농주의의 정책적 귀결인 '농업의 우선 육성'은 이미 산업화의 길로 들어선 영국과는 맞지 않았다. 시민사회와 자본주의적 시장경제를 정당화하는 사상 또한 프랑스보다 영국에서 더욱 폭넓고 정교하게 구축되고 있었다. 제4장에서 본 것처럼 벤담J. Bentham(1748-1842)이 대표하는 영국의 공리주의Utilitarianism는 사회는 전일체全一体가 아닌 개인의 집합에 지나지 않는다고 선언함으로써 중상주의의 사회유기체적 사상을 불식시켰다. 영국 시민정부는 최소한 표면적으로는 '최대 다수의 최대 행복'이라는 공리주의의 원칙을 표방하고 있었다.

1759년 간행된 아담 스미스의 『도덕정서론The Theory of Moral Sentiments』은 자연법사상 이래 근대사회의 윤리적 기초를 모색해 온 유럽 사회철학의 결정판이라고 할 수 있다. 아담 스미스는 경제학의 아버지이기 이전에 도덕철학자였다. 28세의 나이에 글래스고우 대학의 도덕철학교수로 취임한 그는 중세적 이데올로기를 대신할 수 있는 새로운 사회윤리를 확립하는 데 주력했다. 그는 『도덕정서론』을 통해서 자연법 사상가들이 인간의 자연적 본성이라고 파악한 자기애self-love 또는 이기심self-interest을 시민사회를 유지하는 도덕의 원천으로 확정지었다.

> "It is not from the benevolence of the butcher, the brewer, or the baker that we expect our dinner, but from their regard to their own interest. We address ourselves, not to their humanity but to their self-love, and never talk to them of our own necessities but of their advantages."

> "우리의 저녁식사는 푸줏간주인 양조업자 또는 빵가게주인의 자비심이 아니라 그들의 이해타산에서 나온다. 우리는 그들의 인간성이 아니라 그들의 자기애에 호소해야 하며, 우리의 필요가 아니라 그들의 이익에 대해서 말해야 한다."

『국부론』에 등장하는 유명한 문장이다. 아담 스미스가 이기심을 설명하면서 나의 이기심이 아니라 타인의 이기심에 초점을 맞추고 있는 것은 다른 사람들도 나처럼 이기적 존재라는 사실을 전제하고 거기에 따라 행동하는 것이 근대적 인간관계의 바탕이라는 것을 강조하기 위해서다. 물론 나는 타인의 이기심에만 충실한 이타적인 존재는 아니다. 푸줏간 주인 역시 이익을 얻기 위해서는 저녁식사라는 나의 이기심에 호소해야 한다.

모든 개인이 자신의 이기심에 충실한 동시에 타인의 이기심을 인정하는 것, 그것이 아담 스미스의 이기심이다. 마치 나만이 이기적일 권리가 있는 것처럼 행동하는 동물적 이기심이 아닌 것이다.

그는 인간의 본성에 이타심이 존재한다는 것과 이타심이야말로 자비beneficience라고 하는 최고의 덕성을 낳는다는 것을 인정한다. 그러나 그것은 '순수한 도덕의 세계'에서만 가능하며, 이기심이라는 더욱 강력한 본성에 의해 와해되기 쉬운 본성이라고 생각했다. 따라서 자비의 덕성을 강제하는 것은 자연법에 위반된다는 것이다. 물론 이기심은 그 자체로서는 본성에 지나지 않는다. 그러나 인간과 인간사회에는 이 이기심을 도덕으로 완성시키는 '보이지 않는 손invisible hand'이 작동하고 있다. 그의 '보이지 않는 손'은 신을 믿는 사람들의 눈에만 보이는 손이 아니다. 그 손은 인간의 이기심을 제어하고 조절하는 손이며 우리의 내부와 사회 속에서 일상적으로 작동하고 있다.

아담 스미스는 『도덕정서론』에서 먼저 탐욕스런 지주의 예를 들고 있다. 이웃 사람들은 굶어죽을 형편에 처해 있는데 이 지주는 이웃의 고통에는 아랑곳하지 않고 이기심에 이끌려 자신의 창고에 쌓아둔 엄청난 양의 식량을 다 먹어치우려고 한다. 그러나 "그의 위장의 수용 량은 그의 무한한 욕구를 감당하지 못하며, 가장 무능한 소작인이 거둔 수확 정도만 받아들일 수 있을 뿐이다."

탐욕스런 지주의 무한한 식욕을 제어한 '보이지 않는 손'은 밥통의 한계, 즉 인간의 물리적 한계다. 한계에 부딪친 지주의 이기심은 방향을 돌릴 수밖에 없다. 자신의 식량을 이웃사람들이 가지고 있는 다른 재화와 교환할 수도 있다. 교환을 하고도 남는 식량은 천당에 가려는 이기심에 끌려 교회에 기부할 수도 있을 것이다.

이기심을 조절하는 '보이지 않는 손'은 인간의 흉중에도 존재한다. '위치의 상상적 전환Imaginary change of situation' 능력이 바로 그것이다. 아담 스미스는 인간은 타인의 고통과 나의 고통을 객관적으로 비교할 수 있는 공감sympathy의 능력을 가지고 있다고 말한다. 저 산 위에 있는 소나무는 작게 보이고, 내 눈 앞에 있는 볼펜은 크게 보인다. 그러나 우리는 소나무와 볼펜을 같은 위치에 놓고 비교할 줄 아는 능력이 있기 때문에, 볼펜이 소나무보다 크다고 생각하지 않는다. 머리가 깨져서 피를 흘리는 남의 고통보다 손가락에 작은 가시가 박힌 나의 고통이 더 크게 느껴진다. 그러나 우리는 두 개의 고통을 같은 위치에 즉 객관적으로 비교할 수 있기 때문에, 내 손에 가시가 박히는 것을 막기 위해서 남의 머리를 깨뜨리는 짓은 하지 않는 것이다.

아담 스미스의 도덕론에서 가장 강조되어야 하는 이 능력은 '불편부당한 관찰자impartial spectator' 혹은 방관자by-stander로서 자신의 감정과 행동을 객관화하여 제3자의 입장에서 판단하는 능력이다. 도덕의 이타적 원리를 구성하는 공감은 사회의 도덕적 거울Moral looking-glass이며 일반적 규칙General rules으로 표출된다. 공감은 인간의 본성에 내재한 도덕적 능력으로서 교육의 결과나 변덕스런 자비의 발로가 아닌 '이성, 양심, 흉중의 주인, 내적 인간'인 것이다. 앞에서 말한 것처럼 상대방도 나와 똑같이 이기적 존재라는 인식은 공감의 능력에서 나오는 것이다.

사회적 경쟁 또한 이기심을 조절하는 '보이지 않는 손'으로 작용한다. 사회가 하나의 생명체 또는 유기체有機體가 아니라 개인의 합으로 구성된 것인 한, 사회는 이기심에 충만한 개인들이 자신의 이기심을 극대화하기 위해 서로 경쟁하는 곳이다. 재화를 거래할 때 이기심대로 하자면 재화를 파는 사람은 무조건 높은 가격을, 재화를 사는 사람은 무조건 낮은 가격을 원할 것이다. 그러나 파는 사람들 사이에서도 경쟁이 생기고, 사는 사람들 사이에서도 경쟁이 생긴다. 그리고 이 경쟁과정에서 이기심에 의한 무조건 높은 가격과 무조건 낮은 가격은 조절되어 최종적으로는 가장 합리적인 가격을 형성하게 되는 것이다.

04 『국부론』

앞에서 말한 것처럼 18세기 영국의 시민정부는 중상주의 시대의 보호무역과 산업통제정책을 답습하고 있었다. 시민정부를 구성했던 자본가계급과 중소지주계급은 혁명을 통해 정치적 권력은 장악했지만 경제적 기반은 아직 취약했기 때문에 통제정책을 유지할 수밖에 없었던 것이다. 특히 대외무역에서는 무역상대국들이 여전히 절대왕정 하에서 보호무역을 고수하고 있었으므로 영국 역시 보호무역으로 맞서야 했다. 이처럼 혁명이념과 현실이 상반되는 상황이 지속되자 '국부國富를 증대시키는 올바른 방법은 과연 무엇인가'라는 중상주의적 과제가 다시 뜨거운 쟁점으로 부각되었다.

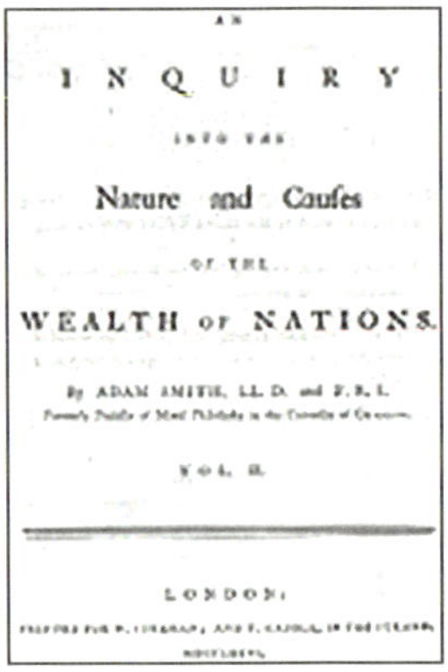

1766년 간행된 『국부론』의 첫 페이지 『An Inquiry into the Nature and Causes of the Wealth of Nations』라는 긴 제목을 달고 있다. 소심한 아담 스미스는 독자들의 평가를 두려워하여 책이 간행되기 전에 지인들과의 연락을 끊고 시골로 내려갔다. 그러나 그의 우려와는 정반대로 『국부론』은 출간되자마자 성서 다음으로 소중한 책이라는 평가를 받았다.

프랑스 중농주의 학자들과의 교류를 통해 자신의 도덕철학을 자연적 자유주의로 재구축한 아담 스미스는 1766년 귀국하자마자 『국부론』의 집필에 착수한다. 그는 우선 부를 화폐가 아닌 재화라고 규정한다. 즉 국민이 일상적으로 소비하는 필수품necessaries과 편의품conveniences이 풍부한 국가가 곧 부국富國이라는 것이다. '부=화폐'라는 인식이 교환을 중시하는 중상주의로 나아가는 것처럼 '부=재화'라는 인식은 생산을 중시하는 산업주의로 귀결된다.

이처럼 아담 스미스가 재화를 부의 실체로 파악한 것은 공장제수공업의 발전에 의해 이미 '세계의 공장'으로 부상한 영국의 산업화 단계를 반영하는 것이기도 하다.

그는 또한 부의 원천이 토지라는 중농주의자들의 견해도 받아들이지 않았다. 농업은 전근대적 산업이었던 것이다.

아담 스미스에게 부유의 주체는 국민 개개인이었다. 국가는 왕실을 의미하는 것도, 추상적이고 유기체적인 어떤 존재도 아니다. 공리주의가 규정하는 것처럼 사회는 개인의 합이고, 국가는 국민의 합인 것이다. 따라서 국부를 증대시키는 방법은 국민 개개인이 잘 먹고 잘 사는 방법에 다름 아니다. 그렇다면 그 방법은 무엇인가? 아담 스미스는 모든 인간에게는 스스로 자신의 경제생활을 향상시키려는 욕구, 즉 이기심이 있기 때문에 그 이기심이 원활하게 작동할 수 있도록 내버려 두기만 하면 된다고 주장한다. 이기심은 자연법의 세계에 속하기 때문에 그 어떤 실정법이나 인위적인 조치들보다 우월하다는 것이다.

이처럼 자연적 자유주의와 공리주의가 결합된 아담 스미스의 도덕철학은 『국부론』에서도 일관되게 나타난다. 모두 5편으로 구성된 『국부론』의 내용을 거칠게 요약하면 다음과 같다. ① 국부는 국민이 필요로 하는 재화의 양에 의해 결정된다. ② 재화를 생산하는 것은 노동자다(=노동가치설). ③ 노동자가 재화를 생산하기 위해서는 노동자를 고용할 공장이 있어야 하고, 공장은 자본이 축적되어야 설립할 수 있다. ④ 자본축적은 저축에 의해서 이루어진다. ⑤ 저축은 미래를 걱정하는 국민 개개인의 이기심에 의해 저절로 이루어진다. 결국 국부의 증진을 위해 정부가 할 일은 없다는 것이다. 자유주의자들이 초기 시민정부에게 요구했던 것은 '야경국가' 또는 '값싼 정부cheap government'였던 것이다.

아담 스미스는 자본주의라고 하는 새로운 사회의 도래를 누구보다도 앞장서서 지지하고 환영했다. 자본주의는 분명히 거역할 수 없는 역사의 흐름이었지만, 많은 사람들이 그 흐름을 정확히 인식하지 못했다. 낡은 도덕에 사로잡힌 사람들은 사람들이 신을 멀리 하고 날로 이악스러워지는 세태를 개탄했고, 국가 지상주의자들은 개인의 이익이 전체의 이익을 해치게 될 것이라고 우려했다. 아담 스미스 역시 자본주의의 그늘을 보았지만 그 그늘에 비해 자본주의의 빛은 훨씬 더 밝은 것이었다. 그는 자본주의의 미래를 신뢰했고, 그 신뢰를 바탕으로 자본주의를 위한 도덕을 만들었다. 그리고 오늘날의 우리는 250년 전에 그가 만든 도덕에 기대서 살아가고 있다.

제7장

시장은 자연이다

서구근대의 사회사상은 '자연'을 그 연원淵源으로 하고 있다. 자연은 신神의 중세와 인간의 근대를 연결해주는 매개물이다. 신의 섭리는 자연법칙을 통해 구현되고, 자연법칙은 자연의 일부인 인간사회에도 적용된다. 자연 상태는 조화롭고 정의로우며 은혜롭다. 서구근대의 여명에서 새로운 사회를 기획한 사상가들은 저마다 자신이 설계한 사회야말로 자연과 가장 가까운 모습을 지녔다고 주장했다. 아담 스미스를 비롯한 고전파경제학자들의 주요 개념과 이론들이 자연적 자유주의에 기초했던 것처럼 그 뒤를 이어 서로 대립한 마르크스경제학과 신고전파경제학 역시 자신들의 지향점과 논리적 정당성을 자연에서 구했다.

신고전파경제학에서는 시장이 곧 자연이다. 시장은 인간의 본성 즉 인간적 자연이 아무런 제약 없이 구현되는 곳이라는 점에서 자연이며, 시장법칙은 자연법칙이 그러한 것처럼 효율과 안정을 보장한다는 점에서 자연과 일치한다. 시장의 항상적 상태는 균형equilibrium이다. 자연에서와 마찬가지로 시장에서도 일시적인 불균형 상태가 조성될 수 있지만 역시 자연과 마찬가지로 시장은 곧 균형을 회복한다. 시장균형은 무한한 욕망과 제한된 자원을 가장 효율적으로 절충해 준다. 그래서 시장균형에서는 심각한 수준의 불황이나 실업은 발생하지 않는다. 시장참여자 모두의 이익이 극대화되는 것도 시장균형을 통해서만 가능하다.

시장이 자연인 한 시장에서 나타나는 현상들은 수학적 방법으로 해명될 수 있다. 신고전파학자들은 미적분을 비롯한 수학적 방법을 통해서 소비자와 생산자가 선택해야 할 합리적인 경제행위를 밝혀냈고, 그러한 합리적 행위들의 사회적 귀결인 시장경제의 효율성과 안정성을 입증해 냈다. 그들이 수학적 분석을 위해 세웠던 완전경쟁시장모델은 그 당시로서는 현실에서 크게 벗어나지 않는 것이었다. 그들이 완전경쟁시장에서 도출한 경제이론들은 시장상황이 크게 달라진 오늘날에도 대체로 유효하다. 시장의 저류에는 여전히 자연법칙이 관철되고 있는 것이다.

01 시장과 시장가격

시장market은 재화, 서비스, 정보 등 모든 경제재가 거래되고 가격이 결정되는 구체적인 장소 및 추상적인 메커니즘으로 정의된다. 동네의 슈퍼마켓이나 대형할인매장 백화점 등은 재화가 거래되는 구체적인 장소로서의 시장에 해당된다. 지금도 지방 소도시에 개설되고 있는 5일장은 가장 오래된 형태의 장터market place다.

그러나 오늘날 시장이라는 개념은 추상적인 의미로 더 많이 사용되고 있다. '미 늘시장' '노동시장' '금융시장' '세계시장' 등은 수요와 공급의 작용에 의해 가격이 결정되는 메커니즘이나 구조를 의미한다. 가령 '최근 세계자동차시장이 침체국면으로 접어들었다'는 용례에서의 시장은 자동차가 매매되는 특정한 장소가 아니라 세계 각국의 자동차 수급 및 거래상황을 총량적으로 가리키는 것이다.

시장경제의 기본적인 작동원리를 이해하기 위해서는 완전경쟁시장perfect competition market을 전제해야 한다. 그것은 경제학이 현실적인 인간이 아니라 에코노미쿠스라는 전형적인 인간을 분석의 대상으로 하는 것과 마찬가지다. 완전경쟁시장은 다수의 판매자와 구매자가 존재하여, 그 누구도 시장가격에 영향을 끼칠 수 없고 모두가 시장가격을 주어진 것으로 받아들이는 시장이다. 즉 판매자와 구매자는 모두 가격순응자price taker의 지위를 갖는다. 오늘날에는 배추시장이나 고등어시장 등 주로 농어업분야에서 완전경쟁시장이 실현되고 있다.

이와는 반대로 판매자나 수요자가 하나일 경우는 독점monopoly, 소수일 경우는 과점oligopoly으로 분류되는데 이들의 가장 중요한 특징은 시장가격에 영향을 미친다는 점이다. 판매자들의 상품의 품질이 서로 다르고 스스로 가격을 결정하면서도(=독점적 요소) 경쟁 상태에 있는 시장은 독점적 경쟁시장monopolistic competition market으로 분류된다. 특정 지역의 음식점이나 미용실 등이 여기에 해당된다. 완전경쟁시장은 또한 거래되는 모든 상품이 동질적이며, 자원의 완전한 이동성mobility이 보장되어 시장진입과 이탈이 자유롭고, 모든 경제주체가 시장에 대해 완전한 정보를 보유한다는 등의 조건이 전제되어 있다.

시장경제의 중심인 시장가격은 상품의 교환비율을 표시한다. 모든 상품이 비교될 수 있다는 것, 화폐의 양으로 표현되는 가격을 갖는다는 것은 모든 상품 속에는 어떤 공통된 속성이 있다는 것을 의미한다.

소비하는 입장에서 보면 그 속성은 사용가치 즉 유용성이다. 가령 '쌀 1가마=운동화 2켤레=15만원'으로 표현될 경우 쌀과 운동화는 모두 유용성이라는 공통의 속성을 가지고 있기 때문에 쌀이 운동화의 2배라는 식의 비교가 가능하다는 것이다. 그러나 유용성을 가진 모든 재화가 가격을 갖는 것은 아니다. 가격은 시장 안으로 들어오는 재화, 즉 희소성 scarcity을 갖는 재화에게만 붙는다. 가령 공기는 인간에게 사활적인 유용성을 갖지만 희소성이 없기 때문에 가격이 매겨지지 않는다. 따라서 상품의 공통적인 속성을 정확하게 말하면 '희소성이 전제된 유용성'이라고 할 수 있다. 가격은 이 유용성에 대한 시장의 평가인 것이며 평가 결과로서의 시장가격 또는 균형가격은 수요량과 공급량이 일치되는 점에서 형성되고 수요량과 공급량의 변화에 의해 오르기도 하고 내리기도 한다.

생산의 측면에서 볼 때 상품의 공통적 속성은 모든 상품이 노동의 결과라는 사실이다. 쌀 · 운동화 · 자동차 등 모든 상품 속에는 인간의 노동이 스며들어 있다. 노동가치설을 지지하는 학자들은 상품의 가격(=시장가격)은 가치에 토대를 두고 있다고 주장한다.

앞에서 본 것처럼 아담 스미스는 가치를 자연가격 혹은 중심가격으로 부르고, 시장가격은 이 가치를 중심으로 오르내리는 것으로 파악한다. 즉 시장가격은 수요와 공급의 변화에 따라 변화하지만 궁극적으로는 가치에 수렴한다는 뜻이다. 이 경우 가치는 상품 속에 투하된 노동의 양으로 측정된다. '쌀 1가마=운동화 2켤레'로 결정되는 배후에는 쌀에 투하된 노동의 양이 운동화에 체현體現된 노동의 양보다 2배 많다는 것을 의미한다.

만일 벼농사에 신기술이 도입되어 쌀 1가마를 생산하는데 투하되는 노동력이 절반으로 줄어들면 '쌀 1가마=운동화 1켤레'로 변화할 수 있다. 인류의 역사는 노동시간을 줄여온 과정 즉 상품의 가치를 떨어트려 온 과정이며, 이는 곧 상품의 가격이 하락해 온 과정이기도 하다. 가격이 시장에서 수급관계에 의해서만 결정된다고 한다면 상품의 가격이 추세적으로 하락해 온 현상을 설명할 수 없다. 거꾸로 노동의 양에 의해서만 결정된다고 하는 것은 수시로 발생하는 가격의 변동을 제대로 설명하지 못한다. 상품의 가격은 그 상품의 가치와 수급관계에 의해 이중적으로 결정되는 것이다.

그러나 자본주의 시장경제에서는 자연가격의 역할은 인정되지 않는다. 시장경제는 자원배분과 사회적 복리증진의 가장 효율적인 방법이 '시장의 힘market forces' 즉 시장에서 이뤄지는 수요와 공급의 작용에 맡기는 것이라는 믿음에 기초하고 있다. 따라서 시장경제에서는 정부의 간섭이 최소화되며 생산, 분배, 교환의 대부분이 사적인 개인private individuals과 기업에 의해 수행된다.

그림 7.1 • 균형가격

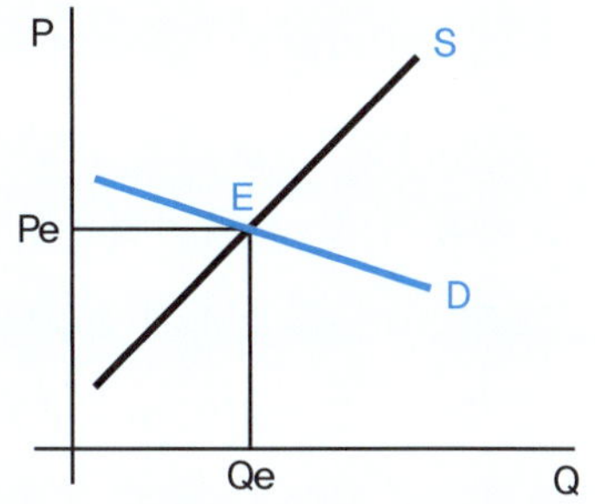

희소성의 법칙에서 설정된 욕망과 자원의 대립은 시장에서 수요와 공급의 대립으로 나타난다. 가격에 반비례하는 수요량과 가격에 비례하는 공급량은 우하향右下向하는 수요곡선과 우상향하는 공급곡선으로 표현되는 것이다. 그리고 이 두 곡선이 만나는 점(E)에서 수요와 공급, 즉 욕망과 자원 사이의 힘이 조절되어 그 사회의 적정 수급량(Qe)과 시장가격 또는 균형가격(Pe)이 결정된다.

우리가 일상적으로 접하는 상품의 가격은 시장에서 결정되기 전에 생산자에 의해 부쳐진다. 시장에서는 그 가격으로 상품이 팔리느냐 팔리지 않느냐가 결정되고, 이 결정 과정에 수급상황이 영향력을 행사한다. 스스로 가격을 부치고 나온 상품들 중에서 판매되지 못한 채 폐기되는 경우가 적지 않다.

그렇다면 생산자는 어떤 방식으로 자신의 상품에 가격을 매기는가. 생산자가 자신이 생산한 상품에 매기는 가격은 기본적으로 그 상품의 생산에 소요된 비용(=비용가격)과 자신이 획득할 이윤을 합한 액수(=생산가격)

로 결정된다. 다시 말해서 가격은 불변자본비용C과 가변자본비용V, 그리고 이윤P으로 구성되어 있다. 그런데 불변자본은 기계나 원료의 구입비용이고, 가변자본은 노동력의 구입비용 즉 임금에 해당되기 때문에 이들은 모두 시장가격을 가지고 있다. 따라서 생산량이 동일할 경우 한 개의 상품에 투하되는 비용가격은 동일하게 된다.

그러면 이윤은 어떻게 결정되는가. 이윤량은 비용가격에 이윤율을 곱한 것이므로 이윤율에 의해 결정된다. 일반적으로 동일한 산업 내에 있는 기업들의 이윤율은 동일하게 형성된다. 한 기업이 새로운 기술체제를 도입하여 비용가격을 낮춤으로써 평균적인 이윤율을 상회하는 이윤을 획득하거나 상품 가격을 낮추게 되면 다른 기업들도 이 선도기업의 생산체제를 도입하여 경쟁력을 갖추게 되기 때문이다.

물론 그렇게 하지 못하는 기업은 경쟁에서 패배하여 도태하고 말 것이다. 이윤율은 산업 간에도 평준화되는 경향을 갖는다. 왜냐하면 가령 운동화 산업이 타 산업들보다 이윤율이 높다면 타 산업의 자본들이 이윤율이 높은 운동화 산업으로 진출해 올 것이기 때문이다. 이렇게 형성되는 이윤율을 평균이윤율average rate of profit이라고 한다.

따라서 생산자가 자신의 상품에 매기는 가격=생산가격은 '불변자본비용+가변자본비용+평균이윤율'이 되고, 이 가격의 구성요소들은 모두 시장의 조정과정을 거친 것들이기 때문에 동일한 상품은 결국 동일한 가격을 부치고 나오게 되는 것이다. 그리고 이른바 '일물일가一物一價의 법칙'은 생산가격에서도 관철되는 것이다.

가격결정자price maker의 지위에 있는 독과점 기업들의 가격결정도 현실적으로는 균형가격에서 크게 벗어나지 못한다. 왜냐하면 ① 가격을 너무 높게 책정한다면, 유효수요가 감소하게 될 것이고 총수입도 줄어들게 되어 이윤 총량을 하락시킨다. ② 유효수요가 충분하여 가격을 높게 책정하고, 이에 따라 이윤율이 높아지면 이 산업에 참여하려는 기업이 늘어나서 결국은 고이윤을 실현할 수 없게 된다. ③ 외국 상품의 수입이 자유화된 상황에서는 외국의 거대기업이 경쟁상대로 되기 때문에 높은 가격으로는 이들과 경쟁할 수 없다. ④ 국민들의 경제생활과 밀접하게 연관된 품목의 경우, 가격을 높게 책정하면 시민단체를 중심으로 하는 소비자들의 반발을 사게 되고 정부가 개입할 소지가 크다. 따라서 독과점기업들은 위에서 열거한 제약조건들 내에서 가장 높은 가격을 책정하게 된다. 이를 독점가격monopoly price이라고 한다.

02 시장은 안정적이다

수요곡선과 공급곡선이 교차하는 점(E)에서 결정된 수급량은 초과수요도 초과공급도 존재하지 않는 안정된 점이다. 만일 상품가격이 균형점에서 이탈하여 P_1으로 상승할 경우에는 수요는 감소하고 공급은 증가하여 시장에서는 ab만큼의 초과공급 상황이 나타난다. 초과공급이 발생하면 재고가 누적되고 조업률이 떨어져 궁극적으로는 경기침체를 가져오게 될 것이다. 가격이 P_2로 낮아질 경우는 cd만큼의 초과수요가 발생하여 역시 시장을 불안정하게 만들게 된다.

그림 7.2 • 시장가격의 안정성

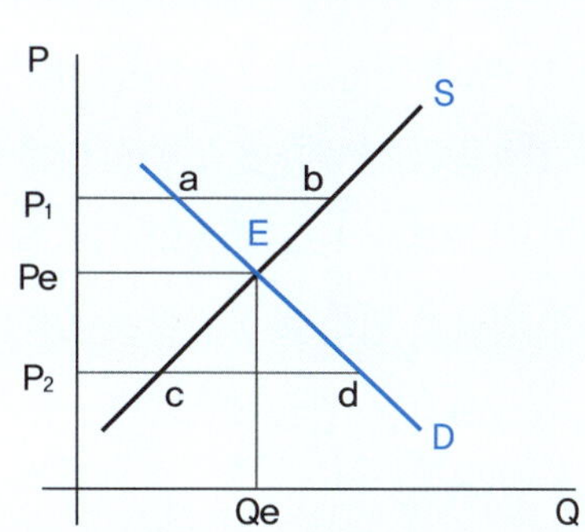

그러나 균형으로부터의 가격 이탈이 인위적인 조치에 의해 뒷받침되는 것이 아니라면 가격은 다시 균형으로 돌아온다. 시장에서 발생하는 일시적인 수급의 불일치는 곧 해소되

그림 7.3 • 균형의 모색과 회복

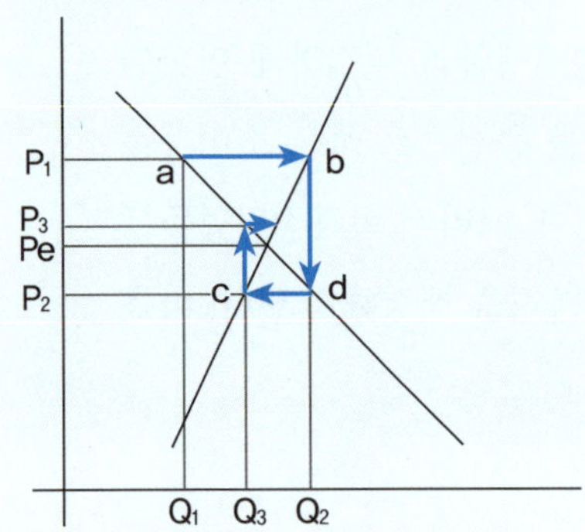

어 시장의 안정을 되찾는 것이다.

시장가격이 균형으로 수렴하는 과정을 거미집이론cobweb theory을 통해 살펴보기로 하자.([그림 7.3]) 상품가격이 균형에서 이탈하여 P_1으로 상승하면 ① P_1의 가격에서는 초과공급(Q_1Q_2)이 발생하고 ② 따라서 공급자들은 초과공급 즉 재고품을 처분하기 위해 가격을 내리기 시작하는데 P_2까지 내려야 재고품을 다 소진할 수 있다. ③ 그러나 P_2의 가격에서는 공급자들이 생산량을 Q_3로 줄이려고 할 것이다. ④ 생산량이 Q_3로 줄어들면 초과수요가 발생하여 가격을 P_3로 끌어올린다. 만일 이 P_3가 P_1만큼은 아니더라도 초과공급을 발생시킨다면 앞에서와 같이 ①-④의 과정이 반복되어 궁극적으로는 균형점에 도달하게 된다는 것이다.

시장에서 결정되는 균형가격에 대한 정부의 개입이나 통제는 단기적으로는 효과를 낳을 수 있지만 장기적으로는 여러 가지 부작용과 비용을 낳는다. 정부가 노동시장에 개입하여 최저임금제를 실시할 경우를 살펴보기로 하자.([그림 7.4]) 요즘처럼 실업률이 높은 상황이라면, 즉 노동력의 초과공급 상태라면 노동시장에서 결정되는 임금은 매우 낮을 수 있다. 그리고 정부는 노동자들의 최저생계를 보장하기 위하여 일정한 액수 이하의 임금을 법으로 금지할 수 있다. 참고로 2009년 우리나라의 최저임금은 시급 4천원, 일급 3만2천원, 월급 90만4천원이고 2010년은 시급 4,110원으로 결정되었다.

[그림 7.4]에서 E점은 완전고용(N_f)을 달성할 수 있는 균형점이며 이때

의 임금은 We로 결정된다. 만일 정부가 이 임금이 너무 낮다고 판단하여 W_1을 최저임금으로 결정하게 되면 어떤 일이 벌어질까. 단기적으로는 현재 최저임금 이하로 고용되어 있는 노동자들의 임금이 즉시 상승하는 효과를 얻을 것이다. 그러나 장기적으로는 고용량 즉 노동수요는 N_1으로 줄어들고 노동공급은 N_2로 증가하여 최종적으로 ab만큼의 실업자가 발생하게 될 것이다. 실업은 저임금 못지않은 사회적 문제이므로 정부는 최저임금제에 따른 실업률 증가를 완화하기 위해 새로운 비용을 지불하지 않으면 안 된다. 지난 2009년 2월 정부가 중소기업이 청년층을 인턴사원으로 고용할 경우 6개월 동안 50만원에서 80만원 한도 내에서 임금의 절반을 지원키로 한 것은 최저임금제에 따른 비용의 한 예라고 할 수 있다.

그림 7.4 • 최저임금제

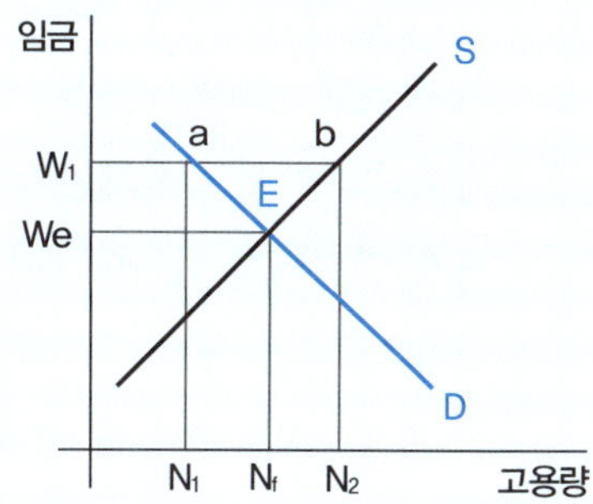

그림 7.5 • 최고가격제

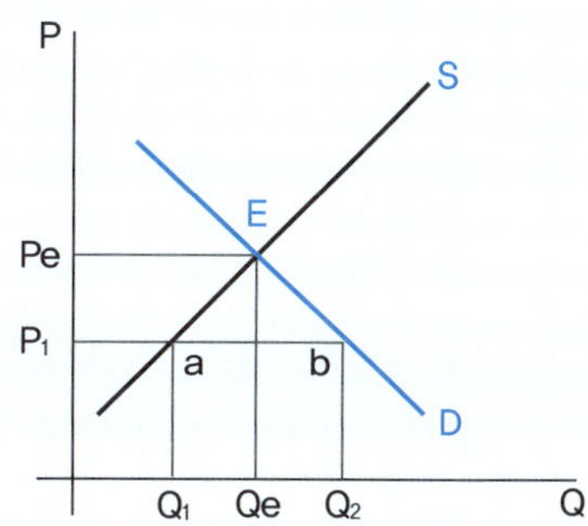

정부가 소비자보호 등을 위해서 특정 상품의 가격 상한선을 설정할 수도 있다. [그림 7.5]에서 Pe의 시장가격이 너무 높다고 판단하여 P_1을 최고가격으로 설정할 경우 단기적으로는 가격이 억제될 수는 있어도 곧 수요량은 Q_2로 증가하고 공급량은 Q_1으로 감소하여 ab만큼의 초과수요가 발생한다. 정부의 개입으로 발생한 이 초과수요는 배급에 의한 분배 등 또 다른 정부개입을 가져올 수도 있고, 암거래 등의 부당한 거래를 낳을 수도 있다.

03 시장은 만능이다

시장가격은 특정 재화에 대한 사회구성원들의 욕망의 정도와 그 재화의 생산에 필요한 자원의 정도를 표시해 줄 뿐만 아니라, 욕망과 자원을 적정 수준에서 조절하는 역할을 수행한다. 가령 사과의 특별한 효능이 새롭게 발견되어 사과에 대한 사회적 욕망이 급등할 경우 시장가격은 단기적으로는 '욕망↑→자원↓→가격↑→욕망↓'의 과정을 통해 사과에 대한 비정상적인 욕망을 억제한다. 그러나 시장가격은 장기적으로는 '욕망↑→자원↓→가격↑→자원↑'의 과정을 거쳐 사과에 대한 사회적 욕망을 실현시키는 역할을 하게 된다.

시장가격은 경제생활의 제 국면, 즉 생산과 소비의 모든 상황을 숫자로 함축해서 보여주는 바로미터barometer의 역할을 한다. 가령 새로운 생산기술의 보급으로 생산비용이 낮아지거나 상품의 결함이 발견되어 소비자들의 외면을 받는 상황은 곧바로 시장가격의 하락으로 나타난다. 천재지변, 사회적 기호의 변화, 환율의 등락, 경쟁의 정도 등 수많은 경제 상황들이 최종적으로 시장가격에 반영되는 것이다. 만일 가격이 시장의 수급상황을 제대로 반영하지 못한다면, 즉 가격의 신축성flexibility이 작동하지 못한다면 거기에는 필경 생산자들의 담합이나 정부의 개입 등 시장논리에 반하는 인위적인 조치가 개입되었음을 의미한다.

시장경제체제에서 시장가격은 시장참여자들의 경제적 선택을 좌우하는 지표indicator로 작용한다. 소비자들은 상품을 구매할 때 여러 가지를 고려하지만 가장 중요한 변수는 그 상품의 가격이다. 대체 가능한 여러 상품 중에서 한 개의 상품을 선택할 때, 또는 한 가지 상품의 구매량을 결정할 때 소비자가 우선적으로 살펴보는 것은 가격일 것이다. 생산자의 생산행위 역시 상품의 시장가격에 의해 좌우된다. 생산자는 이윤극대화를 추구하기 때문에 상품시장에서의 판매가격은 높고 생산요소시장에서의 구매가격은 낮은 상품을 생산하려고 할 것이다. 물론 특정 상품의 생산량이나 생산 계속 여부를 결정하는 가장 중요한 변수도 시장가격이다.

따라서 시장가격은 '① 무엇을 얼마나what & how much ② 어떻게how ③ 누구를 위하여for whom 생산하느냐'는 3대 경제문제의 해결에 가장 중요한 역할을 수행하게 된다.

그림 7.6 • 생산량의 결정

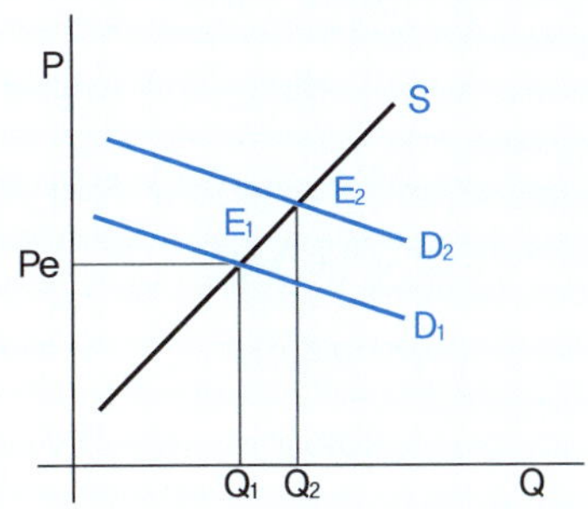

문제 ①은 특정 재화에 대한 사회구성원들의 욕망과 자원의 한계를 조절하는 문제로서 균형수급량의 결정문제로 환원될 수 있다. 그리고 이 균형수급량은 수요와 공급에 의해 균형가격과 함께 결정된다. 즉 시장가격이 특정 재화의 생산량을 지시하는 것이다. [그림 7.6]에서 수요의 증대(D_1→D_2)는 균형점을 이동시키고(E_1→E_2) 새롭게 형성된 균형 E_2는 새로운 생산량 Q_2를 지시하게 된다. 생산자들은 시장가격의 동향에 따라 생산대상과 생산량을 결정하게 되는 것이다.

문제 ②는 생산의 기술적인 측면이다. 생산에서의 모든 기술은 이윤극대화에 초점이 맞춰진다. 이윤(P)은 '총수입(TR)-총비용(TC)'이므로 상품의 시장가격이 결정된 상황에서 생산자는 총비용을 낮추는 방향으로 생산하기 위해 노력할 것이다. 기계를 포함한 새로운 기술체제를 도입할 수도 있고, 생산성을 높이기 위해 생산조직에 변화를 줄 수도 있으며, 보다 낮은 가격의 생산요소를 새롭게 개발할 수도 있다. 정부를 포함한 그 어떤 공공기관도 기업에 대해 생산방법을 지시하거나 통제하지 않는다. 기업은 재화시장과 요소시장에서 결정되는 시장가격에 근거하여 스스로 이윤을 극대화하기 위한 생산방법을 모색한다. 그리고 최소의 비용으로 최대의 효과를 얻기 위해 개별기업이 채택하는 최적의 기술들은 그 사회 전체의 자원을 효율적으로 배분하는데도 기여하게 되는 것이다.

문제 ③은 분배의 측면으로서 문제 ①에서 시장가격이 생산량을 지시한 것처럼 소비자 개개인의 소비량 즉 분배량도 지시하게 된다. 가령 사과는 소비자들에게 어떻게 분배되어야 하는가. 사회주의 계획경제에서는 국가가 국민 1인당 사과 소비량을 조사하여 결정하고 그 결정에 따라 동일하게 배급하는 방식을 취할 것이다. 그러나 시장경제에서는 소비자 개개인이 사과에 대한 자신의 선호와 시장가격을 기준으로 구매함으로써 사과의 분배가 실현된다. 가령 사과를 좋아하지 않는 사람은 1년에 단 한 개의 사과도 구매하지 않을 수도 있다. 시장가격이 개당 천원으로 결정되었을 때 소비자들은 자신의 선호에 따라 많이 구매할 수도 적게 구매할 수도 있다. 그리고 개당 3천 원으로 가격이 상승할 경우 사과는 사과마니아를 포함해서 사과를 절실히 필요로 하는 사람들을 중심으로 분배될 것이다.

04 시장은 은혜롭다

시장은 교환의 장이다. 그리고 정상적인 모든 교환은 교환 당사자 모두에게 유리하다. 어느 한 편이라도 손해를 보는 교환은 성립할 수 없다. 나아가서 어느 한 편이 손해도 이익도 아닌 교환도 성립하지 않는다. 상대에게는 이익이 되더라도 내게는 아무런 이익도 되지 않는다면 굳이 교환의 번거로움을 겪을 이유가 없기 때문이다. 물물교환의 경우 교환은 주로 자신에게는 흔하고 상대에게는 귀한 재화끼리 교환된다. 가령 나는 사과가 흔하고 물고기가 귀한데 상대는 물고기가 흔하고 사과가 부족할 때 내 사과와 상대의 물고기가 교환될 수 있다. 즉 서로가 한계효용 marginal utility이 작은 재화를 한계효용이 큰 재화와 교환하기 때문에 서로의 총효용total utility이 커지게 되는 것이다.

오늘날의 시장에서는 주로 소비자와 생산자 사이에서 구매와 판매라는 형식의 교환이 이뤄진다. 그리고 이 교환에서도 소비자와 생산자는 모두 이익을 얻는다. 먼저 소비자가 상품의 구매를 통해 얻는 이익, 즉 소비자잉여consumer's surplus에 대해 살펴보기로 하자.

그림 7.7 • 소비자잉여

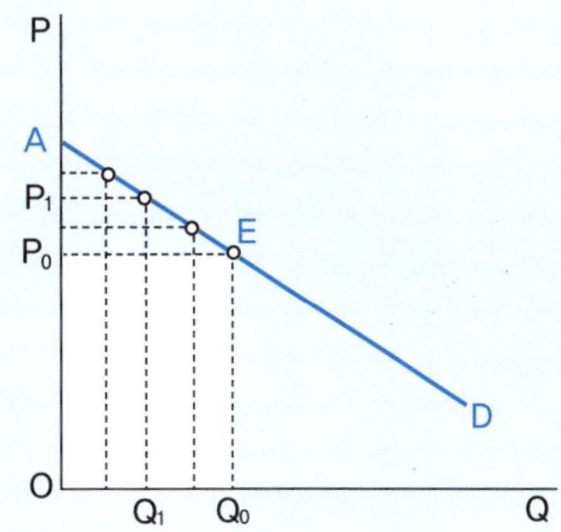

소비자잉여란 어떤 상품에 대해 소비자가 최대한도로 지불해도 좋다고 생각하는 가격 즉 수요가격에서 실제 지불하는 가격 즉 시장가격을 공제하고 남은 금액이다.

사과 한 개의 가격이 천원일 경우 이 가격에 대한 소비자의 평가는 사과에 대한 소비자들의 선호와 소득에 따라 달라진다. 사과를 별로 좋아하지 않거나 좋아하더라도 가격이 너무 높다고 평가하는 소비자들은 사과를 구매하지 않을 것이다. 따라서 사과를 구매하는 소비자들은 그 가격이면 적당하다거나 사과를 무척 선호해서 그 가격에 기꺼이 구매하겠다고 평가한 사람들이다. 만일 사과를 좋아하는 소비자 중에서 개당 3천원에도 살 용의가 있는 사람이라면 그는 '자신이 기꺼이 지불할 용의가 있는 가격(=3천원)'과 '시장가격(=천원)'의 차이만큼 이익을 얻게 되는 것이다.

[그림 7.7]에서 시장가격이 P_0일 때 소비자 중에는 P_1의 가격에도 기꺼이 구매할 의사를 가진 소비자는 P_1-P_0만큼의 소비자잉여를 획득한다. 물론 시장에는 P_1보다 더 높은 가격으로 구매할 소비자도 존재할 것이다. 개별 소비자들이 얻은 소비자잉여의 총합인 시장소비자잉여는 위의 그림에서 $\triangle AP_0E$로 표시된다. $\square AOQ_0E$는 총효용을, $\square P_0OQ_0E$는 실제로 지

그림 7.8 • 생산자잉여

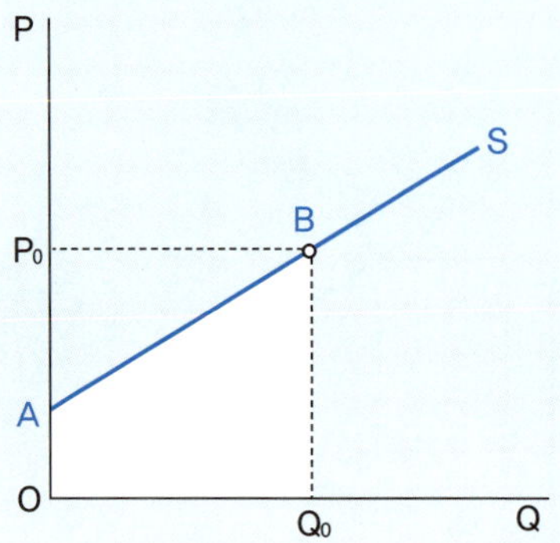

그림 7.9 • 균형가격에서의 시장잉여

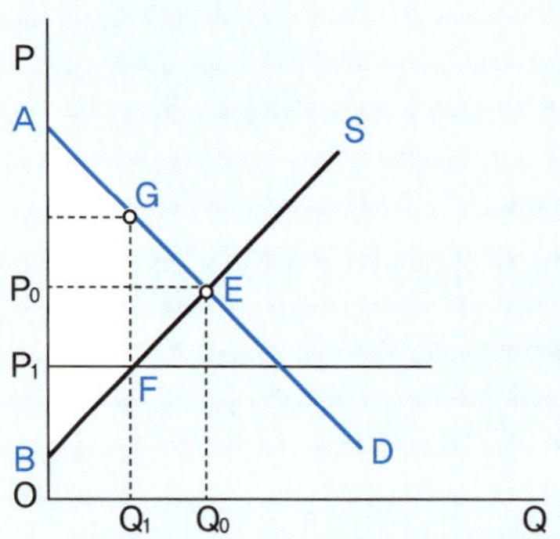

불된 가격의 총합을 의미한다.

잉여는 생산자에게도 발생한다. [그림 7.8]에서 시장가격은 P_0로 결정되었지만 그 이하의 가격으로 판매할 용의를 가진 생산자들도 있을 것이다. 이들 모두가 획득하는 생산자잉여producer's surplus는 $\triangle P_0AB$로 표시된다. $\square P_0OQ_0B$는 생산자들이 실제로 획득한 총수입을, $\square AOQ_0B$는 생산자들이 감수할 수 있는 총수입을 나타낸다. 소비자의 잉여가 효용이라면 생산자의 잉여는 이윤이다.

일반적으로 동일한 산업에서는 동일한 생산비용과 동일한 이윤율(=평균이윤율)이 형성되는 것으로 가정되어 있지만, 생산자들은 생산비용을 낮추기 위해 끊임없는 경쟁을 전개하고 있고 이 과정에서 선진적인 기술체제를 도입한 생산자들은 평균이윤을 초과하는 이윤을 획득하게 된다. 바로 이들이 균형가격보다 더 낮은 가격으로 판매할 용의를 가진 생산자들이다.

시장 전체로 볼 때 소비자와 생산자 모두가 가장 큰 잉여를 획득할 수 있는 가격은 시장에서 수요와 공급에 의해 결정되는 균형가격이다. [그림 7.9]에서 보는 것처럼 균형가격에서의 시장잉여의 총합은 $\triangle ABE$로 표시된다. 만일 정부의 개입 등 어떤 요인에 의해 상품가격이 균형가격 이하(P_1)로 조정될 경우 소비자잉여는 □AP_1FG로 다소 증가할 것이다. 그러나 이와 반대로 생산자잉여는 △P_1BF로 크게 감소하여, 소비자와 생산자가 얻는 시장잉여의 총합은 □ABFG로 나타난다. 이는 균형가격에서의 △ABE보다 △GFE만큼 시장잉여가 축소된 것이다. 반대로 가격이 균형가격보다 상향 조정될 경우 생산자 잉여는 증가하고 소비자잉여는 감소하여 시장잉여는 전체적으로 감소하게 될 것이다.

제8장

흔들리는 시장

프랑스의 고전파 경제학자 세이Jean-Baptiste Say는 영국과 브라질의 무역 관계를 검토하는 과정에서 아주 단순한 사실 하나를 '발견'했다. 브라질이 영국 상품을 수입하기 위해서는 돈이 필요하고, 그 돈을 마련하기 위해서는 브라질 상품을 영국에 수출해야 한다는 것이었다. 세이는 누구나 다 알 수 있는 이 사실을 다음과 같이 일반화하여 표현해 보았다.

어떤 상품에 대한 수요는 그 수요에 상응하는 다른 상품의 공급에 의해서만 실현된다. 가령 밀을 생산하는 농부가 쇠고기를 먹기 위한 방법은 밀을 더 많이 생산해서 쇠고기와 교환하는 것이다. 그렇다면, 밀의 더 많은 생산(=공급)이 쇠고기의 더 많은 수요를 만들어 주는 것 아닌가! 이 대목에서 세이의 머리 속을 스쳐가는 문장이 있었다. "Produce opens a vent for produce(생산물은 생산물을 위한 출구를 열어준다)!"

01 세이의 법칙

Jean-Baptiste Say(1767-1832)
스스로 아담 스미스의 정통 후계자를 자처한 그는 『국부론』을 보강할 목적으로 1803년 『정치경제요론(A Treatise on Political Economy)』을 간행했다. 이 책을 통해 그는 시장경제체제에 대한 고전학파 경제학자들의 회의적인 요소들을 말끔히 불식함으로써 신고전파의 선구자가 되었다.

우리가 알고 있는 '세이의 법칙Say's law' 즉 "공급은 스스로 그 수요를 창출한다supply creates its own demand"라는 표현은 세이의 논지를 밀J.S.Mill이 집약한 것이다. 그런데 이 표현은 세이의 생각을 제대로 전달하지 못할 가능성이 있다. 왜냐하면 이 표현은 '한 상품의 공급은 그 상품의 수요를 창출한다'로 이해되기 쉬운데, 앞의 예에서 본 것처럼 세이가 말하려는 것은 '한 상품(=밀)의 공급이 다른 상품(=쇠고기)의 수요를 창출한다'는 것이기 때문이다. 더 정확하게 말하면 세이가 하려던 말은 '한 상품의 공급은 여러 가지 다른 상품들의 수요를 창출한다'는 것이다.

즉 밀 생산자가 밀을 더 많이 공급하는 것은 쇠고기만이 아니라 과일, 구두, 모자 등 다른 상품을 더 많이 수요하기 위해서이기 때문이다. 더욱 확대해서 말하면 '모든 상품의 공급은 다른 모든 상품의 수요를 창출한다'로 바뀔 수 있고, 이는 결국 '총공급은 총수요를 창출한다(aggregate supply creates its own aggregate demand)'로 바뀔 수 있다.

세이의 법칙은 한 사회의 총공급과 총생산이 언제나 일치한다는 것, 즉 초과공급에 의한 불황depression은 발생하지 않는다는 것을 의미한다. 따라서 세이의 법칙은 시장경제의 안정성stability을 지지하는 경제학자들의 주요 논거가 되어 왔다. 위의 예에서 밀이 너무 많이 생산되는 사태(=밀의 초과공급)가 발생할 수도 있다.

그러나 이러한 수급의 불균형은 시장교환과정에서 곧

해소된다. 밀이 너무 많다는 것은 쇠고기 생산자가 원하지 않는 만큼 많다는 것이고, 이 경우 쇠고기 생산자는 원하지 않는 만큼의 밀에 해당되는 쇠고기를 생산하지 않을 것이다. 그러면 밀 생산자는 쇠고기와 교환할 수 없는 만큼의 밀 생산을 중단하여 수급의 균형을 맞출 것이다. 한 상품의 초과공급은 가격기구의 조정기능에 의해 즉 그 상품의 가격(=상대가격) 하락에 의해서도 저지된다고도 설명할 수 있다. 요컨대 시장에서는 부분적이고 일시적인 초과공급은 발생할 수 있지만 일반적이고 항상적인 초과공급은 일어나지 않는다는 것이다.

그림 8.1 •

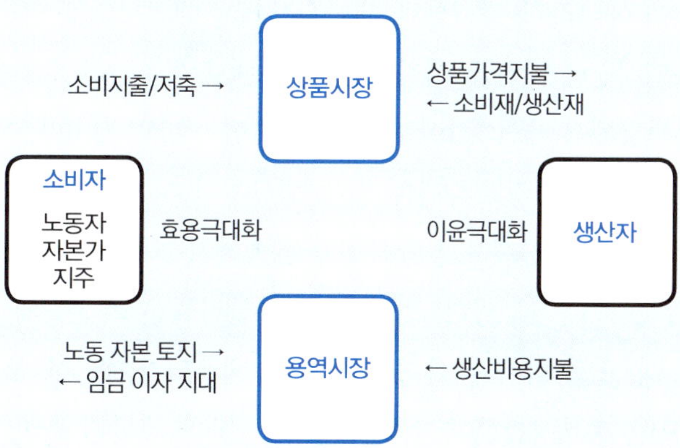

위의 표식은 자본주의 시장경제체제의 안정성을 입증하는 데 자주 사용되는 소위 '왈라스모델Walras model'이다. 이 표식에서 경제주체는 효용극대화를 추구하는 소비자와 이윤극대화를 추구하는 생산자로 구성된다. 소비자와 생산자는 용역시장 즉 생산요소시장과 상품시장을 통해 서로 연결되어 있다. 소비자는 생산자에게 생산요소를 판매하고 그 수입으로 생산자로부터 자신에게 필요한 상품을 구매한다. 거꾸로 생산자는 소비자들로부터 생산요소를 구입하여 상품을 생산, 판매한다. 여기서 생산자는 소비자 중의 1인에 지나지 않으며 소비자 중 누구든 생산을 담당할 수 있다. 생산참여가 완전히 자유로운 상태에서는 이윤율이 제로에 도달하기 때문에 생산자는 생산을 지휘하는 자신의 노동에 대한 보수를 획득할 뿐이다. 설령 이윤을 획득하더라도 그것은 배당 등을 통해 궁극적으로 소비자들에게 돌아간다.

위의 표식에서 시장경제체제의 안정성은 우선 계급간의 갈등이 배제된다는 점이다. 마르크스경제학에서는 서로 적대적 관계에 있는 노동자와 자본가가 여기서는 소비자라는 동일한 경제주체로 통합됨으로써 노자勞資대립이 배제된다. 이들의 이익은 다른 계급과의 분배투쟁을 통해서 얻어지는 것이 아니라 용역시장과 재화시장에서 개인적으로 획득된다. 즉 이들은 용역시장에서 임금, 이자, 지대의 형태로 획득하는 수입을 고려하면서 재화시장에서 자신의 효용을 극대화하면 그만인 것이다.

위의 표식이 더욱 강조하려는 것은 생산자가 시장에 공급한 모든 상품이 판매되어 경기 침체나 공황사태가 발생하지 않는다는 것, 즉 '세이의 법칙'을 입증하려는 데 있다. 먼저 모든 생산자들은 자신들의 총수입을 생산요소비용으로 다 지출한다. 이윤율이 제로이기 때문에 생산자들의 총수입(TR)은 총비용(TC)과 일치하게 되는 것이다. 한편 소비자들은 그들의 소득인 임금, 이자, 지대를 상품시장에서 소비재와 생산재를 구매하는 데 다 지출한다. 저축은 투자로 전환되어 생산재의 구매로 지출된다. 따라서 생산자의 총수입(=총공급)은 소비자의 총소득(=총수요)과 항상 일치하고, 초과공급에 의한 불황은 발생할 수 없는 것이다.

위의 표식을 생산요소와 상품 사이의 물물교환으로 이해하면 '세이의 법칙'은 더욱 간명하게 드러난다. 가령 노동자와 생산자가 서로 노동과 상품을 교환하는 것으로 단순화하면 그것은 앞에서 예를 든 밀과 쇠고기의 교환과 다를 바 없다. 물론 자본가와 생산자, 지주와 생산자 사이의 교환도 마찬가지다. 물물교환은 한 상품의 판매가 곧 다른 상품의 구매를 의미하는 것이므로 공급=수요, 즉 초과공급이나 초과수요가 발생할 수 없는 것이다.

02 과소소비론

공장제수공업 단계에서 이미 세계 최대의 공산품 수출국으로 부상한 영국은 18세기 중엽부터 기계제대공업체제에 의한 대량생산을 전개함으로써 세계의 공장으로서의 지위를 더욱 확고히 했다. 영국 공산품은 유럽 시장과 세계 도처에 건설된 식민지 시장을 휩쓸었다. 만들어내기만 하면 남김없이 팔려나가는 상황에서는 아무도 '세이의 법칙'을 의심하지 않았다. 공급은 거침없이 그 수요를 창출했던 것이다. 리카도를 비롯하여 세이와 동시대에 살았던 경제학자들은 물론 그들의 뒤를 이어 고전학파에 속한 대부분의 학자들이 '세이의 법칙'을 지지했다. 그리고 그것은 세이를 경제학자로 만든 『국부론』의 낙관론을 잇는 것이기도 했다.

고전학파의 시대에 불황이 전혀 없었던 것은 아니다. 산업혁명 시기부터 존재했던 만성적인 실업 문제는 논외로 하더라도 영국경제는 19세기 초기부터 상품의 초과공급에 의한 주기적인 불황에 직면하게 된다. 불황은 실업자를 양산했고, 대규모 실업사태는 사회적 불안을 야기했다. 1819년에 발생한 불황에서는 기마병들에 의해 11명이 죽고 6백여 명이 부상당하는 '피털루 대학살Peterloo massacre'이 일어나기도 했다. 그러나 당시 고전학파의 주류를 형성하고 있던 경제학자들은 불황을 심각하게 생각하지 않았다. 불황은 일시적인 것이며 시장의 자율조정기능에 의해 곧 시장균형을 회복할 것이라는 믿음을 버리지 않았다. 실제로 1870년대 이전까지의 불황은 마치 한 줄기 소나기처럼 짧고 격렬하게 지나갔다.

Jean Charles Léonard de Sismondi 프랑스와 이탈리아 역사에 정통한 역사학자이기도 했다. 최후의 고전학파 학자로 불리는 그는 과소소비론에 공황론을 최초로 제시하여 마르크스를 포함한 비주류경제학의 선구가 되었다.

시장경제의 안정성에 대해 최초로 문제를 제기한 사람은 제네바 출신의 프랑스 경제학자 시스몽디Jean Sismondi(1773-1842)였다. 그는 초기에는 아담 스미스를 열렬히 지지한 자유주의자였으나 영국경제의 불황사태를 목격한 이후에는 시장경제체제에 대해 회의적인 입장으로 선회했다. 그는 1819년에 간행된 『정치경제의 새 원리』에서 시장은 균형 상태를 유지하는 것이 아니라 호황과 불황을 반복한다는 경기순환론을 제기하고 불황의 원인이 자본가들 사이의 격렬한 경쟁에 있다고 지적한다. 경쟁은 상품가격을 인하시키고 가격인하는 노동자들의 임금을 삭감시키고 임금삭감은 사회적 총수요의 부족으로 이어져 초과공급 사태가 발생한다는 것이다.

시스몽디는 다음과 같이 균형론자들을 비판한다. "물론 어떤 종류의 균형은 장기적으로는 재구축될 수 있다. 그러나 그것은 엄청난 고통을 겪은 후의 이야기다.(A certain kind of equilibrium, it is true, is reestablished in the long run, but it is after a frightful amount of suffering.)" "장기적으로는 우리는 모두 죽어 있을 것이다.(In the long run, we all dead)"라는 케인즈의 말을 떠올리게 하는 그의 이 비판은 균형론자들의 비현실성을 정확하게 지적하고 있다.

그는 저임금에 시달리는 노동자를 비롯한 사회적 약자들을 위해 정부의 기능을 강화해야 한다고 주장한 점과 그럼에도 불구하고 사회주의에 동의하지 않았다는 점에서도 케인즈경제학의 선구적 지위를 갖는다.

시장경제의 안정성에 대해 가장 정력적으로 문제를 제기한 고전파 경제학자는 『인구론』의 저자 맬더스였다. 그는 세이와 마찬가지로 자신을 아담 스미스의 정통계승자라고 주장했지만 세이보다 더 아담 스미스와 충돌했다. 그는 세이에 앞서 노동가치설을 비판하고 효용가치설을 주장했으며, 자연가격을 배격하고 시장가격을 옹호했다. 무엇보다도 그는 아담 스미스와는 반대로 자본주의사회의 주도세력인 부르주아지들에 대해 적대적이었다. 그의 눈에 비친 부르주아지는 인색하고 교양 없는 졸부들에 지나지 않았다.

영국 국교회의 성직자 출신이며 외모나 언행에서 '완벽한 신사perfect gentleman'로 불렸던 그는 당시 부르주아지들과 연합정권을 구성하고 있었던 지주들의 편이었다. 그는 계급적으로 과거에 속했지만, 바로 그것 때문에 새로운 계급이 만들어 나가는 세상의 결점들을 정확하게 짚어낼 수 있었다.

1798년 불과 22세의 나이에 『인구론An Essay on the Principle of Population』을 간행하여 영국사회에 큰 영향을 끼친 맬더스는 1805년 영국의 동인도회사에서 운영하는 대학의 정치경제학 교수로 임명되었다. 그는 역사상 최초의 경제학교수였다. 그는 1820년 간행한 『정치경제의 원리Principles of political economy』에서 시스몽디에 대한 균형론자들의 비판을 방어하면서 시스몽디의 과소소비under consumption이론을 더욱 구체화한다.

시스몽디와 마찬가지로 그도 불황의 원인이 자본가에게 있다고 주장한다. 노동자계급은 생존을 위해 자신의 소득을 다 소비할 수밖에 없고(=임금생존비설), 지주계급은 '언제나 자신이 생산한 것보다 더 지출할 의사와 능력을 가지고 있는' 계급이기 때문에 '소득=소비'가 불가피하다.

그러나 자본가계급은 자신의 소득인 이윤을 다 지출하지 못한다. 자본가의 소득은 소비와 저축으로 나뉘고 저축은 투자를 위한 것인데 문제는 바로 투자에서 발생한다. 새로운 투자가 그에 상응하는 새로운 수요를 만들어내지 못할 가능성이 많다는 것이다.

① 새로운 투자가 노동절약적 기술체제를 채택하는 방향으로, 즉 노

동자의 고용보다는 기계를 도입하는 방향으로 이뤄지는 경우를 생각해 보자. 기계를 도입했으므로 공급량은 그 이전보다 늘어나거나 최소한 동일할 것이지만 기계의 도입(=고용 감소)은 노동자계급의 유효수요를 그 이전보다 위축시켜 새로운 공급을 다 해소하지 못한다. ② 새로운 투자가 이전과 같이 주로 노동에 의존하는 방법으로 이뤄질 때는 호황기에 문제가 발생한다.

경기가 호황에 접어들면 노동수요가 갑작스럽게 증대하게 되는데, 노동공급은 일시에 증가할 수 없으므로 노동공급을 받지 못한 자본은 유휴자본화하게 된다. 또한 노동수요의 갑작스런 증대는 '임금 상승→이윤 하락→투자 포기'로 이어져 역시 유휴자본을 발생시킨다. 유휴자본이란 결국 소비되지 않는 자본가의 소득인 것이므로 유효수요의 부족을 야기하게 되는 것이다.

맬더스가 제시하는 불황의 해결책은 단순하다. 자본가의 수입을 줄이고 소비지향적인 지주의 수입을 늘려야 한다는 것이다. 지주의 수입이 증대될 경우 지주는 수많은 하인과 비생산적 노동자, 그리고 개인적 서비스 제공자를 고용함으로써 비생산계층의 지출을 높일 것이고, 이를 통해 총수요의 부족을 해결할 수 있다는 것이다. 그러나 (생산적) 노동자의 임금을 인상하는 것은 수요부족을 보충할 수 없다. 왜냐하면 임금상승은 즉각적으로 이윤을 하락케 하고, 이는 자본가의 투자 즉 생산재 수요를 위축시키기 때문이다.

시장경제의 불안정성에 대한 분석에 비해 그의 해결방안은 유치하고 자의적이지만, 이 해결책 속에는 '자본주의적 재생산과정은 낭비부문을 필요로 한다'는 중요한 메시지가 함축되어 있다. '세이의 법칙'을 정면으로 부정한 멜더스의 과소소비론은 마르크스, 로자 룩셈부르크Róża Luksemburg(1870-1919) 등 사회주의자들은 물론 케인즈에까지 큰 영향을 미친다. 케인즈는 멜더스에 대해 다음과 같이 말하고 있다. "리카도가 아니라 멜더스가 19세기 경제학 발전의 모태가 되었더라면 지금 우리가 사는 세상은 얼마나 현명하고 부유해졌을 것인가."

03 유효수요이론

시장경제가 본격적으로 고장을 일으킨 것은 1870년대부터다. 이 시기부터 불황의 규모와 기간이 늘어나 1873년, 1882년, 1890년에 발생한 불황은 그 이전과는 달리 회복기간이 상대적으로 길었고, 호황국면은 극히 짧고 미약했다. 그 파급효과도 영국에 그치지 않고 유럽의 주요 국가들로 확대되었다. 시장경제의 안정성에 대해 치명적인 타격을 가한 것은 1929년부터 1933년까지 지속된 대공황Great depression이었다.

제1차 세계대전 이후 세계경제의 중심이 된 미국에서는 전후 세계경제의 호황에 고무되어 1920년대 후반부터 주식투자 붐이 일어 증권시장이 과열되었다. 유휴자본이 주식투자로 몰리게 되자 정부는 증시과열을 진정시키기 위해 금리를 인상하는 조치를 취했지만 과열국면은 진정되지 않고 도리어 1928년부터 하강기에 접어든 경기를 더욱 침체시키는 결과를 낳았다.

이러한 상황에서 1929년 10월 뉴욕주식거래소에서 주가가 폭락하게 되자 그 여파가 즉각적으로 각 부문에 파급되어 미국경제 전체가 마비상태에 빠져들었다. 기업 도산이 줄을 이었고, 실업자가 급증하여 1929년 150만이던 실업자가 1932년에는 1,200만으로 격증했다. 그리고 유럽의 모든 국가들이 미국발 금융공황의 쓰나미 속으로 휩쓸려 들어갔다.

표 8.1 • 대공황 기간의 공업생산과 국내총생산의 변동(1929–32년)

	미국	영국	독일	프랑스	이탈리아
공업생산	−44.7	−11.4	−40.8	−25.6	−22.7
국내총생산	−28.0	−5.8	−15.7	−11.0	−6.1

〈자료 : OEEC, Industrial Statistics, 1900–1959〉

대공황과 그 후의 만성적인 불황은 전통적인 경기순환의 궤도를 크게 이탈한 것으로서, 시장경제의 자동조절 기능의 한계를 드러낸 것이었다. 그러나 장기적인 불황 국면에서도 대부분의 경제학자들은 '세이의 법칙'과 시장균형에 대한 신뢰를 버리지 않았다. 가령 그들은 불황기의 가장 큰 문제인 대량실업에 대해서 그 원인을 임금이 너무 높기 때문이라고 주장한다. 그들은 여전히 '임금↑→노동수요↓'라는 수요공급이론에 의존하고 있었으므로 실업을 해소하고 완전고용에 이르기 위해서는 임금을 하락해야 한다는 것이다. 시장외적 요소인 노동조합이 임금결정 과정에서 배제되면 완전고용이 가능하다는 것이었다.

아래 [그림 8.2]에서 실업이 ab에 이르게 된 것은 노동공급을 독점한 노동조합의 개입에 의해 임금이 시장의 균형임금보다 높은 W_1으로 되어 있기 때문이다. 따라서 임금을 We로 낮추면 완전고용이 달성된다는 것이다. We의 임금에서 발생하는 QeQ_1만큼의 공급 감소는 낮아진 임금을 받아들일 수 없는 자발적 실업에 의한 것이고, 이는 실업문제에 포함되지 않는다.

그림 8.2 •

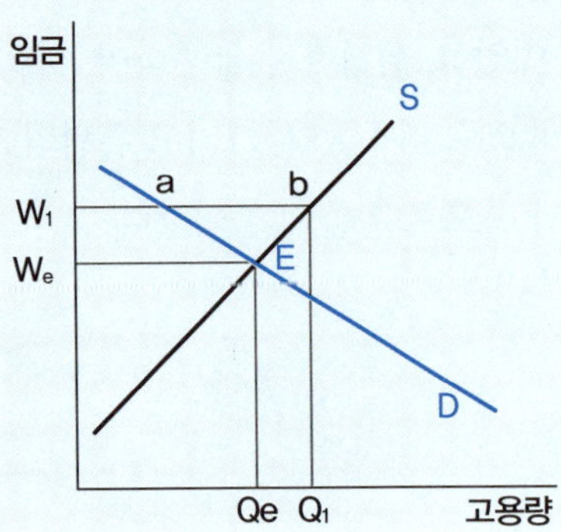

현실세계에서 전개되고 있는

경제적 대재앙에도 불구하고 신고전파 시장주의자들은 현실과 동떨어진 가정들과 그 가정 아래 구축된 수학의 세계에 매몰되어 있었다. 그들은 최소한 상품시장과 노동시장에서 전개되고 있는 새로운 사태, 즉 독점기업과 노동조합에 의한 가격기구의 경직화를 외면했다. 즉 독점과 노조가 영향력을 행사하는 두 시장에서는 상품가격과 임금의 하방경직성downward rigidity이 이미 움직일 수 없는 현실이 되었는데도 그들은 여전히 완전경쟁시장의 논리를 고집하고 있었다. 케인즈의 비판처럼 그들은 '비합리적 세계에서 합리적 정책을 추구'하고 있었던 것이다. 후일 영국의 경제학자 로빈슨J. Robinson은 경제학자들이 아무런 현실적 대안을 내놓지 못한 이 시기를 '경제이론의 제1의 위기'로 부르고 있다.

미국의 대공황은 도시의 노동자들뿐만 아니라 농민들에게도 큰 타격을 주었다. 초기에는 주변국에서 온 농업노동자들이 일자리를 잃었으나 공황의 여파는 점차 모든 농민에게로 확산되었고, 농장주들의 파산도 속출했다. 사진은 집을 잃고 어디론가 이동하는 소작농민의 가족들.

경제학을 위기에서 구한 것은 케인즈J. M. Keynes(1883-1946)였다. 그의 출발점은 수학이 아니라 현실이었고, 그가 대상으로 한 것은 일반균형과 완전고용이 달성된 시장이 아니라 불균형과 불완전고용이 보편화된 시장이었다. 그가 1936년 간행한 저서 『고용 이자 및 화폐에 대한 일반이론』에 '일반이론general theory'이라는 이름을 붙인 것은 불균형과 불완전고용이야말로 시장의 일반적 상황이라는 의미다. 다시 말해서 시장균형에 기초한 신고전파의 경제이론은 특수이론에 지나지 않는다는 것이다.

가령 케인즈는 [그림 8.2]의 노동공급곡선을 인정하지 않는다. 그것은 노동시장에 실제로 작용하고 있는 노동조합의 영향력을 배제한, 비현실적인 공급곡선이다. 케인즈에 따르면 노동자들은 명목임금 또는 화폐임금의 인하

그림 8.3 •

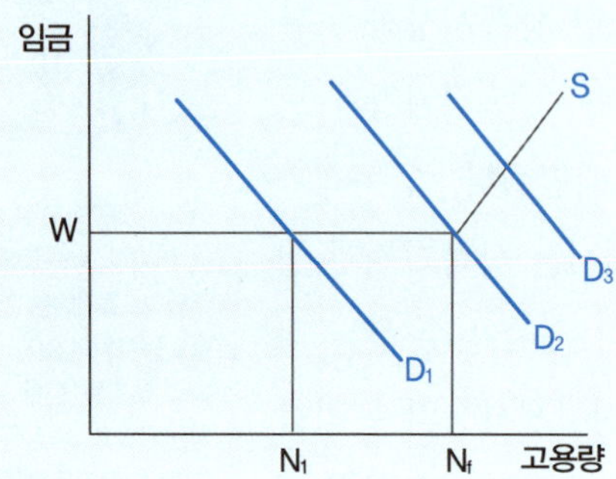

에 대한 강한 거부감을 가지고 있고 또 노동조합을 통해 이를 저지할 힘을 가지고 있기 때문에 임금은 하방경직적이다. 그리고 이 하방경직성은 완전고용이 달성될 때까지 유지되어 [그림 8.3]과 같이 수평의 형태를 취하게 된다는 것이다. 노동공급곡선이 신고전학파에서와 같이 우상향하게 되는 것은 완전고용이 달성된 이후에 나타난다. 따라서 [그림 8.3]에서 N_1N_f로 표시된 실업을 해소하는 방법은 임금 인하가 아니라 노동수요 곡선을 D_1에서 D_2로 옮겨가는 것이다. 뒤집어 말하면 실업의 원인은 노동수요를 위축시킨 불황 자체에 있는 것이지 노동조합에 있는 것이 아니다. 그리고 임금 삭감은 유효수요를 감소시켜 도리어 불황을 심화시키는 결과를 낳게 된다.

실업은 불황이 낳은 현상 중의 하나일 뿐이라고 주장한 케인즈는 불황의 원인은 유효수요effective demand의 부족에 있다고 진단한다. 유효수요는 실질적으로 구매능력을 갖춘 수요로서 개인이나 기업의 개별수요들을 모두 합친 사회적 총수요aggregate demand를 의미한다. 케인즈는 유효수요의 부족, 즉 총수요가 총공급에 미치지 못하는 것은 가계와 기업의 총소득이 상품구매로 다 지출되지 않고 그 일부가 저축, 외국상품의 수입, 그리고 조세로 누출되기 때문이라고 지적한다. 이 가운데 가장 중요한 누출leakage은 저축이다.

앞에서 본 것처럼 고전학파는 '저축=투자' 정식을 신봉했기 때문에 저축은 누출이 아니라 생산요소의 구매였다. 나아가서 저축은 자본축적을 가속화하여 생산능력을 확대하고 경제성장을 추동推動하는 미덕美德으로 간주되었다. 우리나라의 경제 개발 초기 단계에 저축이 얼마나 강조되었는지를 생각해 보라. 그러나 케인즈의 시대에 이르면 기업들의 자본축적과 생산능력은 고도로 성장하여 거대 독점기업이 시장을 지배하게 되었고, 이들의 생산능력은 시장의 구매능력을 초과하기에 이르렀다. 이 시기에 필요했던 것은 생산능력 즉 저축의 증가가 아니라, 구매능력 즉 유효수요의 확대였던 것이다.

그림 8.4 •

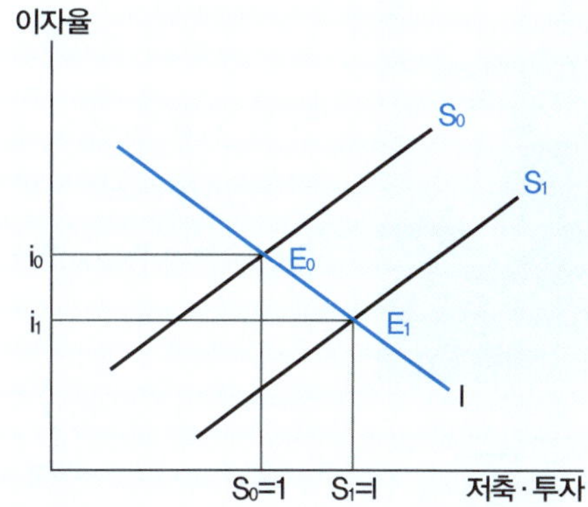

고전파의 '저축=투자' 정식은 [그림 8.4]에서와 같이 이자율이 대부자금의 공급(=저축)과 그 수요(=투자)에 의해서 결정된다는 의미를 갖는다. 따라서 저축의 증가($S_0 \rightarrow S_1$)는 금융시장의 균형을 E_1으로 이동시켜 자동적으로 이자율의 인하 및 투자의 증가를 가져온다. 만일 저축이 투자보다 많은 상황이 발생하면 이자율이 떨어져 다시 균형을 회복하게 될 것이다. 이자율은 저축과 투자에 대해 상품시장의 균형가격과 같은 역할을 하는 것이다.

그러나 케인즈는 저축과 투자는 이자율이라는 동일한 요인에 의해 결정되지 않는다고 주장한다. 저축의 가장 중요한 결정요인은 이자율이 아니라 소득이며, 투자는 이자율만이 아니라 미래의 수익에 대한 기업가의 기대에 의해서도 결정된다는 것이다. 케인즈의 시대는 노동자를 포함한 일반 소비자의 소득이 이미 생존비 이상의 수준에 도달해 있었기 때문에 임금생존비설과 같이 모든 소득이 다 소비로 지출된다는 가정은 무의미하다. 케인즈에 따르면 소득의 증대는 소득에서 차지하는 저축의 비율을

John Maynard Keynes 그는 '시장은 장기적으로는 균형을 회복한다'는 시장주의자들의 주장은 실천적으로는 아무런 의미도 갖지 못한다고 비판한다. "장기는 당면과제들을 오도한다. 장기적으로는 우리는 모두 죽어 있을 것이다. 경제학자들은 너무 안이하고 쓸모없는 과제를 붙들고 있다. 폭풍우가 휘몰아칠 때 그들이 우리에게 할 수 있는 말이라고는 폭풍이 지나가면 바다는 다시 잠잠해진다(when the storm is past the ocean is flat again)는 것일 뿐이다."

높이는 방향으로 작용한다. 이것이 유효수요의 감소를 초래하는 일차적인 원인이다. 그리고 이처럼 저축이 확대되고 수요가 감소하는 상황이 되면 기업가들의 투자는 위축될 수밖에 없다. 결국 소비자들에 의해 증가한 저축의 일부는 투자로 전환되지 못하고 유휴자본화하게 된다. 뿐만 아니라 소비자나 기업이 수입의 일부를 화폐의 형태로 보유하려는 유동성 선호liquidity preference도 유효수요의 부족을 가져오는 원인으로 작용한다.

불황은 자본축적 규모가 일정한 수준을 넘어선 단계에서 필연적으로 나타나는 '소득↑→저축↑(=소비↓) →투자↓→소득↓'이라는 모순의 표현이다. 그리고 이 모순은 자본주의 시장경제의 고유한 모순이므로 시장 내에서는 해소되지 못한다. 지금까지 시장 밖에서 뒷짐을 지고 있던 정부가 시장에 개입해서 총공급에 미치지 못하는 총수요를 창출해야 한다. 정부는 소비수요를 늘리기 위해 저소득계층의 소득을 높여주는 정책을 펼 수도 있고, 위축된 민간투자를 대신해서 대규모 공공사업을 벌이는 등의 방법으로 직접 투자에 나설 수도 있다. 또한 통화정책을 통해서 이자율을 조절하여 민간투자를 촉진할 수도 있다. 케인즈가 제안한 불황 타개책은 미국의 루즈벨트 대통령에 의해 뉴딜New deal(1933-1936)정책으로 실현되었다.

유효수요의 원리를 중심으로 한 그의 경제이론은 '케인즈경제학' '케인즈혁명' 등으로 불릴 만큼 엄청난 영향력을 발휘했다. 케인즈경제학은 시장주의자들이 신봉해 온 핵심적인 원리들을 전복시켰다. 균형은 불균형으로, '공급이 수요를 창출한다'는 '수요가 공급을 결정한다'로, 저축의 미덕은 소비의 미덕으로, 임금을 인하해야 완전고용이 달성된다는 논리는 임금을 인하하면 불황이 더욱 깊어져서 실업이 더 늘어난다는 논리로 뒤바뀌었다. 케인즈경제학은 경제이론의 영역만이 아니라 자본주의체제 자체를 근본적으로 수정하는 계기로 작용했다. 그리고 그는 경제학이론에 거시경제이론을 추가함으로써 경제학교과서 쪽수를 두 배로 늘렸다.

제9장

'만국의 노동자여, 단결하라!'

"하나의 유령이 지금 유럽을 배회하고 있다. 공산주의라는 유령이. 교황과 짜르, 메테르니히와 기조, 프랑스 급진파와 독일의 첩보경찰 등 낡은 유럽의 모든 열강이 이 유령을 몰아내기 위해 신성동맹을 맺었다. 반정부 정당치고, 정권을 잡고 있는 자신의 적들로부터 공산당이라는 비난을 받지 않은 경우가 어디 있는가? 또 반정부 정당치고, 더 진보적인 반정부당이나 반동적인 적들에 대해 거꾸로 공산주의라고 낙인 찍으며 비난하지 않은 경우가 어디 있는가?"

"공산주의자는 자신의 견해와 목적을 감추는 것을 경멸한다. 공산주의자는 자신의 목적이 오직 기존의 모든 사회적 조건을 힘으로 타도함으로써만 달성될 수 있다는 것을 공공연히 선언한다. 지배 계급들로 하여금 공산주의 혁명 앞에서 벌벌 떨게 하라. 프롤레타리아가 혁명에서 잃을 것이라고는 쇠사슬뿐이요 얻을 것은 온 세상이다. 만국의 노동자여, 단결하라!"

〈1848년 간행된 『공산당선언(Communist Manifesto)』의 첫 부분과 끝 부분〉

01 자본주의의 정당성

앞 장에서 우리는 자본주의 시장경제의 안정성stability에 대한 논쟁을 살펴보았지만 그것만이 특정 사회에 대한 평가기준이 될 수는 없다. 안정성으로 말하자면 동서양의 봉건사회는 천년동안 유지될 만큼 안정적이었다. 안정성 못지않게 중요한 것은 그 사회체제의 정당성justness 또는 공정성fairness이다. 정당성은 도덕적 가치판단을 필요로 하기 때문에 가치중립을 표방하는 신고전파에서는 이 주제를 경제학의 논의대상에서 제외시켰다. 안정성 논쟁이 시장 안에서 즉 시장가격의 자동조절기능을 중심으로 전개되어 온 것과는 달리 정당성의 문제는 시장 이전의 자본주의체제와 관련된 문제라고 할 수 있다. 다시 말해서 이 문제의 많은 부분은 이데올로기 영역에 속한다.

정당성에 대한 고전파의 논의는 주로 당시의 3대 계급이었던 지주, 자본가, 노동자 사이의 분배문제를 중심으로 이루어졌다. 그런데 분배론은 상품의 가치를 결정하는 요인이 무엇인가라는 가치론과 직결되어 있다. 왜냐하면 가치의 결정요인이 누구에게 속하느냐에 따라 분배가 달라지기 때문이다. 이 문제에 대한 고전파 학자들의 입장은 혼란스럽다.

아담 스미스는 우선 '이기심' '경쟁' '보이지 않는 손' 등의 개념을 통해 자본주의체제의 정당성의 근거를 제공한 장본인이다. 그러나 '노동가치설' '자연가격론' 등을 제시한 그의 가치론은 세 계급 모두가 생산물에 대해 일정한 권리를 갖는다는 분배론과 일치하지 않는다. 아담 스미스에게서 나타나는 논리적 모순 및 그 내용의 모호성은 리카도를 비롯한 다른 고전파학자들에게서도 발견된다.

정당성에 대한 평가는 어느 계급의 이익을 대변하느냐에 따라 달라진다. 지배계급 또는 엘리트계급의 편에서 바라보면 노예제사회를 포함한 모든 사회가 정당하다. 자본가의 이익을 대변하는 경제학에서는 자본주의사회야말로 그 이전의 어떤 사회보다 정당하다. 그러나 노동자계급의 편에서 바라보면 자본주의는 결코 just하지도 fair하지도 않다. 19세기의 노동자들에게는 더욱 그렇다.

자본가계급은 작업환경이 열악하기 짝이 없는 광산노동에서도 성년 남성노동자 대신 부녀자와 아동들을 동원했다. 사진은 몸을 쇠사슬로 석탄 통에 묶고 석탄을 나르는 어린이들.
출처 : 『인류생활사』, 269쪽, 동아출판사

18세기 중엽부터 형성되기 시작한 기계제대공업과 여기에 기초한 자본주의 시장경제가 인류의 물질적 생산능력을 비약적으로 향상시켰다는 사실은 부정할 수 없다. 문제는 부가 사회구성원에게 골고루 분배되는 것이 아니라 소수의 자본가계급에게만 집중된다는 것이었다. 산업혁명을 전후한 시기부터 최소한 19세기 중엽까지의 백년간 노동자들의 삶은 산업혁명 이전에 비해 결코 개선되지 않았다.

마르크스경제학은 19세기의 노동자계급이 처한 상태를 배경으로 탄생했다. 마르크스의 묘사에 따르면 산업혁명기의 노동자계급은 '빈곤, 노동의 고통, 노예상태, 무지, 거친 폭력, 도덕적 타락' 속에 방치되어 있었다. 노동자들은 하루 14-15시간의 장시간 노동과 심야노동에 시달렸다. 기계제 대공업에 의한 노동의 단순화는 숙련공들을 포함한 성년 남성들의 대규모 실업을 낳았고 부녀자와 아동들이 그 자리를 메워나갔다.

임금은 생존비에도 미치지 못하여 도시노동자 가족들은 만성적인 영양실조 상태였다. 노동자들의 주거지역인 도시의 빈민가는 기아와 질병의 고통 속에 있었다. 1830년대 말 맨체스터, 리버풀 등 영국 공업도시에 거주하는 노동자계급의 평균수명은 15-19세에 지나지 않았다.

1847년 간행된 『공산주의 원리Principles of communism』에서 엥겔스Friedrich Engels(1820-1895)는 프롤레타리아와 노예에 대해 다음과 같이 비교 설명하고 있다. "노예는 한번 팔리면 영원히 팔린다. 그러나 프롤레타리아는 날마다 시간마다 자신을 팔지 않으면 안 된다. 개별 노예는 특정한 한 주인의 재산이며, 따라서 그 처지가 아무리 비참하다 할지라도 노예의 생존은 이미 그 주인의 이해관계 덕택에 보장되어 있는 셈이다. 그런데 프롤레타리아 개개인은, 말하자면 부르주아 계급 전체의 재산인 셈이다. 따라서 그의 노동은 누군가가 그것을 요구하는 경우에만 팔릴 수 있으므로 그의 생존은 보장되어 있지 않다. 프롤레타리아 계급 전체로서의 생존만이 보장되어 있을 뿐이다. 노예는 경쟁의 밖에 있으나 프롤레타리아는 경쟁 속에 놓여 있으므로 경쟁의 모든 변동을 몸소 느낀다."

Friedrich Engels 24세 되던 해인 1844년 파리에서 마르크스와 만난 후 관포지교보다 더 아름다운 우정으로 평생을 함께 했다. 『자본론』을 비롯한 마르크스의 주요저작들의 대부분이 엥겔스에 의해 정리, 보완, 간행되었다. 그는 명실상부한 공산주의사상의 공동창시자였으나 그 모든 공로를 마르크스로 돌렸다.

마르크스는 노동자계급이 억압과 착취에서 해방되는 유일한 길은 자본주의의 타도에 있다고 생각했다. '사적 유물론historical materialism'을 통해 자본주의사회는 필연적으로 사회주의사회로 진보한다는 역사철학을 확립한 그는 정치경제학을 통해서 자본주의의 작동원리를 규명하고 그 소멸의 불가피성을 논증했다. 정치경제학은 그의 소위 '과학적 사회주의scientific socialism' 이론체계의 토대에 해당된다고 할 수 있다. 마르크스의 정치경제학은 영국 고전파 경제이론을 기반으로 하고 있다. 1844년 파리에서 집필한 『경제학 철학 수고Economic and Philosophical Manuscripts』는 그가 고전파의 핵심적인 내용들을 정확하게 이해하고 있음을 보여준다. 『수고』에서 그는 다음과 같이 말하고 있다.

"우리는 정치경제학의 전제들에서 출발하였다. 우리는 그 용어와 법칙들을 받아들였다. 우리는 사적소유, 노동, 자본, 토지의 분리, 마찬가지로, 임금, 이윤, 지대의 분리, 그리고 또한 분업, 경쟁, 교환가치 등의 개념들을 전제하였다. 이런 용어들을 사용하면서도 우리는 노동자가 상품으로 가장 비참한 상품으로 전락한다는 것, 노동자의 빈곤은 그의 생산의 힘과 크기에 반비례한다는 것, 경쟁의 필연적 결과는 소수의 수중으로 자본이 축적되고 그에 따라 더욱 무서운 독점의 재현이라는 것, 마지막으로 자본가와 지주의 구별은 농부와 매뉴팩쳐 노동자의 구별과 마찬가지로 소멸되고, 사회 전체가 유산자와 무산자라는 두 계급으로 분열될 수밖에 없다는 것을 보여줄 수 있다."

02 시장의 배후

앞에서도 본 것처럼 모든 교환은 교환 당사자 모두에게 유리하다. 자본주의 시장경제의 교환당사자인 소비자와 생산자는 교환을 통해 언제나 여분의 이익 즉 잉여를 획득한다. 사회적 총잉여는 균형가격에서 극대화되고, 그 균형가격은 수요와 공급의 법칙에 의해 결정된다. 교환의 시각에서 바라보면 자본주의 시장경제에서는 아무런 결점도 발견할 수 없는 것이다. 마르크스가 문제 삼는 노동자와 자본가의 관계도 노동과 임금의 교환관계로 설명된다. 더욱이 이들은 불가결한 생산요소의 소유자로서 생산과정에서 서로 의존하고 협력한다. 이처럼 시장경제체제에 대한 시장주의자들의 논의는 교환과정에 국한되어 있었고 그래서 시장이 자연처럼 완벽하다고 주장할 수 있었다.

그러나 상품은 생산되고 소유된 이후에야 교환되는 것이므로 자본주의에 대한 분석은 마땅히 자본주의적 생산과 소유의 영역으로 나아가야 한다. 자본주의의 정당성을 평가하기 위해서는 더욱 그렇다. 극단적으로 말해서 장물시장贓物市場에서도 교환은 도둑과 장물아비 모두에게 유리할 것이고, 장물의 수급에 의해 균형가격도 성립할 것이지만 장물시장을 정당하다고 말할 수는 없는 것이다. 시장주의자들은 상품의 형태로 시장에 나온 교환당사자들의 소유물에 대해서 '묻지도 따지지도' 않는다. 사적소유의 정당성이 흔들리면 교환의 정당성, 나아가서는 자본주의 시장경제의 정당성도 흔들리기 때문이다.

사적소유가 그들에게 논증을 필요로 하지 않는 것은 우선 생산수단을 비롯한 일체의 사유재산은 천부적이고 자연적인 권리에서 유래한다고 생각하기 때문이다. 또한 그들은 사적소유의 기원이 노동이라는, 즉 모든 사유재산이 땀 흘려 일한 결과라고 하는 존 로크John Locke(1632-1704)의 주장을 신봉하고 있다. 아담 스미스를 비롯한 고전파 학자들이 가치의 결정요인으로 노동을 쉽게 포기하지 못한 이유도 여기에 있다.

마르크스도 사적소유의 아득한 기원이 노동이라는 점을 부인하지 않는다. 그러나 그것은 원시사회에서나 가능했던, 하나마나한 이야기다. 최소한 인류의 역사가 계급사회로 진입한 이후의 대부분의 사적소유는 크고 작은 폭력에 의한 것이었다. 마르크스는 시장주의자들이 자신의 노동에 근거하는 사적소유와 그것과 극단적으로 대립하는 자본주의적 사적소유를 '편안하게' 혼동하고 있다고 힐난한다.

마르크스에 따르면 자본주의적 사적소유는 폭력에 의해 창출되었다. 자본의 원시적primitive 또는 본원적primary 축적으로 불리는 자본주의적 사적소유의 창출과정은 봉건농민으로부터 토지에 대한 권리를 박탈하는 과정이었다. 15세기부터 시작된 종획운동enclosure movement은 농민이 전통적으로 보유해 온 토지경작권을 강제적 방법으로 폐지하여 지주에게 토지에 대한 단일하고 배타적인 소유권을 부여했다. 토마스 모어Thomas More가 "양이 사람과 경지와 가옥을 먹어치운다"고 개탄한 이 비극적 과정을 통해 한편으로는 토지에 대한 자본주의적 사적소유가 창출되고 다른 한편에서는 장차 자본가에게 예속될 무산자계급이 광범위하게 형성되었다.

초기 단계의 자본 축적의 폭력성은 식민지로부터 부를 약탈하는 과정에서 더욱 적나라하게 나타난다. 중상주의시대부터 끊임없이 흘러든 식민지국가들의 금은과 자원과 노동력은 자본주의적 사적소유의 또 다른 원천이었던 것이다. 마르크스가 "자본은 머리에서 발끝까지 모든 털구멍에서 피와 오물을 뚝뚝 흘리면서 이 세상에 출현했다"고 말한 것은 이 때문이다.

폭력에 의해 창출된 자본주의적 사적소유는 자본주의적 생산과정에서의 착취exploitation를 통해 유지되고 확대된다. 시장주의자들의 '왈라스 모델'에서는 생산이 소비자를 위한 헌신이었지만 마르크스경제학에서의 생산과정은 자본에 의한 노동의 수탈과정에 지나지 않는다. 물론 여기에는 새로운 가치는 노동에 의해서만 창출된다는 노동가치설이 전제된다. 노동력만이 가치를 창출할 수 있기 때문에 노동자만이 가치를 전유할 수 있다는 주장은 확실히 이데올로기에 속한다. 그러나 이 전제는 사적소유로부터 생산물에 대한 권리가 발생한다는 전제보다는 더 자연에 가깝다. 설령 사적소유가 폭력이 아닌 노동에서 발생한 것이라 하더라도 과거노동이 현재노동을 착취할 수 있다는 논리는 결코 자연스럽게 이해되지 못한다.

위의 표식은 자본주의적 생산과정을 보여준다. 생산을 담당하는 산업

$$M \text{ ------- } C \begin{bmatrix} Pm \\ L \end{bmatrix} \text{ ------- } C' \text{ ------- } M'(=M+m)$$

자본가는 먼저 자신의 자본(M)으로 생산에 필요한 상품들(C)을 구매하는데, 그 상품들은 생산수단(Pm)과 노동력(L)으로 구성된다. 그는 이 두 생산요소를 결합하여 새로운 상품(C')을 만들고, 이를 판매함으로써 투자한 자본(M)을 회수하는 동시에 이윤(m)을 획득한다. 자본가가 획득한

이윤은 생산과정(C-C')에서 창출된 것이다. 등가교환의 원칙에 의해 유통과정 즉 구매(M-C)와 판매(C'-M')과정에서는 새로운 가치를 만들어내지 못하기 때문이다. 투자한 자본이 100이고 이윤이 30이라면 '100M - 100C - 130C' - 130M''으로 된다는 것이다. 그리고 생산에 투입된 두 요소 중에서 노동만이 새로운 가치 30을 만들어 낸다는 것이 노동가치론이다.

마르크스는 노동력의 구입에 투하된 자본을 자신의 가치를 증식시키는 자본이라는 의미에서 가변자본variable capital으로, 기계 · 설비 · 원료 등 생산수단에 투하된 자본을 그 반대의 의미에서 불변자본constant capital이라고 규정한다. 위의 예에서 100의 자본이 불변자본 70과 가변자본 30으로 구성되어 있다면 상품의 총가치 130W=70C+30V+30S로 표시될 수 있다. 여기서 70C+30V는 자본가가 투자하고 회수해 간 가치며, 30S는 노동자가 생산과정에서 창출한 가치 중에서 임금에 해당되는 가치 30을 제하고 남은, 즉 새롭게 창출한 가치다. 그리고 이것은 노동자가 자신이 받은 임금보다 더 많이 만들어낸 가치라는 의미에서 잉여가치surplus value로 불린다. 자본가는 이 잉여가치를 사적소유의 대가로서 혹은 자본투자의 과실로서 이윤이라는 이름으로 가져가는 것이다.

[그림 9.1]의 표식은 자본주의 사회가 유지되는, 즉 재생산되는 구조에

그림 9.1

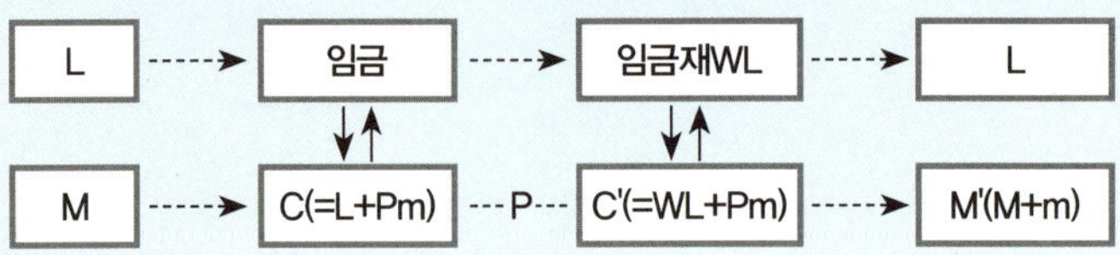

대한 마르크스의 설명을 단순화한 것이다. 이 표식을 통해서 쉽게 알 수 있는 것은 분배의 불평등 구조이다. 노동자는 노동력(L)으로 시작하여 노동력으로 귀결되지만, 자본가는 자본(M)으로 시작해서 거기에 잉여가치(m)가 추가된 더 많은 자본(M')으로 귀결되고 있다.

03 노동의 소외

그러나 마르크스가 말하는 자본주의의 부당성은 더 깊은 곳에 있다. 불공정한 분배구조보다 더 근원적인 부조리는 자본주의가 인간다운 삶을 원천적으로 봉쇄한다는 데 있다. 그리고 그 부조리는 자본주의적 생산과정에서 발생하는 '노동의 소외alienation'에서 유래한다. 노동에 국한해서 말하자면 소외란 노동자가 노동에 의해 지배당하는 것을 말한다. 노동이 그 행위주체인 노동자를 고통스럽게 하고, 노동의 결과물이 그것을 생산해 낸 노동자를 억압한다는 것이다. 이런 일이 어떻게 가능한가?

포에르바하L. Feuerbach(1804-1872)에 따르면 신은 인간의 창조물이다. 인간은 개별적으로는 미약하고 유한한 존재지만 유적類的 존재, 즉 인류라는 집합체로서의 인간은 모든 가능성을 다 포함하고 있는 무한한 존재다. 바로 이 유적 존재로서의 인간의 본질이 '진술되어' 나타난 것이 바로 신이다.

그런데 그 신을 중심으로 종교가 탄생하면 종교는 신과 인간을 분열시키고 대립시킨다. 인간의 본질을 신이 독점함으로써 인간은 그 반대의 속성을 자신의 본질로 왜곡당하여 유약하고 미천한 존재로서 자신이 만들어낸 신의 지배를 받게 된다. 이것이 포에르바하가 말하는 종교에 의한 인간소외다. 소외란 본래 하나였던 것이 분리(=외화)되어, 분리되어 나간 대상이 분리한 주체를 왜곡하고 지배하는 것을 말한다.

자본주의적 생산은 종교가 인간에게 행했던 일을 노동자에게 행한다. 자본주의적 생산에서의 가장 큰 특징은 노동력이 상품으로 팔려간다는 것이다. 그것은 노동자가 노동력 이외에는 팔 수 있는 것이 아무 것도 없다는 것, 노동력을 팔지 않으면 굶어죽는다는 것을 의미한다. 그리고 그것은 직접생산자를 생산수단으로부터 완전히 분리시켜 무산자proletariat로 만든 '원시적 축적'의 결과였다. 자본이 생산의 주체가 되고, 교환가치의 획득이 생산의 목표가 되고, 노동력이 상품으로 팔리는 자본주의적 생산에서 노동은 노동자에게 낯선 힘으로 다가온다.

소외된 노동의 첫 번째 현상은 노동의 결과물과 노동자의 대립이다. 소외되기 이전의 본연적 노동에서는 노동결과물은 당연히 노동자에게 속했으나 자본주의적 생산에서는 노동자가 생산한 상품이 자본가의 손으로 넘어간다. 그러나 자본가에게 넘어간다는 것은 크게 중요하지 않다. 중요한 것은 상품이 자본가의 수중에 들어가는 순간 노동자와 맞선다는 사실이다. 상품은 그것을 생산한 노동자에게 구매의 대상이 된다는 점에서, 상품을 구매하기 위해 더 많은 고통을 겪어야 한다는 점에서 상품은 노동자와 맞선다.

또한 상품은 자본가의 더 많은 자본이 되어 노동자를 억압하고 지배하는 무기로 된다는 점에서 노동자와 맞선다. 노동자가 상품을 많이 생산하면 할수록 더 많은 잉여가치가 생산되고, 더 많은 이윤이 자본가에게 넘어가 기술체제의 일신우일신日新又日新이 일어난다. 나날이 새로워지는 기술체제들은 노동자의 가치를 나날이 절하시킨다. 그래서 마르크스는 『수고』에서 이렇게 말한다. "노동자는 부를 많이 생산하면 할수록, 그의 생산의 힘과 범위가 증대될수록, 더욱더 가난해진다. 노동자가 상품을 더 많이 창조할수록 그는 더 값싼 상품이 된다."

노동소외의 두 번째 현상은 노동행위 그 자체에서 발생한다. 마르크스는 인간의 노동은 동물의 생산행위와 다르다는 것을 강조한다. 동물의 생산행위는 오로지 생존을 위한 것이고 그 방법은 자연에 의해 이미 정해져 있다. 꿀벌이 아무리 정교한 집을 짓는다고 해도 꿀벌의 생산은 생존과 자연에서 벗어나지 못한다. 그러나 인간의 노동은 생존을 위한 것만이 아니라 자신을 실현하는 방법이다. 인간은 노동을 통해 자신을 자유롭게 표현하고 그 표현을 통해서 자신을 확인한다. 인간만이 창조적이고 미적美的 생산이 가능한 것은 인간만이 자연을 파악하고 변경하는 능력을 가지고 있기 때문이다. 따라서 노동은 인간의 생명활동 그 자체이며 인간은 노동을 통해서 삶의 기쁨을 느낀다. 본연의 노동이 그랬다는 것이다.

그렇다면 지금의 노동은 어떤가? 자본에 의해 소외된 노동에서는 자기실현을 찾아볼 수 없다. 노동은 단지 생존수단일 뿐이다. 그렇다면 그것은 노동이 아니라 동물적 생산이다. 동물이 자연의 지시에 순응하여 생산하는 것처럼 노동자들은 자본의 지시에 의하여, 자본이 결정한 생산 대상을 자본이 결정한 방법으로 생산한다.

인간은 동물이 아니므로 동물적 생산에서, 동물이 되어야 하는 노동에서 고통을 느낀다. 고통스럽기 때문에 노동자들은 노동을 부정하고 자신을 부정하고 인간을 부정한다. 인간이 고통을 느끼지 않는 것은 휴식시간이다. 휴식시간에야 비로소 인간은 자유와 기쁨을, 자기 자신을 되찾는다. 그러나 그 시간은 (19세기 노동자들의 경우에는 더욱) 짧다. 그 시간에 할 수 있는 일이라고는 '먹고 마시고 생식하는' 것들, 동물적인 일들뿐이다. 그래서 마르크스는 이렇게 말한다. "동물적인 것이 인간적인 것으로, 인간적인 것이 동물적인 것으로 된다."

위의 두 가지 소외는 인간의 본질 혹은 본성으로부터 인간을 분리시키는 세 번째 소외를 낳는다. 자본에 의해 동물적 생산을 끝없이 반복하는 과정을 통해서 인간은 동물과 구분되는 인간 고유의 본성에서 멀어져 그것을 낯설게 느끼게 된다. 또한 인간에 내재된 정신적 육체적 모든 능력들이 오로지 생존수단으로서만 기능하게 된다. 인간 본질로부터의 인간의 소외는 필연적으로 인간과 인간을 분리시키는 네 번째 소외로 이어진다. 왜냐하면 인간이 그 자신의 본질과 대립한다는 것은 그 본질을 공유한 다른 인간들과 대립한다는 것을 의미하기 때문이다. 자신에게 일어난 일들, 즉 위에서 살펴본 세 가지 소외가 다른 사람들에게도 나타나는 것으로 인식함으로써, 자신과 마찬가지로 모든 인간은 팔려가는 상품이며, 생존을 위해 살아가는 동물로 파악되며, 그리하여 마침내 서로가 서로의 생존수단으로 되는 것이다.

소외의 해소는 분리된 대상과 분리한 주체의 결합을 통해서 이루어진다. 노동의 소외는 노동자와 대립한 노동이 노동자와 일체화됨으로써, 노동자가 본연의 노동을 회복함으로써, 우리의 삶이 동물이 아닌 인간의 본질을 획득함으로써 해소된다. 그리고 그것은 자본주의적 생산방식과 자본주의적 사적소유, 자본주의체제의 폐절을 통해서만 가능하다. 불공정한 분배만을 가지고 자본주의를 문제 삼는 것은 자본주의의 부당성을 과소평가하는 것이다.

04 공황의 필연성

이미 본 것처럼 마르크스는 자본주의 시장경제의 안정성도 전면적으로 부정한다. 그는 안정론자들의 근거인 '세이의 법칙'을 '어린애 옹알이 childish babble' 같은 소리라고 조롱하면서 공급이 수요를 창출하는 것은 물물경제에서나 가능하다고 말한다. Ca-Cb의 형태를 띠는 물물교환에서는 판매가 곧 구매며 공급이 곧 수요이기 때문이다. 그러나 화폐경제의 기반 위에 있는 시장경제에서는 화폐가 Ca-M-Cb의 형태로 교환과정에 개입하여 판매(Ca-M)와 구매(M-Cb)가 시간적 공간적으로 분리된다. 수급의 불일치가 얼마든지 일어날 수 있는 것이다. 화폐가 축장hoarding수단으로 기능할 경우, 판매를 통해 획득된 화폐는 교환과정에서 이탈하여 판매자의 수중에 머물게 됨으로써 '화폐이탈→상품가격하락→생산 감소→불황'으로 이어질 수 있다. 또 화폐가 지불수단으로 기능할 경우, 외상으로 상품을 구매한 사람이 정해진 기일까지 그 대금을 지불하지 못하면 '주요 채무자의 채무 불이행→신용제도 혼란→화폐수요 증가→상품가격하락→공황'의 가능성이 발생한다.

Rosa Luxemburg(1871-1919)는 마르크스 사후 전개된 사회주의 진영의 공황논쟁에서 일관되게 과소소비론을 주장했다. 그녀에 의하면 과소소비에 의한 공황을 막기 위해 자본주의는 끊임없이 외부시장을 필요로 하고 그 결과 자본주의는 제국주의로 변모할 수밖에 없다. 마르크스 이후 최고의 지성으로 평가받는 그녀는 사회주의 우파에 의해 암살되었다.

시장경제의 가장 중요한 특징인 무정부적 생산 역시 수급의 불일치를 가져올 수 있다. 생산이 사적인 이윤동기에 맡겨져 있기 때문에 해마다 일부 농산물에서 나타나는 것처럼 과잉생산은 언제든지 발생할 수 있는 것이다. 마르크스는 과소소비underconsumption에 대해서도 언급한다. 앞에서 본 것처럼 자본제적 생산에서 노동자는 언제나 자신이 창출한 가치보다 적게 가져가기 때문에 적게 소비할 수밖에 없다. 그런데 그 반대편에서 자본가들은 자본규모와 생산능력을 끊임없이 증대시키므로 수급불일치의 가능성이 상존하게 된다는 것이다. 마르크스는 『자본론(3권)』에서 이렇게 말한다. "언제나 모든 현실적 공황의 궁극적 원인은 생산력을 발달시키려는 자본주의적 생산의 충동…에 대한 대중의 궁핍과 제한된 소비에 있다."

그러나 지금까지 나열한 것들은 자본주의 시장경제가 내포하고 있는 공황의 가능성에 지나지 않는다. 공황의 보다 직접적이고 필연적인 원인은 자본의 축적과정에서 발생한다. 축적accumulation은 이윤을 자본으로 전환하는 것이다. 자본가들은 자신이 획득한 이윤을 끊임없이 자본으로 전환하여 자본규모를 확대한다. 자본가들의 목표는 처음부터 사용가치가 아니라 교환가치의 획득에 있고, 교환가치의 추구에는 한계가 없다. 확대된 자본으로 자본가들은 더 많은 이윤을 창출하고 자본가들 사이의 경쟁에서 이기기 위해 새로운 기술체제를 도입한다. 그리고 새로운 기술체제는 노동절약적 또는 자본집약적 성격을 띠게 되는데 그 이유는 노동자들의 저항을 무력화시키고 보다 강력하게 장악하기 위해서다.

다시 말해서 자본축적은 불변자본의 비율(=C/V) 또는 '자본의 유기적 구성'을 높이는 방향으로 이루어진다는 것이다. 그렇게 함으로써 자본가들은 노동자에 대한 통제를 강화하고 실업자들을 양산하여 더욱 유리한 자본축적의 조건을 마련하지만 다른 한편으로는 이윤율의 저하에 직면하게 된다. 유기적 구성의 고도화가 장기적으로 이윤율의 저하를 가져오는 것은 간단한 수식을 통해 입증된다.

이윤율, r = S/K (S = 잉여가치, K = 투하자본량)
r = S/(C+V) (∵ K = C+V)

우변을 V로 나누면
r = (S/V)/(1+C/V)

여기서 잉여가치율(S/V)이 고정되어 있다고 가정하면, 우변 분모의 C/V, 즉 유기적 구성이 높아질수록 이윤율(r)은 하락하게 되는 것이다.

'자본축적→유기적 구성의 고도화→이윤율의 저하'는 자본주의적 생산의 필연적 과정이며 자본축적의 내재적 모순이다. 이윤율의 저하가 일정한 수준에 도달하면 자본은 생산을 감축할 수밖에 없고, 결국 공황으로 나아가게 되는 것이다.

마르크스는 축적과정에서 발생하는 소비재부문과 생산재부문 간의 불균형도 공황을 가져올 수 있다고 지적한다. 초과공급이 발생하지 않으려면 소비재와 생산재가 모두 소비되어야 한다. 다시 말해서 소비재부문에서 다 소비하지 못한 소비재를 생산재부문에서 소비해 주고, 생산재부문에서 소비하고 남은 생산재를 소비재 부문에서 소비해야 한다. 즉 '소비재부문의 생산재 수요'와 '생산재부문의 소비재 수요'가 일치해야 한다는 것이다. 그런데 이 조건을 충족하기가 쉽지 않다. 마르크스는 일반적으로 생산재부문에서의 유기적 구성(C/V)이 소비재부문에서보다 더 가파르게 높아지기 때문에, 자본주의적 확대재생산이 거듭될수록 '생산재부문의 소비재 수요'는 '소비재부문의 생산재 수요'를 따라잡을 수 없게 된다고 주장한다. 이 '불비례설disproportionality thesis'은 마르크스 사후 '과소소비론'과 함께 공황논쟁의 한 축을 이루게 된다.

파멸적인 최후의 공황이 오기 전까지 공황은 주기적으로 발생하여 자본주의적 생산의 모순들을 주기적으로 정비한다. 고전자본주의가 독점자본주의로 이행한 것도 공황이 자본을 갱신하고 재편성한 결과였다. 공황을 통해 약소자본이 도태되고 대자본이 성립함으로써 자본축적의 새로운 기반이 구축된 것이다. 그리고 독점자본주의는 1929년의 대공황을 통해서 국가독점자본주의state monopoly capitalism로 이행했다. 마르크스경제학을 신봉하는 사람들은 지금의 국가독점자본주의가 자본주의의 최후 단계라는 믿음을 버리지 않고 있다.

『공산당선언』은 다음과 같이 말하고 있다. "이러한 공황에서는 기존 생산물뿐 아니라 이전에 창조된 생산력의 거의 대부분이 주기적으로 파괴된다. 또한…… 과잉 생산의 전염병이 번지게 된다…… 사회의 수중에 있는 생산력은 더 이상 부르주아적 소유조건을 더 한층 발전시키는 데로 향하지 않는다. 그렇다면 부르주아지는 어떻게 이러한 공황을 극복하는가? 한편으로는 거대한 생산력을 어쩔 수 없이 파괴하고 다른 한편으로는 새로운 시장을 확대하면서 기존의 시장을 보다 더 철저하게 착취하는 방법으로 극복한다. 그러면 결국 어떻게 되는가? 더 광범위하고 더욱 파괴적인 공황을 준비하게 되며, 공황을 예방할 수단도 감소시키게 된다."

제10장

대량생산–대량소비

"인류역사의 전 과정에서 빈곤은 법칙이었고 풍요는 예외였다. 과거에는 지배계급이 부유하고 사치스럽게 살면 그 사회를 풍족하다고 했다. 그 때는 부유한 나라라 할지라도 국민 대다수는 단지 생존을 위해 고투해야 했다. 그러나 오늘날 이 나라에서는 국민의 전부는 아니지만 대다수에게 기본수준의 의식주가 보장되어 있다. 뿐만 아니라 과거에는 사치에 속했던 주택소유권, 내구재, 여행, 여가, 그리고 여흥이 더 이상 소수에게 제한되어 있지 않다. 대중의 대다수가 이 모든 것들을 즐기는데 동참하고 있으며, 그것들에 대한 수요의 대부분을 차지하고 있다."

1964년 간행된 『대중소비사회The mass consumption society』에서 카토나G. Katona는 자기 시대가 누리고 있는 물질적 풍요에 대해 큰 찬사를 보내고 있다. 그는 1950년대부터 미국에서는 '대중소비사회라고 하는 인류역사상 새롭고도 진기한 현상'이 나타났다고 말한다. 경제사학자 로스토우W. W. Rostow 역시 미국을 비롯한 서방국가들이 이 시기에 경제성장의 최종 단계인 '고도대중소비사회'에 진입했다고 주장한다. 그에 따르면 고도대중소비단계는 '소비수준이 의식주의 개선이라는 차원을 넘어 내구재와 서비스가 대중소비에까지 파급되는 단계'이며, 사회적 관심이 '공급에서 수요로, 생산문제에서 소비문제로 옮겨간 시대'다.

01 자본주의의 황금기

제2차 세계대전 이후 미국을 비롯한 서방국가들이 '큰 정부'를 지향하게 된 것은 그들이 직면한 과제들이 정부의 계획 또는 개입 없이는 풀 수 없는 것들이었기 때문이다. 당면과제인 전후복구사업만 하더라도 정부 수준의 종합적인 계획planning과 막대한 재정을 필요로 하는 것이었고, 대공황과 같은 위기가 재연되지 않도록 하기 위해서는 시장에 대한 정부의 적극적인 개입intervention이 불가피했던 것이다. 두 차례에 걸친 세계대전과 대공황의 궁극적인 진원지가 시장이었고, 이미 20세기 초기부터 정부가 어떤 형태로든 시장의 불안정성을 보완해야 한다는 논의가 제기되어 왔다. 개입의 수준이나 방법에는 차이가 있었지만 보수파들도 정부의 시장 개입 자체에 대해서는 크게 반발할 수 없었다.

서방국가들이 '큰 정부'로 나아가게 된 더욱 중요한 배경은 서민대중의 민주적 요구였다. 노동자계급을 비롯한 서민대중은 경제적으로는 여전히 빈곤했지만 20세기 전반의 격동기를 거치면서 정치적, 사회적으로 결코 무시할 수 없는 영향력을 보유하고 있었다. 그들은 참전용사였고, 투표권자였으며, 구매자였기 때문에 정치지도자들은 더 이상 그들의 요구를 외면할 수 없었던 것이다. 민주적 요구의 핵심인 노동자들의 권익 향상과 빈곤계층에 대한 복지의 확대는 케인즈 노선과는 부합하는 것이었지만 보수파들에게는 명백히 '사회주의적' 발상이었다. 그들에게 노동조합은 시장 질서를 교란시키고 경제위기를 가져오는 주범이었고, 복지는 자유주의의 원칙에 반反하여 시장 경쟁의 결과를 수정하는 행위였기 때문이다.

서방국가들이 서민대중의 민주적 요구를 일정 수준 수용할 수밖에 없었던 또 다른 배경은 종전終戰과 함께 수립된 냉전체제였다. 세계의 1/4에 해당되는 국가들이 소련을 정점으로 하는 사회주의권에 편입됨으로써 동서 양 진영 사이의 체제경쟁이 불가피하게 되었던 것이다. 체제경쟁은 한편으로는 대대적인 군비증강을 가져왔고, 다른 한편으로는 체제의 우월성을 과시하기 위한 각종 복지정책들을 낳았다. 보수파들의 반대에도 불구하고 사회복지의 확대는 체제경쟁, 사회안정화, 유효수요의 창출 등 전후 서방국가들이 직면한 핵심적인 과제들을 모두 함축하는 것이었다. 그리고 경제학에서는 케인즈경제학이 전후의 과제들을 모두 함축하고 있었다.

스탈린 치하의 소련이 거둔 비약적인 공업성장은 서방국가들을 긴장시켰다. 소련은 제2차 경제계획이 종료된 1938년에 이미 미국에 이어 세계 2위의 공업국으로 성장했다. 쿠시넨(Kussinen)에 의하면 미국이 1890년부터 40년에 걸쳐 이룩한 공업화를 소련은 10년 만에 달성한 것이었다. 사진은 레닌(왼쪽)과 스탈린.

제2차 세계대전 이후 1970년대 초반까지의 약 30년간 선진자본주의 국가들은 비약적인 경제성장을 실현했다. 사회주의국가들의 성공적 경제성장은 전쟁 이전부터 진행되어 온 것이었지만 서방국가들이 이룩한 경제적 번영은 그 속도와 크기에서 아무도 예측하지 못한 수준이었다. 'My home, My car'로 집약되는 이 시기의 물질적 풍요의 가장 큰 특징은 일반대중이 소비의 주체로 부상했다는 점이다. 대중소비의 역사는 담배, 커피, 설탕을 보급시킨 상업혁명의 시대로까지 거슬러 올라가고 산업혁명 역시 대중소비의 확대에 크게 기여했지만 자동차, 가전제품, 가구 등의 내구재durable goods까지 대중의 소비 영역에 포함된 것은 이 시기부터였다.

'요람에서 무덤까지From the cradle to the grave'라는 슬로건을 내걸고 출범한 전후의 서방국가들은 자본주의경제의 장기적 성장률인 연평균 2-3%를 훨씬 초과하는 5-6%의 고도성장을 실현했다. 그 결과 주요 선진 자본주의 국가들의 국내총생산(GDP)의 합계는 1958년 8천2백억 달러에서 1977년에는 4조9천3백50억 달러에 이르렀고, 1인당 국민소득 역시 1천3백60달러에서 5천5백30달러로 증가했다.

표 10.1 • 주요 자본주의국의 경제성장률(연평균, %)

	일본	미국	영국	프랑스	서독	이탈리아	캐나다
1950-60	8.2	3.2	2.8	4.8	7.7	5.5	3.9
1960-73	10.5	3.9	3.2	5.7	4.8	5.2	5.4

자료 : UNCTAD, Handbook of International Trade and Development Statistics, 1976 및 Economic Report of the President, 1980. 木下悅二, 現代資本主義の世界體制, 40쪽에서 재인용

전후 세계자본주의가 이처럼 장기적인 안정과 고속성장을 실현할 수 있었던 가장 큰 요인은 역시 정부의 적극적인 개입이었다. 자유주의적 관점에서 보자면 정부의 개입은 전후복구와 함께 종식되어야 했지만, 미국을 포함한 서방국가들은 1950년대 이후에도 막대한 정부지출을 통해 시장의 한계와 실패에 적극적으로 대처해 나갔다. 이 기간 동안 서방국가들은 GNP의 16-18% 수준에 이르는 재정을 동원하여 사회간접자본의 확충, 국민교육 확대, 지역 및 계층 간의 경제적 불균형 시정, 전략산업의 육성과 지원 등 민간부문에서 수용할 수 없는 대규모 프로젝트들을 수행했다.

1960년대의 미국정부의 '계획'은 경제영역을 넘어 사회를 개혁하고 국가의 미래를 종합적으로 디자인하는 수준으로 발전했다. 케인즈주의자

들에 의해 추진된 케네디J. F. Kennedy의 '뉴프런티어New Frontier'와 이를 계승한 존슨L. B. Johnson의 '위대한 사회Great Society' 계획은 인권의 개선을 비롯한 미국 민주주의 발전의 초석이 되었던 것이다.

'계획'보다 더 '사회주의'적인 조치는 주요산업의 국유화였다. 전후 서방국가들은 철도, 우편, 전신 등 공공성이 강한 산업과 재정수입을 늘릴 수 있는 산업들을 국유화하여 이들을 직접적으로 통제하기 시작했다. 그것은 정부가 국가의 핵심적인 생산영역을 장악하여 사회적 총자본의 축적과정에 기여하기 위한 것이었다.

기간산업을 국유화할 경우 정부는 각 기업들에게 원료, 반제품, 서비스를 저렴하고 안정적으로 공급할 수 있고, 정부재정으로 신기술을 개발하여 이를 민간 기업에 이전시킬 수도 있었던 것이다. 전통적으로 사회주의적 성향이 강한 프랑스는 전쟁 직후부터 기간산업과 주요 금융기관을 국가 관리로 재편하고, 1947년부터는 모네플랜Monet Plan을 통해서 국가계획에 의한 경제성장을 추진해 나갔다.

정부의 개입은 호황과 불황을 반복하는 경기순환의 불안정을 억제하기 위한 반순환정책anticyclical policy 또는 총수요관리정책으로 대표된다. 재정수입의 상당 부분을 누진성이 강한 소득세와 법인세에 의존하고, 재정지출의 대부분이 사회적 이전지출로 구성되는 정부의 재정구조 자체가 반순환을 지향하고 있는 것이다. 이러한 재정구조를 바탕으로 정부는 다양한 정책수단을 동원하여 호황기에는 세입을 늘리는 흑자재정, 불황기에는 유효수요의 창출을 위한 적자재정을 구사함으로써 과잉생산에 의한 경기침체를 사전에 차단하거나 완화할 수 있었던 것이다.

표 10.2 • 자본주의 황금기의 미국의 실업률

년도	55	57	59	61	63	65	67	69	71	73
%	4.37	4.30	5.45	6.69	5.64	4.51	3.84	3.49	5.95	4.85

출처 : J.E.C., Stagflation, 1979, 124쪽

'자본주의의 황금기the golden age of capitalism'로 불리는 전후 30년은 시장이 아닌 정부에 의해 주도되었고, "We are all Keynesians now"라는 닉슨R. Nixon대통령의 말처럼 전후 자본주의 정부는 케인즈주의자들이 주도하고 있었다. 그러나 이 시기의 경제적 번영을 집약하는 '대량생산-대량소비체제'는 케인즈경제학이 공식화되기 이전인 20세기 초기부터 자본주의적 생산과정 내부에서 이미 그 모습을 드러내고 있었다. 전후 자본주의는 케인즈에 의해 만들어진 것이 아니라 자본주의 발전의 필연적 귀결이었던 것이다. 마르크스경제학자들에 따르면 자본주의는 19세기 후반기에 고전자본주의에서 독점자본주의 단계로 이행했고 1930년대부터는 국가독점자본주의state-monopoly capitalism 단계로 진입했다.

02 테일러-포드시스템

대량생산의 기반인 독점체제는 19세기 말의 공황을 거치면서 주로 독일과 미국을 중심으로 성립했다. 1870년대 이후에 발생한 세 차례의 세계적 공황(1873, 1882, 1890)은 그 이전과는 달리 침체기간이 상대적으로 길었고 호황국면은 극히 짧고 미약했기 때문에 대불황Great depression으로 불린다. 이 대불황은 1850년대 이후 제철, 전신, 화학 분야를 중심으로 이루어진 과학기술의 혁신(=제2의 산업혁명)과 1872년 이전까지 수년간 지속된 대호황으로 각 기업들이 기계 설비를 대폭 교체하고 확충하는 등 고정자본을 급격히 늘린 결과였다. 독점체제는 이 대불황에서 살아남은 소수 기업

들과 화폐자본가들이 도태한 약소기업들을 흡수 병합함으로써 성립하게 된 것이었다.

끊임없는 시장경쟁과 주기적인 불황을 거치는 과정에서 대규모 생산능력을 확보한 독점자본은 노동에 대해서도 대량생산에 조응할 수 있는 변모를 요구했다. 그리고 그것은 대량생산의 기초인 상품의 표준화를 노동과정에 관철시키는 방법으로 나타났다. 19세기 전반기부터 미국에서 발전한 공업생산에서의 표준화는 '미국식 제조방식American system of manufacturing'의 중요한 특징으로 총기류, 시계, 자물쇠 등에서 나타났다. 표준화는 부품의 호환성互換性을 보장함으로써 조립생산의 효율성을 높였고, 공업생산의 대형화에 크게 기여했다. 그러나 19세기의 미국식 표준화는 노동과정으로까지는 진전하지 않았다.

엔지니어 출신의 철강회사 작업감독관 테일러F. W. Taylor(1856-1915)는 생산은 인간의 판단에 의해서가 아니라 보편적이고 자연적인 법칙universal and natural laws에 의해 이뤄져야 한다는 신념을 가지고 있었다. 그는 '과거에는 사람이 우선이었으나 미래에는 시스템이 우선이 될 것'이라고 말하고 있다. 그는 1911년 발표한 『과학적 관리법scientific management』에서 작업장에서 낭비, 낮은 생산성, 게으름, 노동자와 관리자 사이의 적대관계 등의 병폐가 사라지지 않는 이유는 조직과 생산방법이 잘못되었기 때문이라고 주장하고, '보편적이고 자연적인 법칙'에 근거한 새로운 공장관리법을 제시했다.

그는 먼저 작업과정을 극단적으로 세분했다. 숙련노동을 해체하여 일련의 단순노동으로 재구성하는 것은 물론

Frederick Winslow Taylor 그가 스톱워치로 잰 결과에 따르면 서랍을 여닫는 데 0.04분, 의자에 앉는 데 0.033분, 회전의자를 돌리는 데는 0.009분이었다.

포드주의(Fordism)는 생산공정의 극단적 분화를 통해 노동을 단순화시키고, 작업속도를 기계의 속도에 맞춤으로써 노동자들을 '과학적으로' 통제할 수 있었다. 사진은 영화 '모던타임스(Modern Times)'의 배경이 된 포드자동차의 조립공정. 〈출처 : Wikipedia〉

이고, 단순노동이라 할지라도 연결이 끊어지는 작업은 분할했다. 가령 '닦고, 기름 치고, 조이는' 과정은 서로 단절되는 세 개의 작업으로 구성되어 있고, 그 사이에 불필요한 동작들이 들어가기 때문에 이 과정을 닦는 작업, 기름 치는 작업, 조이는 과정의 셋으로 나눠서 노동자 세 명에게 배분해야 한다는 것이었다. 이어서 테일러는 소위 '시간-동작 연구time-motion study를 통해 각 작업에 꼭 필요한 동작들만을 추려내서 숙련공을 기준으로 그 동작 하나하나에 소요되는 시간을 초秒 단위로 산출했다. 그리고 이를 기초로 노동자 1인당 표준생산량을 산정하여, 생산량의 다소에 따라 임금을 차등 지급토록 했다. 그가 공장관리의 과제로 제시했던 인센티브의 제공이란 노동자들 사이의 경쟁을 유도하는 성과급piece-rate을 의미한 것이었다.

테일러주의의 핵심은 인간노동을 기계노동으로 전환시키고 노동자들 사이의 경쟁을 유도하여 생산성을 높이는 데 있었다. 그때까지 생산과정에서 큰 역할을 담당했던 숙련노동은 추방되었고, 기계가 중심이 된 생산과정에서 노동자들은 '작업지시서'에 따라 기계동작을 보조하는 아주 단순한 작업을 끝없이 반복해야 했다.

테일러의 '과학적 관리법'에 유일하게 남아 있는 인간적 요소는 노동자 상호간의 경쟁심이었다. 그리고 이 경쟁심은 노동을 더욱 기계에 종속시킴으로써 자본가들은 노동자통제와 생산성 증대라는 숙원을 해결할 수 있었다. 19세기 말부터 대형공장을 중심으로 급속히 보급된 테일러주의는 선진자본주의의 생산과정에 대량생산의 기초인 '3S' 즉 표준화standardization, 단순화simplification, 전문화specialization'를 정착시켜 나갔다.

주로 부품생산 공정에 적용되었던 테일러주의는 조립공정을 혁신한 포드의 컨베이어벨트 시스템과 결합하면서 대량생산의 기반인 테일러-포드시스템Taylor-Ford system으로 완성된다. 우리에게 '자동차 왕'으로 알려져 있는 포드H. Ford(1863-1947)는 1913년 자동차 조립공정에 컨베이어시스템 즉 이동조립법을 도입한다. 그 이전까지 사용된 정지조립법에서는 작업 대상물이 한 곳에 정지되어 있고 작업이 다음 단계로 넘어갈 때마다 작업자가 필요한 부품과 공구들을 준비해서 가져와야 했다.

'My car' 시대의 주역인 Henry Ford
그가 피력한 기업경영의 원칙들 가운데는 맹목적인 이윤 추구를 비판하는 내용들이 적지 않다. 그에 따르면 생산자의 유일한 목표는 '가능한 가장 적은 비용과 가장 높은 임금으로 가장 좋은 품질의 제품을 만드는 것'이 되어야 한다. 또한 그는 성공의 비결은 '다른 사람의 시각에서 사물을 바라볼 줄 아는 능력'에 있다고도 했다.

포드는 이 시간이 불필요하게 길고, 이 이동시간에 노동자들이 해이해지기 쉽다는 것을 발견했던 것이다. 이동조립법에서는 노동자들은 작업에 필요한 부품들을 소지한 채 한 곳에 고정되어 있고, 작업 대상물이 컨베이어 벨트에 의해 일정한 간격으로 노동자 앞으로 이동된다. 이 방법은 작업시간을 크게 단축시킬 뿐만 아니라 작업속도를 맞추지 못할 경우 그 노동자 앞에 작업 대상물이 정체되기 때문에 노동자들의 집중력을 강화하는 효과를 발휘한다.

3S에 입각한 포드의 방법은 자동차 한 대를 조립하는데 93분밖에 걸리지 않는 생산의 혁신을 가져왔고 이는 자동차의 대량생산과 자동차 가격의 대폭적인 인하로 귀결되었다. 당시 경쟁사들의 자동차 가격이 2천-3천 달러 수준이었는데 포드자동차가 생산한 T-model은 그 1/3에 해당되는 850달러로 출시됐다. 이 가격조차 점차 인하되

어 1920년대에는 현재가치로 3천3백 달러 정도에 해당되는 3백 달러에 판매되었다.

1908년부터 1927년까지 총 1천5백만대 이상 팔려나간 포드의 T-model은 '미국을 바퀴 위에 올려놓았다put America on wheels'고 평가되었으며, 자동차를 상류층의 사치품에서 중산층의 필수품으로 자리잡게 한 계기였다.

테일러주의와 마찬가지로 포드주의Fordism는 대량생산체제에 조응하는 노동통제로서의 성격을 갖는다. 컨베이어 시스템에 의해 노동자들을 기술적으로 장악한 포드는 기업경영에서는 '당근과 채찍'의 방법을 구사했다. 그는 기업의 경영목표는 사회봉사에 있다고 선언하고 'low price, high pay' 즉 자동차는 싸게 팔아 소비자들에게 봉사하고, 임금은 높게 지불하여 노동자들에게 봉사한다는 원칙을 천명했다.

실제로 그는 9시간 노동에 2.83달러였던 포드자동차의 기본임금을 1911년 8시간 노동에 5달러로 파격적으로 인상했다. 그 결과 포드자동차에서는 노동조건이 전반적으로 악화되었음에도 불구하고 결근율과 이직률이 크게 줄어들었다.

그러나 포드는 노동조합과 특히 그 지도자들에 대해서는 극도로 적대적이었다. 그는 자신이 높은 임금을 지불하는 이상 노동조합은 불필요하다고 생각했다. 한국최고의 기업이라는 삼성의 태도 같은 것이다. 그는 노조설립을 원천적으로 봉쇄하기 위해 공장에 수많은 스파이를 심어 두었으며, 노동자들의 쟁의에 대비하기 위해 폭력배들로 구성된 구사대를 운영했다.

1937년 자동차노동자연맹UAW의 조직원들이 포드의 자동차공장으로 몰려들어 기습시위를 벌이자 포드는 구사대를 동원하여 연맹의 지도자들에게 무차별적인 폭력을 휘둘렀다. '고가도로 전투battle of the overpass'로 불리는 이 사건으로 포드의 명예가 크게 실추되었지만 그는 1941년에 가서야 노동조합을 인정했다.

03 대중소비사회에 대한 저항

케인즈경제학은 대량생산-대량소비체제에 부응하는 경제학이다. 테일러-포드시스템이 생산의 영역에서 대량생산체제를 구축했다면 케인즈경제학은 소비의 영역에서 대량소비의 기반인 유효수요 창출을 제도적으로 확보했던 것이다. 그의 노자타협주의를 '사회주의'로 매도한 신고전파 시장주의자들은 노동자들의 임금 상승이 대량생산체제를 유지 발전시키는데 불가결한 요소라는 사실을 깨닫지 못했다. 그들은 시장현상에 대한 분석에만 몰두한 나머지 자본주의적 생산의 진화과정에 대한 이해에서는 테일러나 포드보다도 시대착오적이었다.

케인즈의 노자타협주의는 사회주의가 아니라 테일러-포드시스템에 내장된 노동자통제를 제도화한 것에 지나지 않는다. 케인즈가 포드보다 더 타협적이었다고 하더라도 그들의 본질적 동일성에는 변함이 없는 것이다.

그림 10.1 • 대중소비사회의 구조

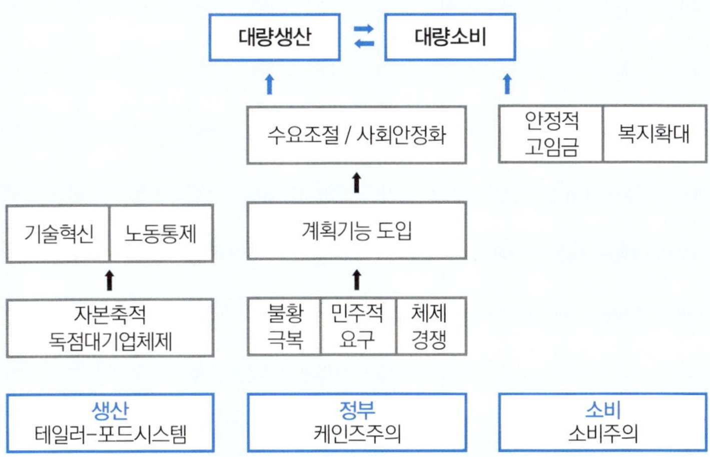

대중소비단계의 인간은 두 개의 얼굴을 갖는다. 하나는 대량소비의 주체로서 물질적 풍요를 마음껏 구가하는 행복한 얼굴이고 다른 하나는 대량생산체제의 객체로서 기계화된 노동에 종사하는 불행한 얼굴이다. 그러나 이 두 개의 얼굴은 독점자본의 이윤창출을 위한 새로운 축적구조 속에서 하나로 통합된다. 따라서 행복한 얼굴이든 불행한 얼굴이든 대중소비단계의 인간은 본질적으로 자본에 지배당하는 물화物化된 인간이다. '나는 쇼핑한다, 고로 존재한다'는 크루거의 냉소처럼 대중소비사회에서 인간의 실존은 인간 자신에 의해서가 아니라 물질에 의존해서만 확인될 수 있다. 소비주의와 그것을 둘러싼 감각적 쾌락의 체제는 인간의 노동을 기계에 종속시킨 자본주의적 생산과정의 또 다른 표현인 것이다.

테일러는 그것을 '보편적이고 자연적인 법칙'이라고 주장했지만, 마르크스의 관점에서 보면 그것은 인간노동이 동물노동으로, 다시 기계노동으로 전락하는 노동소외의 극단적 형태다. 포드는 "네가 가진 것이 무엇이든 사용하지 않으면 잃어버린다.Whatever you have, you must either use or lose"는 명언을 남겼다. 그러나 그가 구축한 기계노동체제 하에서 인간은 천부적으로 타고난 노동능력의 대부분을 상실해 버렸다. 케인즈는 자본주의란 '인간의 가장 사악한 속성이 모든 사람을 위해 가장 좋은 일을 한다는 경이로운 믿음'이라고 말했지만, 과연 물질만능주의와 소비주의가 모든 사람에게 최선인지는 장담할 수 없다.

대량생산-대량소비체제에 대한 저항운동은 1960년대 중반부터 젊은 세대를 중심으로 전개됐다. 미국에서 발생하여 유럽으로 확산된 히피Hippie족은 미국식 가치관과 생활방식의 모든 것을 부정하는 일종의 니힐리스트Nihilist들이었다. 그들의 대부분은 물질적 풍요를 외면하고 거지처럼 살았으며, 기계적 규율을 박차고 나와 개인적 자유를 극단적으로 추구했고, 단절된 인간관계를 회복하기 위해 공동체적 삶을 추구했다. 짐 모리슨Jim Morrison의 말처럼 그들은 '혁명, 무질서, 혼돈, 특히 아무 의미도 없는 것처럼 보이는 행동'에 대해 관심을 보였다. 그들은 프리섹스나 마리화나 흡입 등 반사회적 행위들도 서슴지 않았지만 그들이 행한 모든 이탈들이 지향했던 것은 인간의 회복이었다. 1963년 발표된 밥 딜런Bob Dylan의 'Blowin' in the wind'는 이렇게 시작된다. "사람이 사람다워지려면 얼마나 더 먼 길을 가야 하는가? 얼마나 더 멀리 바다를 날아가야 비둘기는 모래 위에서 쉴 수 있을까?"

대부분의 히피들은 한 곳에 정착하지 않고 자신들이 직접 조립한 버스 트럭 등으로 이동생활을 했다. 그들에게 여행은 자유로운 삶의 표상이었다.

히피의 관심이 개인적 삶에 국한된 소극적 운동이었다면 프랑스에서 발생한 '1968년 5월혁명'은 대량생산-대량소비체제에 대한 1960년대의 모든 저항들을 아우르는 종합적이고도 적극적인 투쟁이었다. 약 3개월에 걸쳐 전개된 이 짧고 격렬했던 '5월혁명'은 반냉전, 반자본주의와 같은 거대한 이슈로부터 여성억압, 인종차별 등의 사회적 당면과제들, 그리고 성적 부자유와 암기식 교육에 대한 반발 등 일상생활의 문제에 이르기까지 젊은이들을 불편하게 하는 모든 의제들을 포괄했다. 따라서 이 혁명에는 여성주의, 마르크스주의, 마오주의, 환경주의, 반핵평화운동 등 기존의 자본주의체제에 반대하는 모든 운동들이 혼재되어 나타났다. 사르트르를 비롯한 당대의 지성인들도 대거 혁명에 동참했다.

'5월혁명'은 혁명세력의 내부구성이 이처럼 복잡하고 다양했기 때문에 혁명의 직접적인 성과는 그리 크지 않았다. 그러나 대량생산-대량소비에 기초한 전후 자본주의체제, 나아가서는 '근대서구'에 대한 모든 새로운 인식은 이 혁명에서 시작되었고, 그 영향력은 지금까지도 이어지고 있다. 오늘날 자본주의를 사상적으로 포위하고 있는 사회주의, 여성주의, 생태주의, 평화주의, 무정부주의와 이를 실천하기 위한 각종 시민운동의 가장 가까운 역사적 연원은 '5월혁명'에 있다고 해도 과언이 아닐 것이다.

제11장

신자유주의의 질주

"Welcome to the USSA, comrades! (동무들, 미사회주의합중국에 오신 것을 환영한다!)"

USSA는 'United Socialist States of America'의 약자다. 붕괴되기 이전의 소련 국명 USSR에서 따온 말인데, 최근 미국의 보수주의자들이 오바마 정부의 경제정책을 사회주의로 비난하면서 자주 사용하고 있다. 오바마가 사회주의자로 몰린 데는 20만 달러 이상의 고소득자에게 부유세를 부과하고, 국민 모두에게 건강보험을 제공하며, 씨티그룹 등 부실은행들을 국유화할 수도 있다는 등의 경제개혁 조치를 발표했기 때문이다. 오바마 정부가 조세 35% 감축, 정부지출 65% 확대를 골자로 하는 경기부양 방안을 발표하자 보수주의자들은 'Tax day Tea party'라는 이름의 반오바마운동을 전국적으로 전개하기도 했다.

미국의 보수파들 중에서 오바마가 진짜로 사회주의자라고 생각하는 사람은 거의 없을 것이다. 미국에서 '사회주의'라는 말은, 마치 우리나라에서 '좌파' '진보세력' '빨갱이'라는 말들이 그런 것처럼, 보수주의자들이 자신과 대립하는 개혁진영을 공격할 때 동원하는 일종의 욕설이다. 미국의 보수진영을 자극하고 있는 오바마의 정책노선은 케인즈주의다. 그는 취임 직후의 기자회견에서 '지금과 같은 특수한 상황에서 경제를 회생시킬 수 있는 유일한 주체는 연방정부'라고 선언했다. 부시정권으로부터 물려받은 전후戰後 최악의 경제위기를 케인즈의 방법으로 풀어나가겠다는 것이다. 그리고 그것은 지난 30년 동안 세계자본주의를 이끌어 온 신자유주의에 대한 도전을 의미한다.

01 스태그플레이션

케인즈주의는 1970년대 중반부터 본격화된 스태그플레이션stagflation으로 무너졌다. 스태그플레이션은 경기 침체를 뜻하는 stagnation과 물가상승을 뜻하는 inflation의 합성어이다. 물가는 일반적으로 호황기에 상승하고 침체기에 하락하는데, 1970년대 중반기부터는 경기도 안 좋고 물가도 오르는 최악의 상황이 전개되었던 것이다. 스태그플레이션 현상이 장기화됨에 따라 선진자본주의 국가들의 경제성장은 크게 둔화되어 73년부터 75년 사이의 연평균 성장률은 미국의 -0.8%를 포함하여 OECD국가들 전체 평균이 0.1%를 기록했다. 이 기간의 스태그플레이션은 73년에 발생한 '제1차 원유파동'이 직접적인 원인이었다.

1973년 10월 중동의 산유국들은 원유 수출가격의 70% 인상과 이스라엘을 지지하는 서방국가들에 대한 원유 수출 금지에 합의했다. 아랍국가들과 이스라엘 사이의 제4차 중동전쟁이 진행 중인 상황에서 산유국들이 석유의 무기화를 선언한 것이었다. 그 결과 원유가격은 배럴 당 2.03달러에서 일거에 10.73달러로 치솟았다. 가장 중요한 생산요소인 원유의 가격이 폭등하자 공업을 비롯한 모든 부문의 생산이 크게 위축될 수밖에 없었다. 원유가격이 스태그플레이션을 가져오는 원리는 공급곡선의 이동을 통해 쉽게 이해할 수 있다.

그림 11.1 • 원유가격 상승의 효과

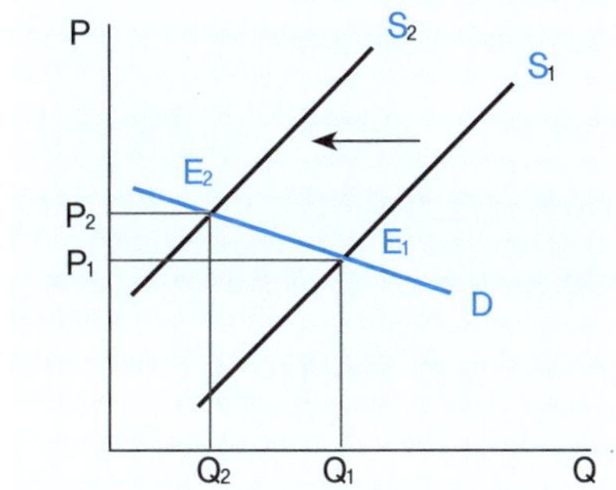

[그림 11.1]에서 원유가격의 인상은 공급곡선을 왼쪽으로 이동시켜 새로운 균형(E_2)을 형성하게 되는데, 그것은 상품가격이 P_1에서 P_2로 상승하고, 생산량이 Q_1에서 Q_2로 감소한다는 것을 뜻한다. 원유는 거의 모든 상품의 중요한 생산요소이므로 가격총합으로서의 물가가 상승하고 전체적인 생산량은 감소하여 경기침체를 가져오는 것이다.

또한 [그림 11.1]은 스태그플레이션의 해결이 공급측면에서 이루어져야 한다는 것을 보여준다. 수요곡선의 이동은 어떤 경우에도 물가와 불황을 동시에 해결하지 못한다. 따라서 경제문제의 해결을 주로 수요측면에서 구하는 케인즈경제학으로는 근본적으로 스태그플레이션에 무력할 수밖에 없었다. 케인지언들은 처음부터 인플레이션을 일차적인 문제로 취급하지 않았다. 그들의 최대 관심은 실업이었고, 실업은 물가와 반비례하기 때문에 실업을 줄이기 위해서 인플레이션은 불가피한 것으로 간주됐다. 즉 케인즈주의는 〈수요↑→물가↑→공급↑→고용↑(=실업↓)→수요↑〉의 선순환을 설정하고 있었던 것이다. 따라서 인플레이션의 직접적 원인인 중앙은행에 의한 화폐공급의 증대도 그들에게는 수요를 늘리고, 고용과 공급을 확대하는 가장 유력한 방법이었다. 그런데 문제는 1970년대에 접어들면서 인플레이션이 고용과 따로 놀기 시작했다는 것이다.

인플레이션의 고착화는 케인즈주의의 불가피한 현상이기도 했지만 포디즘 자체에서 생성된 것이기도 했다. 가장 큰 원인은 기업의 노동생산성 증가율이 크게 둔화되었다는 점이다. 노동생산성labour productivity이란 노동자 1인당, 또는 노동시간당 생산량(액)을 나타내는 지표로서 총생산량(액)을 총노동투입량으로 나눈 것이다. 노동생산성은 생산과정이 기계화될수록 높아지게 마련이고 실제로 1960년대 전반기까지는 3-4%의 가파른 증가율을 보여왔다. 그러나 미국의 경우 66년을 고비로 이 증가율이 점차 떨어지기 시작하여 60년대 후반부터는 2%대 이하로 내려갔다. 기계화에 의한 생산성 증대가 마침내 한계에 도달한 것이다. 그 이전까지는 생산성 증가폭이 임금을 비롯한 생산요소비용의 상승폭을 상회했기 때문에 비용인상cost push이 크게 문제가 되지 않았으나, 60년대 후반부터는 비용인상분이 고스란히 가격으로 전가되어 비용인상인플레이션을 낳게 되었던 것이다.

경기침체stagnation 역시 포디즘 자체에서 유래한 것이었다. 그 가장 큰 배경은 이윤율의 저하에 따른 생산의 위축이었다. 제9장에서 마르크스의 '이윤율의 경향적 저하법칙'을 살펴보았지만, 이윤율의 저하는 자본시장을 통해서도 쉽게 이해될 수 있다. 평균이윤율은 궁극적으로 평균이자율과 일치하는데, 자본주의적 성장의 결과 돈의 공급이 늘어나면 돈의 가격인 이자율은 떨어질 수밖에 없는 것이다.

[표 11.1]에서 보는 것처럼 미국에서는 1965년을 정점으로 순이윤율이 추세적으로 감소하고 있고 이에 따라 기업의 신규투자도 위축될 수밖에 없었다. 미국을 비롯한 세계자본주의는 오일쇼크 이전부터 스태그플레이션을 향하고 있었던 것이다. 20세기 전반기의 50년 동안 세계자본주의를 고도성장과 물질적 풍요로 이끌었던 포디즘은 그 수명을 다하고 있었고, 이 새로운 사태에 대해 케인즈경제학은 효과적인 해결책을 내놓지 못했던 것이다.

표 11.1 • 미국의 순이윤율추이

년도	65	66	67	68	69	70	71	72	73	74	75
%	13.1	12.7	11.1	9.7	7.6	5.3	6.1	7.2	5.0	2.5	3.5

자료 : 『현대자본주의와 인플레이션』, 高須賀義博, 암파서점, 1981, 51쪽에서 발췌.

그림 11.2 • 1970년대 스태그플레이션의 구조

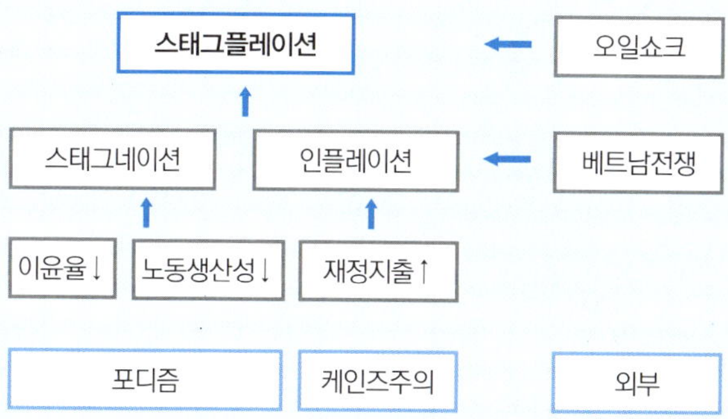

30여 년 동안 케인즈경제학에 눌려 지냈던 시장주의자들은 이 기회를 놓치지 않았다. 가장 먼저 부각된 인물은 케인즈주의의 재정지출 확대 정책을 줄기차게 비판해 온 프리드먼M. Friedman(1912-2006)이었다. 장차 신자유주의의 전도사가 되는 그는 케인즈주의를 겨냥하여 인플레이션은 화폐적 현상monetary phenomenon이라고 주장했다. 인플레이션은 정부가 돈을 너무 많이 찍어냈기 때문인 것이고, 그것은 케인지언들이 수요확대에 급급한 나머지 적자재정을 부추겼기 때문이라는 것이었다. 프리드먼을 위시한 통화주의자monetarist들은 화폐는 본질적으로 실물부문에 아무런 영향을 주지 못한다는 의미에서 중립적이며, 인플레이션 역시 화폐현상에 지나지 않기 때문에 화폐공급을 조절함으로써 간단히 해소할 수 있다고 주장한다.

> "19세기의 자유주의자는 자유를 확장하는 것이 복지와 평등을 촉진하는 가장 유효한 방법으로 생각했지만, 20세기의 변질된 자유주의자들은 복지와 평등의 이름으로 고전적 자유주의자들이 적으로 싸웠던 국가의 간섭과 온정주의(Paternalism)를 우군으로, 진정한 자유주의자들을 반동으로 지탄한다."
> –Milton Friedman.

물가는 화폐의 공급량에 의해 결정된다는 '화폐수량설quantity theory of money'은 일찍이 흄D. Hume(1711-1776)에 의해 제시되었다. 흄은 당시 중상주의자들의 '화폐가 곧 국부國富'라는 인식을 정면으로 비판하면서 "화폐의 많고 적음은 아무런 의미도 없다. 왜냐하면 상품들의 가격은 언제나 화폐의 양에 비례하기 때문이다."라고 주장했다. 흄이 무역에서의 정부개입, 즉 보호무역을 비판하기 위해 제기했던 화폐수량설이 약 2백 50년 후 프리드먼에 의해 역시 정부의 개입을 비판하기 위해 부활한 것이다. 이 화폐수량설은 피셔I. Fisher(1867-1947)의 유명한 '교환방정식(MV=PT)'으로 정식화되었고, 실물부문의 '세이의 법칙'과 함께 신고전파이론의 근간이 되어 왔다.

교환방정식 MV=PT, 또는 MV=Y에서 M=통화량, V=통화의 유통속도 즉 화폐가 지불된 횟수, P=물가, T=거래된 재화의 수량, Y=국민소득 또는 총생산액이다. 위의 방정식을 P=MV/T로 바꾸고 V가 일정하다고 가정하면, 물가(P)와 통화량(M) 사이에는 비례관계가 성립한다. 그것은 물가는 통화량에 의해 조절될 수 있고, 통화 공급의 적정수준은 MV=Y에서 총생산(Y)의 증감에 일치하는 수준이어야 한다는 것을 의미한다.

따라서 통화주의자들의 인플레이션 대책은 정부가 총생산의 추이를 면밀히 주시하면서 그것에 상응하는 통화를 공급하면 된다는 것이었다. 그들이 지목한 인플레이션의 주범은 통화팽창을 고려하지 않은 무리한 재정지출이었다. 정부투자, 복지제도, 임금인상 등 경제안정화를 위한 케인지언들의 수요확대 정책들은 인플레이션만 증폭시킬 뿐 실물부문에는 아무런 도움도 주지 않는다는 것이 그들의 일관된 주장이다.

특히 통화주의자들은 자연실업natural unemployment의 개념을 바탕으로 완전고용에 대한 케인지언들의 과도한 집착을 비판한다. 자연실업이란 현재의 임금수준에 만족하지 못하여 발생하는 자발적 실업, 직장 이동 등의 과정에서 일시적으로 발생하는 마찰적 실업 등 어떠한 경우에도 존재할 수밖에 없는 실업을 말한다.

통화주의자들은 케인지언들이 ① 최저임금제, 실업수당, 노조와의 타협 등 시장 왜곡을 통해 자연실업률을 비정상적 수준으로 높여 놓았으며, ② 실업률을 자연실업률 이하로 낮추기 위해 수요확대정책을 고집했다고 주장한다. ②의 경우 [그림 11.3]에서 보는 것처럼 재정지출을 확대할 경우 실업률은 결국 자연실업률로 복귀하고 인플레이션만 남게 된다. 통화주의자들은 케인즈가 인플레이션에 대한 노동자들의 기대expectation 혹은 예측 능력을 과소평가했다고 지적한다. 실제로 케인즈는 노동자들이 명목임금에만 관심을 가지는 것으로 전제하고 있다. 통화주의자들의 주장처럼 노동자들이 인플레이션 또는 실질임금에 대해 합리적으로 예측할 수 있다면 자발적 실업자들은 곧 취업을 포기할 것이다.

그림 11.3 • **재정지출의 고용효과**

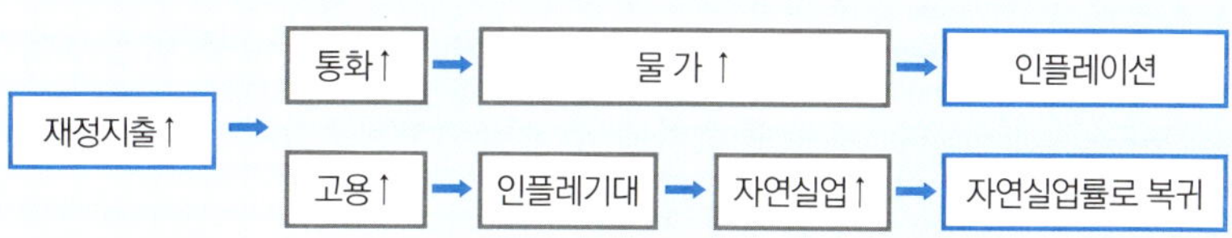

02 신자유주의의 대두

스태그플레이션에 대한 통화주의자들의 해결책은 한 마디로 '시장으로 돌아가자'는 것이었다. 그리고 여기에 찬동하는 신고전파 종합, 공급의 경제학, 공공선택학파, 오스트리아학파 등이 '시장원리'와 '자유경쟁'이라는 공동의 깃발 아래 신자유주의Neo-liberalism를 형성하게 된다. 신자유주의는 정부의 개입을 배제한다는 점에서는 자유주의와 일치한다. 자유주의는 중상주의적 개입을, 신자유주의는 복지 지향적 개입을 배격한다.

그러나 자유주의와 신자유주의는 서로 다른 시장에서 탄생한 시장주의다. 자유주의는 다수의 소생산자를 주체로 하는 고전자본주의 또는 완전경쟁시장을, 신자유주의는 독점자본이 시장을 지배하는 독점자본주의 단계의 시장을 전제한다. 자유주의가 중상주의의 특권적 독점에 저항했다는 점을 상기하면, 적자생존의 원리를 시장원리의 하나로 간주하는 신자유주의는 내용적으로 자유주의와 충돌한다. 강자와 약자가 판가름 나지 않을 때의 경쟁과 강자가 확정된 이후의 경쟁은 판이하게 다른 것이다. 독점대기업의 편에서는 적자생존이 경쟁의 원리겠지만 중소기업의 입장에서 그것은 중상주의의 특권적 독점과 마찬가지로 원천적인 경쟁제한에 지나지 않는다.

정부의 성격에 대해서도 자유주의와 신자유주의는 차이를 보인다. 자유방임주의적 정부는 시장으로부터 완전히 철수한 정부였다. 그러나 신자유주의가 요구하는 정부는 끊임없이 시장을 점검하고, 시장원리가 제대로 작동되지 않을 때는 국가권력을 동원하여 이를 바로잡는 정부다. 신자유주의가 국가권력을 요청하는 이유는 전후戰後 성장한 민주주의와 복지제도를 해체하고 새롭게 제기될 수 있는 대중적 요구로부터 시장을 보호하기 위해서다.

국가권력은 노동조합, 빈곤계층을 비롯한 사회적 약자들, 각종 시민단체 등에 의해 시장원리가 왜곡되지 않도록 감시하고 대처해야 한다. 나아가서 공공선택학파public choice school는 민주주의 자체의 한계를 지적하고 나섰다. 그들은 대중적 선택의 비합리성과 정치가나 관료집단의 행동이 공공의 이익이 아닌 자신의 이기적 동기에 의해 결정된다는 점을 부각시킨다. 신자유주의가 요구하는 '작고 강한 정부'는 시장에 대해서는 작고

민주주의에 대해서는 강한 정부를 의미한다.

신자유주의는 영국에서 일정한 성과를 거두었다. 대처리즘Thatcherism으로 불리는 대처수상의 신보수주의 정책은 노동조합의 무력화와 국영기업의 민영화로 대표된다. 1979년 집권한 대처수상은 세 차례에 걸친 노동법 개정을 통해서 노조 무력화를 위한 법률적 장치를 마련했다. 거기에는 특정 노조의 조합원만을 고용하는 클로즈드숍closed shop 제도의 완화, 동정파업이나 지원파업의 금지, 파업 등의 주요 안건에 대한 비밀투표제 도입 등이 포함되어 있다.

1984년에는 영국의 최대 노조인 탄광노조를 겨냥하여 부실한 탄광들을 통폐합하고, 2만여 명에 달하는 노동자를 해고한다는 내용의 '석탄산업 합리화 계획'을 발표했다. 탄광노조는 거세게 저항했고 총파업은 363일이나 지속되었다. 이 기간 동안 노조의 불법행위는 엄단되어 각종 폭력사건으로 기소된 건수가 1만여 건에 이르렀다. 파업으로 인한 막대한 손실과 비판적인 여론에도 불구하고 대처수상은 조금도 타협하지 않았고 마침내 탄광노조는 정부의 요구에 굴복하고 말았다.

대처수상은 만성적인 적자에 시달리던 통신, 철도, 석탄, 전기, 수도 등 주요 공기업들을 민영화하여 재정부담을 크게 덜었다. 공기업의 비중은 민영화 이전의 절반 수준으로 떨어졌다. 그녀는 복지지출을 대폭 축소하고 그 대신 '투자의욕과 근로의욕을 높이기 위해' 개인소득세 부담률을 11.5%에서 7.9%로 인하했다.

반면 역진세[=세원稅源이 커짐에 따라 세원에 대한 조세 비중이 낮아지는 조세 ↔ 누진세]에 해당되는 부가가치세는 3.1%에서 6.1%로 두 배 가까이 인상함으로써 대처리즘의 성격을 명백히 했다. 그녀의 재임기간동안 영국의 인플레이션은 선진국 최저 수준인 3.7%로 떨어졌고 경제성장률은 4.25%를 기록해 OECD 국가 중 상위권으로 도약했다. 재정수지도 흑자로 돌아서 1988년에는 140억 파운드의 흑자를 기록했다.

그러나 '레이거노믹스Reaganomics' 또는 '공급중시의 경제학'으로 불린 미국의 신자유주의는 케인즈국가를 해체하는 데는 성공했지만 미국경제를 활성화하는 데는 아무런 성과도 거두지 못했다. 미국 상무성의 통계를 보더라도 신자유주의는 인플레이션을 다소 완화하는 데만 성공했을 뿐, 그 외의 지표들에서는 케인즈시대보다 뒤처진 결과를 나타내고 있다. 특히 그들이 케인즈주의를 비판했던 주요 부문들 즉 화폐공급량, GNP 대비 재정적자, 소득세 비율, 이자율 등에서 신자유주의는 도리어 사태를 악화시키고 있다. 그들이 방치했던 부문인 실업이나 빈곤대책은 말할 것도 없고 무역수지와 노동생산성에서도 케인즈시대에 뒤떨어진다.

표 11.2 • **케인지언 Vs. 공급중시의 경제학**

	1960-80	1981-88
연평균 화폐공급증가율(%)	5.5	8.6
이자율(%)	1.5	2.5
재정적자규모(GNP대비,%)	1.1	4.1
소득세비율(%)	60.0	73.0
연평균 인플레이션(%)	5.1	4.7
정부부채규모(GNP대비,%)	21.0	37.0
무역수지(billion)	2	-86
실업률(%)	5.6	7.5
연평균노동생산성증가율(%)	1.9	1.5
빈곤가구(%)	9.4	11.3

〈자료〉 A. Reza Hoshmand, 「A Comparative Analysis of the U.S. Economy : Keynesian Vs. Supply-side Policies」에서 발췌.

신자유주의와 그 정치적 표현인 신보수주의neoconservatism는 오스트리아 출신 영국 경제학자 하이에크F. A. Hayek(1899-1992)의 사상에 뿌리를 두고 있다. 1948년 그는 자유주의 사상가들의 모임인 '몽 페를랭 협회'에서 행한 선동적인 연설을 통해 지식인들은 '자유주의 유토피아liberal Utopia'의 건설을 위해 '급진적 자유주의liberal radicalism'를 추구해나가야 한다고 주장했다. 그의 사상적 강점은 당시의 자유주의자들이 차마 떨쳐내지 못했던 평등, 사회정의, 민주주의에 대한 배려를 과감히 떨쳐내고 '개인의 자유'를 유일한 가치로 내세웠다는 데 있다. 그에 의하면 서방사회의 민주주의는 무제한의 민주주의로 변질되었으며 그것은 곧 무제한의 정부기능을 의미한다. 시장원리를 회복하고 개인의 자유를 확보하기 위해서는 민주주의의 제한이 불가피하다는 것이다.

Friedrich August von Hayek는 물질적 평등에 대한 요구는 필연적으로 전체주의적 정부를 초래하며, 그것은 곧 『노예의 길(The Road to Serfdom)』이라고 주장한다. 그는 영국의 대처수상, 미국의 레이건 대통령 등 신보수주의자들의 정신적 스승으로 추앙되었다.

나치스독일을 겨냥하여 1944년 간행한 그의 대표적 저서 『노예의 길』은 개인의 자유를 제약하는 모든 체제, 사회주의는 물론이고 민주주의에 대한 비판을 위해 널리 인용되고 있다. 그는 평등을 지향하는 사회정의의 개념은 부자들에 대한 질투에서 비롯된 것이며, 책임 있는 지식인이라면 사용하기를 부끄러워해야 할 민중 선동 혹은 싸구려 저널리즘이라고 몰아붙인다. 불평등이야말로 시장의 자연적 질서이며 경제성장의 원동력이다. 그리고 경제성장이야말로 불평등을 해소할 수 있는 유일한 방법이라고 그는 주장한다. 사상적 과격성으로 인해 오랜 기간 이단적 사상가로 외면당해 왔던 그는 케인즈경제학이 퇴조하기 시작한 1974년 노벨경제학상을 수상했고 1970년대

중반부터 신자유주의의 '정신적 지도자'로 추앙되었다.

그의 사상에 일관되게 흐르는 적자생존의 법칙은 다윈Charles Darwin(1809-1882)의 진화론을 인간사회에 적용한 '사회다윈이즘' 또는 '사회진화론Social evolutionism'에서 유래한다. 사회진화론은 자연사自然史와 사회사社會史가 동일한 법칙에 따라 발전한다는 인식을 기초로 하고 있기 때문에 다윈이 제시한 생물의 진화법칙은 곧 인류사회의 진보의 법칙으로 차용된다.

'사회진화론'을 주도한 스펜서H. Spencer(1820-1903)는 생존투쟁과 자연도태의 자연법칙은 인류사회에도 우승열패優勝劣敗의 원칙으로 작용하며, 사회적 진보는 생존투쟁에서 살아남은 적자들에 의해 이루어진다고 주장했다. 진화론을 토대로 우생학을 창시한 갈튼F. Galton(1822-1911)은 한 걸음 더 나아가 유전적으로 열등한 소질을 타고난 인간들은 되도록 빨리 소멸시키고 우수한 소질을 가진 인간들이 보다 많은 자손을 남기도록 해야 한다고 말한다.

사회진화론자들은 당시의 정치적 쟁점이었던 '구빈법Poor's law'에 대해서도, 마치 신자유주의자들이 복지제도의 철폐를 요구하는 것처럼, 열등한 소질로 인해 가난하게 된 빈민들을 구제하는 사회복지정책은 인간이라는 종의 진화에 역행한다는 이유로 그 제정을 적극적으로 반대하고 나섰다. 사회진화론은 진보의 도덕성을 둘러싼 논쟁을 야기했다. 역설적이게도 다윈 자신은 '사회다윈이즘'과 대립한다.

다윈은 자신이 수립한 진화법칙이 사회적 약자들에 대한 최소한의 인도적 요청조차 배제하는 비정한 사회법칙으로 전화하는 것을 인정하지 않았다. 그는 진화론이 인류사회에 적용되는 것은 인정할 수 있으나 인간사회의 진보는, 설령 그것이 생존투쟁에 의해 이루어진다고 하더라도 반드시 윤리적 요청과 합치하는 형태로 실현된다고 주장한다. 왜냐하면 돌연변이적으로 획득되고 유전되는 인간의 형질에는 지적 능력만이 아니라 도덕적 능력도 포함되기 때문이다.

03 세계를 단일시장으로

국내의 민주적 요구를 제압한 신자유주의는 1990년대부터 전 지구적 규모의 신자유주의 즉 '세계화globalization'를 추진한다. 1989년 베를린 장벽의 붕괴 이후 사회주의 국가들이 자본주의로 회귀함으로써 세계시장이 확대된 것은 세계화 추진의 중요한 계기가 되었다. 신자유주의는 이를 자본주의의 최종적 승리로 선언하고, 내부적으로는 복지국가체제의 해체에 박차를 가하는 한편 외부적으로는 전 세계를 하나의 시장으로 통합하려 했던 것이다. 세계화는 또한 초국적超國的 자본으로 성장한 거대자본들 사이의 소위 '대경쟁 시대megacompetition age'가 본격화되었음을 의미한다. 국민경제의 수준으로는 거대자본들의 자본축적에 한계가 있었고 그들 사이의 경쟁을 감당할 수 없었던 것이다.

세계화를 가능케 한 기술적 배경은 1980년대 이후 진행된 정보통신 기술의 변혁이었다. 정보통신 분야의 획기적인 발전은 세계경제를 실시간real time으로 연결하고 동질성을 강화한다. 전자상거래와 전산결재를 통해 상품과 금융자본의 자유로운 이동이 가능해졌으며, 자본투자의 최적지를 찾는 일도 용이해졌다.

디지털혁명은 마르크스경제학자 하비D. Harvey가 지적하는 것처럼 '시간-공간의 압축time-space compression'을 통해 세계적 규모의 유연한 축적체제를 구축케 한 것이었다. 정보통신 기술의 발전은 분명 인류문명을 한 단계 도약시켰지만 이것이 금융자본의 투기를 위한 수단으로 사용될 때는 엄청난 재앙을 가져올 수 있다. 2008년의 미국발 금융위기가 그 단적인 예라고 할 수 있다.

세계화 단계의 신자유주의의 공격 대상은 국경國境이다. 민주주의와 마찬가지로 국경은 초국적超國的 거대자본의 자본축적에 걸림돌이 된다. 국경은 국민경제의 울타리로서 세계 각국은 이 울타리 안에서 자국의 경제수준과 사회문화적 특성에 맞는 경제제도와 정책들을 운용한다. 동일한 시장경제체제라 하더라도 나라마다 사정이 다르기 때문에 선진국과 후발국은 물론 선진국 사이에도 제도와 정책은 다를 수밖에 없다. 경제주권經濟主權의 표현인 이러한 차이점들은 초국적 자본의 자유로운 이동과 이윤추구에 장애물이 될 수밖에 없는 것이다.

가장 전통적인 '국경'은 보호무역이다. 자국의 산업발전을 보장하기 위해 정부가 외국과의 무역을 통제하는 보호무역 정책은 중상주의 시대부터 지금까지 그 수준을 달리하면서 지속되고 있다. 보호무역 장벽을 넘는다고 하더라도 각국이 정해놓은 경제관련 법률이나 제도들이 초국적 자본을 불편하게 한다. 가령 노조활동을 자유롭게 보장한다거나 환경기준이 까다롭다거나 특정 상품의 소비세가 높다거나 하는 경우 초국적 자본들은 투자를 망설일 수밖에 없다. 초국적 자본의 이익을 대변하는 선진국 정부들과 IMF를 비롯한 국제기구들은 세계화라는 이름으로 초국적 자본의 이동을 제약하는 법과 제도의 변경을 요구하고 있는 것이다. IMF가 구제금융의 대가로 우리 정부에 요구했던 금융시장의 개방이나 이른바 '노동시장의 유연성'은 그 대표적 사례다.

세계화론자들은 시장의 전면적 개방 또는 전 세계의 단일한 시장화가 후발국들의 경제성장과 국민의 후생복지를 증진시킬 것이라고 주장한다. 선진국과의 직접적인 교류를 통해서 한편으로는 선진적인 경제시스템과 정책들을 받아들여 국민경제의 체질을 개선하고 다른 한편으로는 보다 확대된 시장을 배경으로 국제경쟁력을 높일 수 있다는 것이다.

세계화의 장점 속에는 초국적 자본의 후발국 진출이 현지의 고용을 창출하여 소득을 증대시킨다는 내용도 포함된다. 세계화론자들의 관점은 사회진화론에 입각한 근대화이론, 즉 확산이론Diffusion theory의 연장이다. 확산이론은 후진국의 근대화는 서구사회가 수립한 근대성을 전파받고, 서구가 경험한 근대화 과정을 모방함으로써 달성될 수 있다는 것을 골자로 한다. 확산이론이 후발국의 국민경제를 전제하고 있는데 반해 세계화는 국민경제의 해체와 세계단일시장을 추구한다는 특징을 갖고 있다.

세계화가 과연 후발국들의 빈곤을 개선했느냐 하는 문제에 대해서는 회의적인 견해가 더 많다. 세계은행의 통계에 따르면 하루 1달러 이하의 수입으로 살아가는 절대적 빈곤인구는 1981년 14억8천만 명이었으나 세계화가 진전된 2001년에는 10억9천만 명으로 줄었다. 그러나 이 빈곤인구의 감소는 주로 인구가 밀집된 중국, 인도 등 아시아지역의 현상이다. 아프리카, 라틴아메리카 지역에서는 조금도 개선되지 않았으며 사회주의의 몰락과 함께 직접적으로 세계화의 세례를 받은 동유럽과 중앙아시아 국가들에서는 빈곤인구가 오히려 급등했다. 아시아 국가들의 빈곤 개선에 대해서도 그것이 과연 세계화의 결과인지에 대해 부정적인 견해가 적지 않다.

자유무역을 선도한 것이 초국적 산업자본이었다면 세계화는 초국적 금융자본에 의해 주도되고 있다. 오늘날의 금융자본finance capital은 돈을 빌려주고 이자를 획득하는 고전적인 대부자본의 수준을 넘어 매매차익을 노리는 투자 혹은 투기자본으로 기능하고 있다.

선진국의 시중은행과 투자회사에 몰려있는 초국적 금융자본은 외국환, 주식, 채권 등 금융상품은 물론이고 석유를 비롯한 주요 원자재들, 그리고 대기업에 이르기까지 사고 팔아서 차익을 남길 수 있는 모든 것들을 투자 대상으로 한다. 전후戰後 세계 각국은 금융자본이 갖는 기생적인 성격과 경제전반에 끼치는 영향력 때문에 외국 금융자본의 국내 유입을 극도로 경계해 왔다. 1970년대 초기까지 세계경제의 기본 틀이었던 '브래튼-우즈Bretton-Woods' 협정이 고정환율제를 채택했던 것도 금융자본의 외환투기를 억제하기 위한 것이었다.

표 11.3 • IMF사태로 인한 최저 최악 신기록

	IMF 이전 기록	신기록
경제성장률	-2.7 (80년)	-5.4 (98년상반기)
환율	890 (85년)	1,995 (97.12.23)
소비증가율	0.9 (80년)	-11.8 (98년상반기)
설비투자증가율	-19.2 (80년)	-46.7 (98년상반기)
건설투자증가율	-6.3 (81년)	-10.7 (98년상반기)
실업자수(만명)	67 (65년1/4분기)	165 (98년7월)
1인당 소득증가율	-3.0 (80년)	-9.8 (97년)
지가상승율	-7.4 (93년)	-13.4 (98년1월-9월)
연간주가하락율	-23.5 (90년)	-42.2 (97년)

〈자료〉 LG경제연구원, 『위기를 딛고 21세기로』 1999에서 발췌

세계 외환시장의 거래규모는 2007년 기준 연간 802조5천억 달러에 달한다. 하루에 2조5천억 달러가 거래되는 셈이다. 그런데 이 가운데 상품교역을 위한 외한 거래는 불과 1.5%에 지나지 않는다. 나머지는 투기를 위해 움직이는 금융자본이다. 이들의 파괴력은 1997년에 발생한 동아시아 국가들의 외환위기에서 극명하게 드러났다. 특히 우리나라의 외환위기는 원인, 수습과정, 그 귀결의 모든 과정에서 미국 금융자본의 이익을 대변하는 IMF에 휘둘렸다. 외환위기의 근원을 한국경제의 취약점에서 찾는 세계화론자들의 주장과는 달리 그것은 주로 단기성 미국 금융자본의 갑작스런 자금 회수와 이에 대처하지 못한 정부의 외환관리 실책 때문에 발생한 것이었다.

초국적 금융자본에 의해 주도되고 있는 세계화는 세계자본주의의 안정성을 위태롭게 하고 있다. 미국의 시중은행과 투자회사들을 정점으로 전세계에 그물망처럼 퍼져있는 금융자본의 네트워크는 국지적局地的 경

제위기를 그야말로 '빛의 속도'로 전세계에 전파하기 때문이다. 2008년 9월 미국의 부동산 시장 붕괴로 야기된 투자회사들의 파산 사태는 전자결재 시스템으로 촘촘히 연결된 세계 각국의 금융기관들에 파급되어 전세계를 거의 동시적으로 금융공황 상태로 몰아넣었다. 그리고 금융위기는 세계 각국의 실물경제를 위축시켜 IMF는 2009년도 세계 경제성장률이 마이너스로 내려갈 것이라고 전망하고 있다.

2008년의 금융위기를 통해서 확인된 것은 고수익을 위해서는 무슨 일이든 서슴지 않는 미국 금융자본의 도덕적 불감증이다. 오바마 대통령이 취임사에서 미국경제의 위기를 '탐욕과 무책임의 결과'라고 지적한 것은 월스트리트 금융기관들의 도덕적 해이와 이를 방치한 관료들을 겨냥한 것이다.

금융위기가 발생한 한 달 후에 신자유주의를 맹렬히 비난해 온 '부시의 저격수' 크루그먼Paul Krugman 프린스턴대 교수가 노벨경제학상을 수상했고, 그 다음 달에는 케인즈 노선을 표방한 오바마가 미국대통령으로 당선되었다. 오바마정부는 위기의 미국경제를 되살리기 위해 천문학적 수준의 공적자금을 투입하고 파산한 금융기관들과 기업의 국유화를 고려하고 있으며 금융자본에 대한 규제를 강화하는 등 신자유주의와 정면으로 맞서고 있다. 그리고 신자유주의자들은 새로운 대안을 내놓는 대신 늘 그래왔던 것처럼 오바마를 사회주의자로 비난하고 있다.

제12장

코리아의 기적

"지금부터 11년 전인 1953년, 평양에서는 2개 이상의 건물이 나란히 서 있는 경우를 거의 찾아볼 수 없었다. (사람들은 인구 1명당 1톤 또는 그 이상의 포탄이 그들의 머리 위로 떨어졌던 것으로 기억한다) 그러나 오늘날 평양의 모습은 어떠한가. 넓은 강가에는 아름드리들이 연이어 있고 5층 건물, 공공건물, 스타디움, 영화관, 현대식 고급호텔들이 빽빽한 가운데 수백만의 사람들이 그 안에 모여 살고 있다. 섬유기계공장들도 건설됐고 폭이 넓은 강과 작은 묘목들이 심어져 있는 언덕이 조화를 이루고 있다. 회색 또는 흰색 벽돌집들은 급히 지어진 듯하지만 길은 깨끗하고 잘 정돈돼 있으며, 전력 공급시설과 수로 역시 잘 정비돼 있다. 도대체 빈민가라고는 찾아볼 수 없다."

"더욱 놀라운 것은 농촌의 모습이다. 농촌은 전통적인 모습을 유지하고 있으며 회색 지붕과 하얀 벽의 농가들이 정연하게 늘어서 있다. 모든 마을에 학교, 병원, 공공건물들이 들어서 있다. 드물게 초가가 눈에 띄는데 이곳은 공사장 간이사무실로 이용된다. 7개년계획 기간 동안 모든 초가들이 개량됐으며, 전체 가구의 70%에 전기가 공급됐다. 남쪽으로부터 곡물유입이 중단된 상태에서 북은 관개시설 확충과 경작방식 개선을 통해 농산물 생산량을 늘렸다. 지금은 5백만톤(58%가 쌀)의 곡물을 생산하고 있다. 이 양은 1천2백만 주민의 식량으로 충분하며, 일부는 수출하기도 한다."

"전체 노동력의 80% 이상을 차지하고 있던 농업인구가 현재는 50% 이하로 줄어들었다. 의무교육기한은 7살에서 14살까지로 조정되었는데 조만간 16세로 더 길어질 전망이다. 많은 간호학교들이 설립됐으며 탁아소는 무료로 이용할 수 있다. 노동자들에게는 완벽한 사회보장제도가 실시되고 있다. 연금 수혜자들은 직장에서 일을 하든, 은퇴해서 집에서 쉬든 상관없이 임금의 50%를 연금으로 받는다. 저소득 농민들은 협동농장을 통해 생활을 보장받고 있으며, 의료서비스도 무료로 실시되고 있다. 바로 이곳이 가난이 없는 국가라 생각된다."

- 조안 로빈슨, 「코리아, 1964 : 경제적 기적」, 민족21(http://www.minjog21.com) 「로빈슨 여사의 북 방문기」에서 인용.

20세기 최고의 여성경제학자로 평가되는 영국의 조안 로빈슨J. Robinson(1903-1983)여사는 1964년 10월 북한을 방문하고 그 이듬해 2월 「Korea , 1964 : Economic Miracle」이라는 에세이를 발표했다. 이 글에서 그녀는 북한경제의 급속한 경제발전에 대해 북한이 거둔 "이러한 성과들로 인해 전후戰後 전 세계의 모든 경제적 기적들은 빛을 잃었다"고 찬사를 보냈다. 김일성주석에 대해서도 '독재자라기보다는 메시아'처럼 보였다고 했으며, 북한을 비판하는 사람들을 향해서는 북한에서 무슨 일이 일어나고 있는지 명확히 설명해 주기만 하면 남한 주민들도 북한을 선호할 것이라고 주장했다. 그녀의 이러한 입장은 남한의 경제수준이 북한을 따라잡은 70년대 초반까지도 변함이 없었다. '코리아의 기적Korean Miracle'이라는 말은 남한이 아닌 북한을 대상으로 로빈슨여사에 의해 처음 사용되었다.

01 라틴아메리카의 실패

근대화라는 개념을 경제성장을 포함한 넓은 의미로 사용할 경우 역사적으로 근대화는 서구적 형태, 사회주의적 형태, 그리고 제3세계의 형태로 구분될 수 있다. 근대화의 기본적 경로라고 할 수 있는 서구적 형태는 다시 '2중혁명' 즉 시민혁명과 산업혁명을 차례로 거친 '아래로부터의 길'

과 시민혁명을 거치지 않고 구시대의 지배계급에 의해 산업혁명이 진행된 '위로부터의 길'로 나뉜다. 영국을 필두로 프랑스와 미국이 전자에 해당되고 독일과 일본은 후자에 해당된다. 영국의 식민지였던 미국에서는 시민혁명이 독립전쟁과 남북전쟁이라는 특수한 형태로 진행되었다. 서구적 경로를 거친 국가들은 제1차 세계대전이 발발한 20세기 초에는 대체로 비슷한 수준의 근대화를 달성한 것으로 볼 수 있다.

사회주의적 형태는 이론적으로는 그 극복대상을 자본주의에 두고 있기 때문에 마치 '봉건제사회→자본주의사회→사회주의'의 이행과정을 밟은 것처럼 설명된다. 그러나 현실적으로는 봉건제사회 또는 반半봉건적 식민지사회에서 자본주의 단계를 제대로 거치지 않고 사회주의로 이행했다. 사회주의는 자본주의와 마찬가지로 근대화의 한 형태라고 할 수 있는 것이다. 1917년의 10월 혁명으로 시작된 사회주의적 근대화는 생산수단의 사회적 소유와 중앙집권적 계획경제를 기반으로 한다. 부분적으로 자본주의적 방식을 도입하기도 했지만 '보이는 손'에 의한 근대화는 사회주의가 해체될 때까지 지속되었다. 오늘날에는 북한만이 사회주의적 방법을 유지하고 있으며, 중국의 경우 '사회주의 시장경제'를 내세우고 있으나 내용적으로는 자본주의 국가들과 큰 차이가 없다.

제3세계는 보통 동서냉전체제에서 그 어느 진영에도 속하지 않는 국가들을 지칭하는 용어지만 여기서는 서구자본주의의 식민지 지배를 받은 국가들 가운데 자본주의적 방법으로 근대화에 착수한 나라들을 말한다. 개발도상국과 같은 의미다. 북한처럼 독립과 함께 사회주의 진영에 편입한 나라들은 선진사회주의국가들과 질적으로 별다른 차이를 보이지 않는다. 스탈린 방식이라는 동일한 지침 아래 국제적 연계보다는 국가 단위의 독자적 근대화를 추구했기 때문이다. 그러나 자본주의 진영에 편입된 나라들은 선진자본주의 국가들과 여러 측면에서 큰 괴리를 보이고 있다. 그 가장 큰 원인은 이들의 근대화가 세계자본주의의 틀 안에서, 선진국들의 압도적인 영향력 아래서 진행되었다는 데 있다. 제11장에서 언급한 확산이론이 제3세계의 근대화 지침이었던 것이다.

극단적인 불평등과 국민대다수의 빈곤을 방치하고 있는 라틴아메리카의 '추악한 자본주의'는 왜곡된 근대화과정의 산물이다. 이 때문에 최근 이 지역에는 반미(反美) 성향의 좌파정권이 잇달아 들어서고 있다.

확산이론에 따라 가장 먼저 근대화를 실천한 것은 라틴아메리카 국가들이었다. 19세기 전반기부터 국민국가로 독립하기 시작한 이들은 주로 영국의 공산품과 자국의 1차산품의 교환을 내용으로 하는 국제적 분업체제에 편입되었다. 라틴 제국諸國은 1870년대 이후 농산물을 비롯한 원자재 수출을 통해서 세계무역의 중요한 역할을 담당하게 되었고, 이 지역을 대표하는 멕시코·브라질·아르헨티나는 농축산 및 광업 분야에서 괄목할만한 성장을 이룩하여 급속한 인구증가와 도시화가 진행되었다.

그러나 이들의 대외의존적 경제성장은 1차산품 가격의 지속적인 하락과 공산품 가격의 상승으로 답보 상태에 머물렀으며, 특히 1930년대의 대공황으로 인한 선진공업국 경제의 불황은 이들의 외부지향적 근대화 정책을 파탄상태에 빠트렸다.

1930년대 이후 라틴 제국의 근대화 노력은 수입대체 산업의 육성을 통한 산업화 정책으로 전환된다. 이들 국가들은 외환 절약을 통한 국내자본의 축적을 위해 수입품목들 중심으로 공업을 발전시키되 그 중간재는 수입에 의존하는 방식을 취했다. 그러나 이러한 방법은 생산과정의 기술적 한계와 유효수요의 부족이라는 근본적인 한계를 안고 있었다.

수입품목의 병렬적 생산방식은 산업발전의 내부연관inner linkage을 상실하고 있었으며, 수입대체품의 생산이 증가할수록 선진국으로부터의 자본재 도입이 확대되어 수입의존도는 더욱 심화되었다. 또한 자본재의 수입으로 수출공산품의 생산비용이 국제가격을 상회하여 낮은 임금 수준에도 불구하고 국제시장에서의 가격경쟁력을 상실했다. 수입대체산업화는 결국 외환 부족과 이를 보충하기 위한 외채外債의 누증으로 귀결된다.

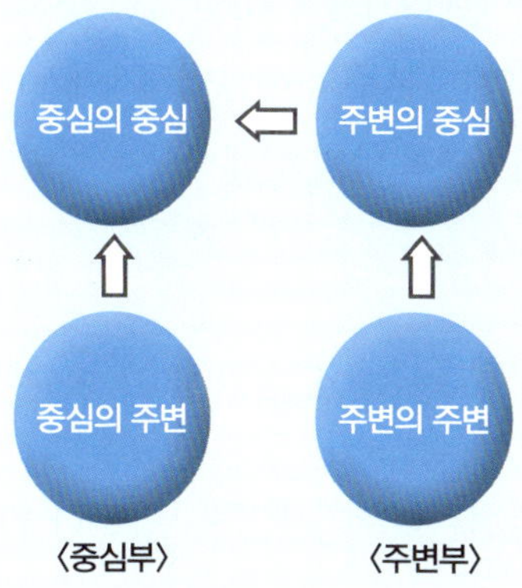

그림 12.1 • 세계자본주의체제 (→는 잉여의 흐름)

제2차 세계대전 이후 라틴아메리카를 비롯한 제3세계 나라들은 외형적으로는 일정 수준의 경제성장을 달성했으나 선진자본주의 국가들과의 격차는 더욱 벌어져 1960년대의 10년 간 1인당 국민소득은 선진국이 6백50달러 증가한데 비해 후진국은 약 40달러 증가에 머물렀다.

세계시장에서의 수출 점유비율도 1960년의 21.3%에서 1970년에는 17.6%로 축소되었으며, 자립경제의 기반 역시 날로 위축되어 선진국경제에 대한 의존도가 심화되었다. 또한 내부적으로는 만성적인 고실업 속에서 분배의 불평등구조가 악화되어 칠레(1964년)는 상위 5%가 전체소득의 40%를 점유하고 있고 멕시코의 경우 1950년에는 상위 20%의 소득이 하위 20%의 10배였으나 1960년에는 16배에 이르게 되었다.

이처럼 백년이 넘는 노력에도 불구하고 라틴아메리카의 근대화가 답보상태에 처하게 되자 1960년대부터 근대화이론에 대한 근본적인 비판이 제기되었다. 프랑크A.G. Frank(1929-2005)를 비롯한 제3세계 연구자들은 확산이론에 기초한 근대화 노선은 세계자본주의의 중심부에 있는 선진국들의 라틴아메리카 착취에 기여할 뿐 라틴아메리카의 근대화에는 아무런 도움이 되지 않는다고 주장했다.

이들에 따르면 16세기에 성립한 세계자본주의체제는 처음부터 중심부와 주변부로 구성되어 있었고, 그때부터 라틴아메리카의 부는 끊임없이 중심부로 흘러들어갔다. 중심부와의 관계가 긴밀하면 긴밀할수록, 중심부가 발전하면 발전할수록 라틴아메리카의 근대화는 멀어진다. 따라서 라틴아메리카를 비롯한 주변부자본주의가 근대화할 수 있는 유일한 길은 세계자본주의의 분업체제에서 이탈하는 것, 즉 서구와의 관계를 끊고 사회주의적 방법을 채택하는 것이다.

02 북한의 경제개발 전략

로빈슨여사가 북한을 방문한 1964년은 61년부터 시작된 7개년 계획이 순조롭게 진행되던 시기였다. 전쟁 피해는 두 차례에 걸친 경제계획을 통해서 완전히 복구되었으며, 공업부문에 이어 62년 농업부문에서도 사회주의적 소유를 완료함으로써 중소中蘇분쟁의 와중에서 설정한 자립경제의 제도적 기반을 확보한 상태였다. 같은 시기에 남한은 제1차 경제개발 5개년 계획(62-66년)을 의욕적으로 추진하여 연평균 8%대의 성장률과 64년의 수출 1억불 달성 등 괄목할만한 성장을 보이고 있었다.

그러나 당시 남한의 경제 수준은 북한에 미치지 못했다. 남북을 직접적으로 비교할 수는 없지만 1인당 국민소득에서 북한은 남한보다 두 배 이상 앞질렀고, 각종 사회보장제도까지 포함시킬 경우 주민생활의 격차는 더욱 벌어졌다. 로빈슨여사가 남한주민에게 물어보자고 한 것도 이 때문이다.

해방과 함께 북한은 사회주의 경제체제의 수립에 박차를 가했다. 1946년 2월에 출범한 북조선임시인민위원회는 먼저 주요기업들의 국유화를 선언하고 기업의 대부분을 국영기업으로 전환했다. 이때 제외되었던 잔여기업들은 사회주의적 협동기업화 과정을 통해 1959년에는 사회주의적 형태의 기업이 공업총생산액의 100%를 점유한다. 공업부문에 비해 비교적 점진적으로 추진된 농업부문의 사회주의적 소유화, 즉 협동조합적 소유는 1945년부터 시작된 토지개혁과 농업협동화 단계(1953-1958년)를 거쳐 1962년에 완료되었다. 협동조합적 소유라고 해서 중앙의 통제를 벗어나는 것은 아니다. 북한의 「토지법」은 '토지는 오직 국가만이 지배할 수 있다'고 규정함으로써 조합소유가 실제로는 이용권에 국한되고 있음을 보여준다.

김일성(1912-1994)은 항일운동 시기부터 마르크스-레닌주의를 무조건 추종하는 교조주의에 대해 대단히 비판적이었다. 그는 주체사상이 확립되기 이전인 1950년대부터 북한의 현실에 맞는 사회주의를 강조했다. 1955년의 연설에서 그는 다음과 같이 말한다. "우리는 어떤 다른 나라의 혁명도 아닌 바로 조선혁명을 하고 있는 것입니다…… 그러므로 모든 사상사업을 반드시 조선혁명의 이익에 복종시켜야 합니다…… 맑스-레닌주의는 매개 나라의 구체적 조건에 맞게 창조적으로 적용될 때에 비로소 그 불패의 위력을 발휘할 수 있는 것입니다."

북한경제의 계획부문은 1948년 정권의 출범과 함께 내각에 설치된 국가계획위원회에 의해 주도되어 왔다. 국가계획위원회는 경제운용의 주요 방향과 지표를 설정하는 문제로부터 지역과 기업에 대한 자원배분에 이르기까지 북한경제의 모든 부문을 계획하고 통제한다. 국가계획위원회를 중심으로 정무원 산하 기구의 80%를 계획관리 부서가 차지할 만큼 북한당국은 계획과 관리에 총력을 기울였다. '계획의 일원화와 세부화'를 기치로 내건 북한의 계획부문은 스탈린에 의해 수립한 이른바 '전통모델'보다 강화된 수준이다. 그것은 경제규모가 상대적으로 작기 때문에 엄격한 계획과 통제가 가능하다는 점과 북한이 견지해 온 전체주의적 노선의 일환이라고 할 수 있다. 또한 외부적 요인으로는 남한과의 직접적인 체제경쟁, 미국의 군사적 위협, 중소분쟁 등을 꼽을 수 있다.

마르크스는 사회주의 단계의 분배원칙은 균등성보다는 공정성에 기초해야 한다는 입장이었다. 즉 노동의 양과 질에 따른 차등분배를 원칙으로 해야 한다는 것이다. 그러나 북한의 분배방식에서는 전통모델과 마찬가지로 차등분배의 비중이 지극히 낮다. 북한의 경우 식료, 의료,

주택, 연료, 교육, 문화에 이르기까지 주민생활의 대부분을 국가가 보장하기 때문에 임금에서 발생하는 차등분배의 의미는 크게 축소된다. 차등분배의 차이도 크지 않을 뿐 아니라 더 많은 임금을 받아도 소비재가 제한되어 있기 때문에 그 효과는 미미한 것이다. 북한을 포함한 사회주의국가들이 경제개혁에 나설 때마다 분배구조부터 수정해 온 것은 전통적 분배방식의 경직성을 반영하는 것이라고 하겠다.

전통적 모델과 함께 북한의 경제개발 전략의 또 다른 기초는 북한의 특수성에 입각한 '우리식 사회주의' 노선이다. 북한당국이 1960년대 초부터 강조하기 시작한 우리식 노선은 정치적으로는 민족주의와 전체주의의 강화를 목적으로 한다. 또한 김일성 유일지배체제의 확립을 위한 이데올로기이기도 하다. 우리식 노선은 경제적으로는 전통모델에 대한 수정으로 구체화된다. 앞에서 본 계획부문처럼 전통모델보다 더 경직된 형태를 띨 수도 있고 그 반대일 수도 있다. 우리식 경제노선의 중요한 특징 중의 하나는 실용성을 추구한다는 점이다. 가령 김일성은 농민시장을 철폐해야 한다는 주장에 대해 다음과 같이 반박한다. "우리가 아직도 인민생활에 필요한 모든 물건들,… 을 다 국가에서 넉넉히 공급하지 못하고 있는 조건에서 그것들을 개인들이 부업경리에서 생산하여 시장에 내다 파는 것이 무엇이 나쁘겠습니까? 그 방법이 뒤떨어진 것이기는 하지만 선전적 방법으로 다 할 수 없을 때에는 뒤떨어진 방법도 이용하여야 하는 것입니다."

1960년 2월 김일성의 청산협동농장에 대한 현지지도를 통해 수립된 '청산리방법'은 우리식 노선의 대표적인 방법이다. 청산리방법은 북한 농업생산의 기본단위인 협동농장의 경영일반을 규정한 지침으로 그 주요내용은 ① 물질적 자극보다는 정신적 자극을 통해 생산의욕을 고취하고 ② 농장운영이나 생산기술의 개선 등 농장과 관련된 모든 문제들은 농민들과의 직접적인 접촉 즉 현지지도를 통해서 해결하며 ③ 작업의 기본단위를 작업반에서 분조로 하향 이전함으로써 노동성과에 따른 차등분배를 적극적으로 시행한다는 것 등이다. 작업의 기초 단위를 분조로 재편한 분조관리제 하에서는 10-25명으로 구성되는 분조가 토지와 농기구 및 노동력을 직접 관리하고, 할당된 생산목표의 실현 및 분배의 주체가 됨으로써 자율경영의 폭이 확대되는 효과를 낳았다.

청산리방법을 계기로 농업관리체계도 전면적으로 수정되었다. 먼저 협동농장의 농가호수를 평균 80호에서 300호로 확대하여 경제단위인 농장을 행정단위인 리里와 결합하는 촌사합일村社合一 체제를 구축했다. 농장 기능도 강화하여 소비협동조합, 신용협동조합을 흡수 통합하고 문화 교육 보건 후생 등 리인민위원회의 기능도 농장으로 이전시켰다. 농장에 대한 관리는 군인민위원회로 넘어가 군郡의 역할이 한층 부각되었다. 군은 20개 정도의 협동농장과 10여 개의 기업소를 총괄하는 사회주의 경제건설의 지역거점으로 그 위상이 높아졌다.

1961년 김일성의 대안전기공장 현장지도를 통해 수립된 '대안의 체계'는 청산리방법을 공업부문으로 확대한 것이다. '대안의 체계'의 가장 중요한 내용은 종래의 지배인 단독책임제를 공장당위원회 중심의 집단적 경영방식으로 바꾼 것이다. '대안의 체계'에서는 공장당위원회의 결정을 집행하는 당비서(정치), 지배인(행정), 기사장(기술)이 공장경영의 핵심적인 역할을 수행한다.

공장경영에서 당비서의 위상을 높인 것은 경제에 대한 정치의 우위를 확인하기 위한 것이다. 공장행정을 담당하는 지배인은 내부의 행정만이 아니라 타 기관으로부터의 자재공급과 노동자들의 생활보장을 위한 후방공급 등 공장과 관련된 일체의 행정업무를 총괄한다. 또한 공장경영의 의사결정과정에 '군중노선'을 관철하기 위한 집단적 토론이나 현장지도 등도 이끌어 나간다. 공장의 생산기술 부문은 기사장 중심의 공장참모부에서 수행한다. 이는 기업소 단위의 계획 작성과 생산조직 등을 전문가인 기사장의 책임 아래 둠으로써 일원적 관리체제를 확보하려는 것이다.

북한이 추구한 경제개발의 최종목표는 자력갱생 즉 자립적 민족경제의 실현이었다. 사회주의국가들이 공통적으로 추구했던 자립경제 노선은 생산과 시장의 문제를 국민경제 내부에서 해결하고, 경제발전을 위한 조건들도 자체적으로 조성함으로써 대외경제관계를 최소화하는 경제체제를 말한다. 외국과의 교역은 생산에 불가피한 원자재나 자본재의 수입과 그것을 보전하기 위한 수출로 제한된다. 북한당국에 의하면 자립노선은 '제국주의의 세계경제 일체화 정책에 맞서는 노선'이기도 하다. 북한은 실제로 오일쇼크와 같은 세계경제위기의 영향을 거의 받지 않았으며, 장기간에 걸친 미국의 경제봉쇄에도 버텨내고 있다.

북한의 자립노선은 중공업우선주의로 나타난다. 중공업우선주의는 한 나라의 공업발전은 생산재 생산부문이 선도한다는 마르크스의 확대재생산이론에 바탕을 두고 있다. 북한은 1953년 "중공업을 우선적으로 발전시키면서 동시에 경공업과 농업을 급속히 발전시킨다"고 했으나 실제로는 중공업 우선주의에 입각한 불균형성장으로 나아갔다. 1954년부터 시작된 3개년계획 기간에 공업총투자액의 81%가 중공업에 투자되었고, 1차 5개년계획(57-60) 기간에는 83%가 투자되었다. 이같은 중공업 우선 투자의 결과 총생산액 규모에서도 1955년을 전환점으로 생산재 생산(51.7%)이 소비재 생산을 능가하게 되었다. 북한의 중공업 우선주의는 국방력 강화를 위한 군수부문의 발전과도 밀접하게 연관되어 있다.

표 12.1 • 사회총생산의 부문별 비중(%)

	농업	공업	운수통신	건설	유통	기타
1946	59.1	23.2	1.6	-	12.0	4.1
1949	40.6	35.6	2.9	7.2	9.4	4.3
1953	41.6	30.7	3.7	14.9	6.0	3.1
1960	23.6	57.1	2.2	8.7	6.0	2.4
1964	19.3	62.3	-	-	-	-

자료 : 이태욱편, 『북한의 경제』, 1990, 50쪽 및 통일문제연구소편, 『북한경제자료집』, 1989에서 발췌.

위의 표에서 보는 것처럼 북한은 이미 1960년대에 공업화를 달성하여 근대화에 성공한 나라로 평가되었다. 로빈슨여사는 70년대 중반까지도 '코리아의 기적'을 의심치 않았고, 북한을 배우기 위한 개발도상국 경제관료들의 북한방문도 끊이지 않았다. 북한당국도 자신이 거둔 성과에 큰 자부심을 보였다. 1차 7개년 계획이 마무리된 1970년 김일성은 다음과 같이 말한다.

"총결 기간 사회주의 건설에서 이룩된 가장 위대한 성과는…… 우리나라가 사회주의 공업국가로 전변된 것입니다. …… 우리나라는…… 세계 선진국가 대렬의 당당한 성원으로 되었으며…… 온갖 수모 멸시를 받아오던 처지에서 영원히 벗어나 힘있고 발전된 민족으로서…… 떳떳하게 국제무대에 나설 수 있게 되었습니다." 사회주의 공업화를 달성했을 뿐만 아니라 68년의 「푸에블로」호 사건 등을 거치는 과정에서 국방력에 대해서도 어느 정도 자신감을 얻은 것으로 보인다.

그러나 비교적 순조롭게 진행된 6개년계획(71-76년)을 고비로 경제성장의 속도가 둔화하기 시작하고 주민들의 낙후된 소비생활을 더 이상 방치할 수 없게 되자 북한당국은 기존 노선의 수정에 나서게 된다. 우선 제2차 7개년계획기간(1978년-84년)부터 중공업우선주의를 탈피하여 경공업과 농업 발전을 산업정책의 주요과제로 설정했으며, 86년도부터 시작된 제3차 7개년 계획에서는 경공업과 농업부문의 성장이 최우선적 과제로 떠올랐다. 89년을 '경공업의 해'로 설정한 북한은 그 후속조치로서 경공업 발전 3개년 계획을 수립하기도 했다.

무역정책도 크게 변화했다. 북한이 70년대 초기에 서방진영과의 경제 협력에 나선 것은 사회주의 공업화를 달성했다는 자신감과 함께 제2차 7개년 계획의 목표로 설정한 '사회주의의 완전한 승리'를 위해 보다 높은 수준의 기술과 설비가 요구되었기 때문이다. 그러나 80년대 이후의 대외 경제협력은 자립경제 노선의 한계를 반영하는 것이었다. 82년 김정일은 그의 유명한 논문 「주체사상에 대하여」에서 "자력갱생의 원칙에서 자립적 민족경제를 건설한다는 것은 결코 문을 닫아 매고 경제를 건설한다는 것을 의미하지 않습니다. 자립경제는 다른 나라에 의한 경제적 지배와 예속을 반대하는 것이지 국제적인 경제협조를 부인하는 것이 아닙니다"라고 언명하고 주로 제3세계 나라들과의 경제교류를 강조하고 있다. 이후 북한의 대외경제협력은 합영기업의 창설(80년대), 자유경제무역지대의 설치(90년대) 등으로 확대된다.

그러나 80년대 이후 북한이 추진한 개혁조치들은 모두 실패로 끝나고 자립경제 노선의 한계는 갈수록 선명하게 부각되었다. 대외협력을 통해서 활로를 찾으려던 북한의 의도가 사회주의 진영의 몰락과 서방국가들의 외면으로 좌절되면서 북한경제는 나락으로 떨어지기 시작했다. 경공업과 농업은 물론 중공업부문까지도 침체되어 북한주민의 생활수준은 최빈국 수준으로 악화되었다. 물론 여기에는 북한경제의 블랙홀로 작용해 온 과도한 군사비 지출도 큰 원인으로 작용했다.

1967년부터 5년간 북한의 공식적인 발표로도 군사비가 정부지출의 30%를 상회한다. 1972년의 남북대화를 계기로 군사비가 15% 선으로 감축된 것으로 발표되었지만 남한의 관계기관은 인민경제비와 기타 항목에 군사비를 은폐시킨 것으로 분석하고 있다.

03 한강의 기적

1970년대 전반기에 남한은 북한의 경제수준을 따라잡았고 이후 남한은 고속성장을 계속하여 침체에 빠진 북한경제와 큰 격차를 보이게 되었다. 체제경쟁에서 절대적 우위에 서게 된 남한에서는 한때 북한과의 경제력 비교에 열중했지만 이제는 비교할 필요조차 없을 만큼 압도적인 우위를 나타내고 있다. 그동안 북한을 주목했던 세계는 70년대부터 본격화된 남한의 경제적 도약을 '한강의 기적miracle on the Han river'으로 부르면서 후발국 중에서 가장 모범적으로 근대화에 성공한 국가로 평가했다.

제3세계의 경제성장을 연구하는 한 학자는 북한식 근대화를 지지했던 로빈슨여사의 에세이를 '위대한 경제학자도 잘못된 장기 전망을 내놓을 수 있다는 주목할 만한 사례remarkable example'라고 비꼬았다. 또한 서방 선진국들은 한국을 비롯한 동아시아 국가들의 성공적인 경제개발이 확산이론의 정당성을 입증했다고 주장했다.

해방 후 남한이 직면한 근대화조건은 북한보다 훨씬 열악했다. [표 12.2]에서 보는 것처럼 공업화를 위한 부존자원은 북한지역에 편중되어 있었고, 일제의 남농북공南農北工 정책에 의해 남한에는 공업기반시설이 전무한 상태였다. 농업생산도 자급자족에는 턱없이 모자라 국민 대다수가 굶주림에 허덕였다. 해방 후 30년이 지난 70년대 후반에 가서야 겨우 주식인 쌀을 자급할 정도였다. 북한이 사회주의 정권 하에서 일사분란하게 경제개발에 착수한 데 비해 남한은 정치사회적 분위기도 혼란스러웠다. [표 12.3]에서 보는 것처럼 경제개발 직전 남한의 1인당 국민소득은 세계 최빈국 수준인 83달러에 불과했다.

표 12.2 • 남북한의 자원 및 전력 구성비율(%)

		남한	북한
주요 지하자원 부존 비율 (1939년)	금은광	27.3	72.7
	철광	0.1	99.9
	중석·수연광	21.5	78.5
	흑연	29.0	71.0
	무연탄	2.3	97.7
연평균 전력 발전(1945년)		8	92

자료 : 조선은행 조사부, 경제연감(1948)에서 발췌

표 12.3 • 경제개발 직전의 사정

	1961	1954-61년 평균
1인당 GNP($)	83	-
경제성장율(%)	4.8	4.4
인구증가율(%)	3.25	2.93
국내저축율(%)	3.9	3.7
산업구조 1차산업	40.2	41.3
2차산업	15.2	13.8
3차산업	44.6	44.9
도매물가 상승율(%)	13.2	22.2
수출(백만$)	41	-
수입(백만$)	316	-

자료 : 경제기획원, 1980년, '주요업무지표' 중에서 발췌

1961년 군사쿠데타로 정권을 장악한 박정희정부는 '조국근대화'를 기치로 내걸고 1962년부터 경제개발에 총력을 기울였다. 남한이 선택한 개발노선은 북한과는 정반대의 대외지향적 개발전략이었다. 생신의 측면에서는 자원과 자본이 부족했고, 판매의 측면에서는 국내시장이 협소했기 때문에 '수출주도의 공업화전략Export Oriented Industrialization'을 택하지 않을

수 없었다. 대외지향적 개발전략의 뼈대는 외자도입, 노동집약적 경공업의 우선 발전, 수출주도의 경제성장이었다.

또한 정부주도의 관리경제, 특정산업을 집중 육성하는 불균형성장, 엄격한 보호무역, 안정과 형평보다는 성장과 효율을 중시하는 전략들을 동반하고 있다. 대외지향적 개발전략은 미국과 일본의 경제적 이해와도 일치하는 것이었다. 한국경제를 자본주의적 국제분업체제로 편입시키려던 미국은 한국이 비교우위의 원칙에 따라 노동집약적 경공업을 중심으로 경제개발을 해야 한다는 입장이었다.

남한경제는 1962년부터 81년까지의 20년 동안 네 차례에 걸친 경제개발 5개년 계획을 통해 자립기반을 구축하

박정희(1917–1979) 전 대통령 1961년부터 18년간 남한을 철권통치하면서 '한강의 기적'을 주도했다. 그는 수출을 통한 경제성장에 총력을 기울였다. 1977년 수출 100억불을 달성하자 그는 일기에 이렇게 적었다. "10억 불에서 100억 불이 되는 데 서독은 11년, 일본은 16년이 걸렸다. 우리는 불과 7년이 걸렸다. 새로운 출발점으로 삼자. 새로운 각오와 의욕과 자신을 가지고 힘차게 새 전진을 다짐하자."

그림 12.2 • 대외지향적 개발전략의 구조

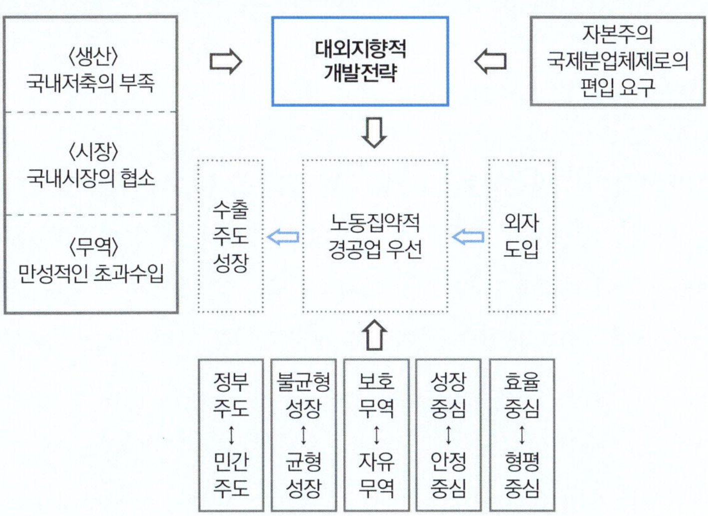

는데 성공했다. 이 기간 동안 국민총생산(GNP)은 1975년 불변시장가격으로 약 5배의 신장률을 보였고, 1인당 GNP는 1961년의 83달러에서 1981년에는 1,735달러를 기록하여 약 21배 증가했다. 제3차 계획기간 중에는 연평균 10.1%의 경제성장률을 기록하기도 했다.

노동집약적 경공업으로 출발한 남한경제는 1970년대 중반부터 자본집약적 중공업분야에 진출함으로써 제4차 계획이 마무리된 80년대 초에는 자력에 의한 경제성장의 기반을 구축하게 된다. [표 12.4]에서 보는 것처럼 제2차 계획이 끝난 71년까지 공업총생산에서 경공업이 차지하는 비율이 6대4로 앞서고 있으나 81년에는 중공업이 경공업을 앞서고 있다. 남한은 호프만Hoffman 계수로는 이미 80년대 전반기에 공업화의 최종단계인 '제4단계공업국'으로 진입했으며, 그 이후 중화학공업의 비율은 더욱 높아져 2000년에는 거의 2대8의 비율을 보이고 있다.

표 12.4 • **공업구조의 변화(%)**

	1960	1966	1971	1976	1981	2000
경공업	76.6	65.9	60.7	53.2	47.1	22.0
중공업	23.4	34.1	39.3	46.8	52.9	78.0

자료 : 통계청, 통계로 본 한국의 발자취

이 단계에서 식량문제를 해결했다는 것도 큰 진전이 아닐 수 없다. 5천년을 이어온 춘궁기가 1970년대 초기에 사라졌다. 쌀과 보리의 2모작이 전개되어 양곡 생산력이 늘어났고, 굶주림을 면할 정도의 식량 수입이 가능해졌기 때문이다. 또한 녹색혁명을 내건 70년대 후반의 제3차 계획기간에는 쌀의 자급이 실현되었다. 그러나 식량문제의 해결은 농업 발전에 따른 자급자족에 의한 것이 아니라 외국으로부터의 수입에 의존하는 방식이었기 때문에 식량 자급도는 해마다 떨어지고 있다.

남한경제가 자립기반을 갖출 수 있었던 것은 수출드라이브 정책이 성공했기 때문이다. 1964년 1억 달러 수출을 달성한 한국경제는 1970년 10억 달러, 77년 100억 달러를 돌파했다. 정부는 수출을 늘리기 위해 1964년 환율을 1달러 당 130원에서 255원으로 두 배 가까이 평가절하하는 조치를 취했으며, 수출기업들에게는 금융지원·세제지원·행정지원을 아끼지 않았다. 정부의 필사적인 노력으로 62년에서 81년까지 연평균 30% 정도의 수출 증가율을 기록하게 되었다.

표 12.5 • **수출실적 및 수출구조의 변화(%)**

		1962	1972	1982
총수출(백만불)		55	1,624	21,853
대GNP 비중		2.4	15.0	30.7
세계시장 점유율		1.14	0.42	1.27
수출상품 구성비	1차산업	63.0	12.1	7.9
	공산품	27.0	87.9	92.8
	중화학공업	10.4	25.4	52.8
	경공업	89.6	74.6	47.2

자료 : 한국무역협회, 무역연감 / 통계청, 한국주요 경제지표.

자립기반의 구축에 성공한 남한경제는 1980년대 초반부터 관리경제에서 민간주도의 시장경제를 지향해 나간다. 그것은 정부주도의 경제성장이 한계를 드러내기 시작했고 관리경제체제가 낳은 불균형 불안정 비효율을 더 이상 방치할 수 없었기 때문이다. 특히 정부의 정책적 보호 아래 국제경쟁력이 낙후된 기업들의 체질을 강화해야 할 필요성이 제기되었다. 80년대 중반의 전례 없는 무역흑자도 자율과 개방을 앞당기게 한 요인이었다. 무역흑자로 인해 내부적으로는 통화증발의 압력이 발생했고, 외부(특히 미국)로부터는 무역개방의 압력을 받게 되었기 때문이다.

그림 12.3 • 경제자율화의 구조

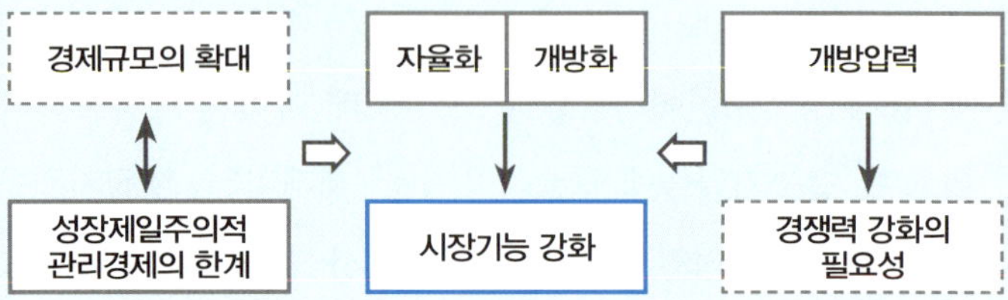

이 기간 동안에도 남한경제는 비교적 높은 경제성장을 실현했다. 80년대에는 정치사회적 혼란에도 불구하고 이른바 '3저현상(=유가, 국제금리, 환율)'과 일본의 '엔고현상'에 힘입어 수출이 크게 신장됨으로써 무역적자가 대폭 완화되었고, 1986년 최초로 46억1천7백만 달러의 무역흑자를 기록한 후 89년까지 흑자가 지속되었다.

또한 1988년의 서울올림픽이라는 대형 이벤트를 통해서 경제분야 뿐만이 아니라 사회전반에 걸쳐 선진국의 기준에 도달하려는 움직임이 일어났다. 이 기간의 또 다른 성과는 경제안정화였다. 1981년 출범한 신군사정권은 물가안정에 총력을 기울여 제4차 계획기간 중에 연평균 20.4%에 이르던 도매물가 상승률을 5차계획 기간에는 연평균 0.8%로 억제하는 데 성공했다.

표 12.6 • 시장지향 성장기의 경제성장 추이(%)

			82-86	87-91	93-97
GDP성장율(연평균)			8.8	9.6	6.8
총투자율(연평균)			29.4	34.8	35.2
수출증가율(연평균)			10.1	15.7	12.2
무역의존도(97년)			62.9	52.5	64.2
산업구조 (97년)	농림수산업		11.5	8.0	5.7
	광공업		32.6	28.6	25.9
	공업 구조	경공업	40.4	31.7	22.8
		중공업	59.6	68.3	77.2
	SOC·기타		55.9	63.4	69.4

자료 : 이종원, 『한국경제론』, 2001.

경제민주화도 크게 진전되었다. 정치적 민주화로 시작된 1987년의 '6월항쟁'을 거치면서 노동자를 중심으로 하는 민중세력의 경제민주화에 대한 요구가 대단히 거친 형태로 터져 나왔다. 87년 7월과 8월 두 달에만 약 3천5백건의 쟁의가 발생했으며 당시 노사분규의 대부분이 '선파업 후협상'의 과격한 양상을 띠게 되었다. 이러한 투쟁을 통해 노동자들의 권익은 크게 향상되었고, 노동운동은 학생운동과 재야운동으로부터 일정 수준 독립하여 자율적인 운동기반을 확보하게 되었다.

1998년 발족된 노사정위원회는 경제민주화의 중요한 결실이라고 할 수 있을 것이다. 그리고 '6월항쟁' 이후 활발하게 전개된 각종 NGO운동은 90년대 이후부터 남한의 경제민주화에 큰 역할을 수행해 왔다. 이 NGO운동에는 농민, 여성, 노인, 외국인노동자, 소비자 등을 위한 약자보호운동과 기업감시, 환경보호, 부정부패추방 등 경제민주화를 위한 폭넓은 운동이 포함되어 있다.

'한강의 기적'으로 불리는 이러한 성과에도 불구하고 남한경제는 대외

의존적이라는 구조적 한계 때문에 오일쇼크나 주요 무역대상국들의 경기침체 등 외부 변수에 취약한 모습을 보여왔다. 1997년 말에 터진 IMF사태, 2008년의 금융위기 등은 그 대표적인 사례라고 할 수 있다. 뿐만 아니라 고도성장의 그늘에는 장기간에 걸친 '개발독재'가 있었고 분배구조의 악화, 독점재벌의 시장지배, 정경유착, 환경파괴 등 고도성장의 부작용도 적지 않았다. 그러나 필리핀을 부러워하던 세계 최빈국이 세계 10위권의 경제대국으로 성장한 것은 기적으로 불리기에 손색이 없는 것이었다. 독일 고등학교의 상급반 지리교과서는 남한의 경제성장을 다음과 같이 소개하고 있다.

> "1960년까지도 남한은 성인 1인당 국내총생산(GDP)이 79달러로 가나나 수단과 같은 지구상 가장 가난한 나라 중 하나였다. 그 당시 세계은행 보고서는 버마와 필리핀의 앞날을 장밋빛으로 보았다. 천연자원이 부족하고 에너지원이 없는 남한은 경제적 전망이 없다는 것이다. 그러나 남한은 오늘날 세계 11대 무역국이며 1996년부터 경제협력개발기구(OECD) 회원국이다. (중략) 불리한 자연 공간적 전제에도 불구하고 남한은 경제기적을 이루어 냈다." 〈자료 : 세계일보, 2009년 6월 8일판〉

참고

2008년 남북한 경제력 비교

2008년 남·북한 경제지표 비교

	남한	북한
인구(천명)	48,607	23,298
경제성장률(%)	2.2	3.7
명목 국민총소득(10억원)	1,03,636.3	27,347.2
1인당 국민총소득(만원)	2,120.4	117.4
수출(억달러)	4,220.1	11.3
수입(억달러)	4,352.7	26.9
석탄생산량(만t)	247.6	2,506.0
발전량(억kwh)	4,224.0	254.6
곡물생산량(만t)	549.8	430.6
수산물생산량(만t)	336.3	83.0
철광석생산량(만t)	33.3	531.6
자동차생산량(만대)	382.7	0.47
조강생산량(만t)	5,332.2	127.9
시멘트생산량(만t)	5,165.3	641.5
철도총연장(km)	3,381	5,242
도로총연장(km)	104,236	25,802

2008년도 북한의 국민총소득인 명목 국민총생산(GNI)은 27조3천472억 원으로 집계됐다. 남한(1천30조6천363억 원)이 북한보다 37.7배 많았다. 2007년 남한의 GNI가 북한의 39.3배였던 것과 비교하면 격차는 다소 축소된 셈이다. 한은은 지난해 2007년 남북 명목 GNI 격차를 약 36배로 발표했었다. 하지만 이번에 GNI 산출 기준년도가 2000년에서 2005년으로 바뀌면서 수치를 수정했다고 설명했다. GNI를 인구 2천329만8천명으로 나눠 보니 북한 주민들이 한 해 동안 벌어들인 1인당 GNI는 117만4천 원이었다. 남한의 1인당 GNI(2천210만4천 원)보다는 18.1배 적지만, 이 역시 2007년 1인당 GNI 격차(18.9배)보다는 소폭 줄어들었다. [연합뉴스] 2009년 06월 28일자에서 발췌.

- 북한의 경제지표에 대한 한국은행의 추정치는 특정품목에 대한 '북한의 생산량×남한가격'의 방법에 의해 만들어지기 때문에 과대평가될 가능성이 높다. 가령 북한의 1인당 국민소득이 117만원 즉 1천 달러를 상회한다는 것은 동남아 국가들과 비슷한 수준이라는 것인데 이는 신뢰하기 어렵다.

제13장

이 세상에 도전하는 사상들

"보수와 진보에 관한 이야기는 결국 먹고사는 이야기이다. 오늘날 국회에서 사생결단 하듯 싸우고 있는 주제도 깊이 들여다보면 보수와 진보가 갈등하는 주제 안에 있다. 그런데 보수는 무엇이고 진보는 무엇인가? 개념에서 시작하여 주장과 논리, 역사, 누구의 사상인가? 이렇게 설명하자면 이야기가 길고 복잡하다. 이런 이야기와 국민들이 먹고 사는 일이 어떻게 서로 연결되어 있는지를 설명하는 일은 더욱 어렵다. 보수와 진보가 서로 어떻게 다른지 한마디, 아니면 몇 마디로 선명하게 비교하여 보여주는 방법은 없을까?"

"보수주의는 정부의 크기를 아주 강조한다. 시장의 완전성을 주장하고 정부는 시장에서 손을 떼라고 한다. 재정도 줄이고, 시장에 대한 규제도 줄이고, 정부조직도 줄이라고 한다. 스스로 작은 정부론을 내세우고 진보주의를 큰 정부로 몰아붙인다. 진보주의는 국민의 복지를 위하여 국가의 역할을 강조한다. '큰 정부'라는 말에 대한 국민의 정서가 호의적일 수가 없어서 '할 일은 하는 정부'라는 말을 쓰지만, 상대적으로 큰 정부를 인정하지 않을 수 없다. 그러므로 진보주의가 득세하면 정부가 커지고, 보수주의가 득세하면 정부가 작아질 것이라고 생각할 수 있다." 〈오마이뉴스, 2009년6월7일자에서 발췌〉

노무현 전대통령은 스스로 생을 마감하기 직전까지 진보주의에 대한 연구에 큰 관심을 보였다. 위의 인용문은 그가 보수와 진보를 구분하기 위해 메모 형식으로 작성해 둔 글의 일부다. 그가 지적하고 있는 것처럼 보수와 진보는 먹고 사는 문제로 귀결된다. 두 번째 인용문의 내용은 우리가 케인즈경제학과 신자유주의를 중심으로 제10장과 제11장에서 살펴본 내용과 일치한다. 그는 보수와 진보를 구분하는 기준을 정부의 역할로 좁혀서 설정하고 있다. 물론 더 좁힐 수도 있다. 대외적으로는 대미관계나 대북정책을 기준으로 삼을 수도 있고, 내부적으로는 복지·환경·노동 정책을 가지고 우파와 좌파를 나눌 수도 있다. 이렇게 좁은 의미로 평가하면 노전대통령은 틀림없이 진보요, 좌파라고 할 수 있다.

그러나 진보의 기준을 확장/강화해서 자본주의 자체를 문제 삼는 수준으로 나아가면 우리나라의 진보적 정치세력은 진보신당과 민주노동당뿐이다. 진보신당의 당헌 전문前文은 다음과 같이 시작한다. "진보신당은 자본주의와 제국주의, 남성 지배 체제와 생태 파괴 문명을 극복하고 평등, 생태, 평화, 연대의 새 세상을 열고자 한다." 민주노동당도 같은 맥락이다. "민주노동당은 외세를 물리치고 반민중적인 정치권력을 몰아내어 민중이 주인 되는 진보정치를 실현하며, 자본주의 체제를 넘어 모든 인간이 인간답게 살 수 있는 평등과 해방의 새 세상으로 전진해 나갈 것이다." 이들의 입장에서는 케인즈주의자들도 보수진영에 속한다. '진보적 시장주의자'를 자처한 노전대통령도 마찬가지다.

이 장에서는 사회주의와 같은 수준의 진보사상들, 즉 자본주의의 외부에서 자본주의체제를 근본적으로 부정하고 새로운 사회와 새로운 삶의 방식을 추구하는 이데올로기들을 살펴보기로 한다. 여기서 말하는 진보progress란 '더 나은 상태로의 발전' 또는 '지금보다 앞선 단계'라는 본래의 의미보다는 우리가 살고 있는 자본주의사회에 대해 근본적인 변화를 추구한다는 의미다. 이들이 제시하는 새로운 사회가 지금보다 더 나은 사회라고 확정할 수는 없기 때문이다. 현재 자본주의 또는 자유주의와 대립하고 있는 유력한 이데올로기로는 사회주의, 생태주의, 여성주의, 평화주의, 무정부주의 등을 들 수 있다. 이 가운데 유토피아 사회주의, 생태지향주의, 여성주의를 소개한다.

01 유토피아 사회주의

평등사상의 기원은 고대사회로까지 거슬러 올라간다. 제2장에서 본 것처럼 묵자墨子는 이미 2천5백 년 전에 평등평화 사상을 제창했고, 구약舊約에는 민족공동체 내부의 경제적 평등을 실현하기 위한 구체적 방법들이 열거되어 있다. 전근대 사회에서 파편적으로 제기되고 실천되었던 평등사상들은 17세기의 자연법사상과 천부적 인권의 개념을 바탕으로 체계적인 내용을 갖추게 되었다. 평등이 자유와 함께 최고의 사회적 가치로 설정된 것도 서구근대의 산물이다. 사회주의socialism는 자본주의 단계의 평등사상이다. 사회주의는 자본주의적 생산방식이 낳은 사회적 불평등과 노동자들을 비롯한 서민대중의 극심한 빈곤, 나아가서는 인간적 존엄성의 상실에 대한 직접적인 반대사상이며 그 실천운동이다.

엥겔스는 사회주의를 산업혁명 직후 즉 18세기의 '유토피아 사회주의'와 마르크스와 자신에 의해 확립된 19세기의 '과학적 사회주의'의 두 단계로 구분한다. '유토피아 사회주의Utopian socialism'라는 명칭은 '과학적이지 못한 사회주의'라는 의미를 함축하고 있지만 자본주의의 모순과 사회주의적 지향에 대한 이들의 사상은 마르크스주의의 형성에 지대한 영향을 끼쳤다. 엥겔스 자신도 과학적 사회주의가 '18세기 프랑스의 위대한 사상가들이 제시한 원칙들을 논리적으로 더욱 확장한 형태'로 나타나게 되었다고 말하고 있다. 유토피아 사회주의자들의 가장 큰 공헌은 빈곤과 불평등을 비롯한 온갖 형태의 사회적 부조리의 원천이 자본주의라는 점을 밝혀내고, 자본주의를 대신할 새로운 사회의 지향점들을 제시했다는 데 있다.

프랑스사회주의의 창시자로 알려진 생시몽Saint-Simon(1760-1825)은 인간사회가 상호독립적인 개인으로 구성되어 있다는 자유주의적 사회계약설을 인정하지 않는다. 개인 사이의 경쟁을 자연 상태로 간주하는 자유방임주의에 대해서도 적대적이다. 그에 따르면 자연의 제1법칙은 협동이다. 인간사회는 전체로서 하나의 생명체이며, 그 생명체의 일부인 사회구성원들은 서로 돕고 의존하면서 사회의 건강과 생명을 유지한다. 신체의 각 기능이 조화를 이루지 못할 때 병이 생기는 것처럼 사회구성원들이 자신의 이기적인 욕망만을 추구하는 사회도 병을 앓게 된다. 그는 개인주의에 입각한 자본주의사회를 본질적으로 병든 사회로 인식하고 있는 것이다. 사회주의라는 용어 자체가 개인주의individualism를 반대하는 의미로 처음 사용되었다.

다른 사회주의자들과 마찬가지로 생시몽은 근대서구가 이룩한 과학기술의 진보와 여기에 기초한 산업사회의 미래에 대해서는 지극히 낙관적이었다. 그는 생산수단의 사적소유와 무능하고 탐욕스러운 자본가계급의 지배만 폐지하면 산업사회는 인류의 이상향이 될 수 있다고 생각했다. 그가 구상한 '새로운 산업사회'는 하나의 거대한 공장giant workshop의 형태를 띠게 되며, 합리적이고 헌신적인 기술자와 전문가들의 지휘를 받는다.

사회구성원들은 자신의 소질과 능력에 맞는 교육을 받은 후 사회가 필요로 하는 곳에 배치되어 사회전체를 위해 일한다. 생산수단의 사적소유는 폐지되지만 구성원들의 소득은 사회에 대한 기여도에 따라 차등적으로 지급된다. 생시몽주의에서 교육이 특히 강조된 이유는 교육을 통해서만이 인간의 타고난 능력의 차이를 해소할 수 있다고 생각했기 때문이다. 그의 사회주의는 결과가 아닌 기회의 균등에 초점이 맞춰져 있는 것이다.

푸리에Charles Fourier(1772-1837)는 마르크스 사회주의에 가장 근접한 인물로 평가된다. 그는 세계사의 진보에 대해 자연과 인간사회는 동일한 법칙 아래 진보해 왔고, 부르주아가 지배하는 대산업사회 즉 자본주의사회는 인류역사의 네 번째 단계에 해당되며, 진보의 마지막 단계인 다섯 번째 사회에서는 '자유롭고 매혹적인 노동'이 실현된다고 주장함으로써 마르크스의 유물사관에 직접적인 영향을 끼쳤다.

그가 '팔랑주phalange'로 명명한 이상적 사회의 모습도 마르크스의 공산사회와 크게 다르지 않다. 공산사회와 마찬가지로 거기서는 노동이 결코 강제되지 않고 개인의 기질이나 취향에 따라 이뤄진다. 자본주의적 분업으로부터 해방된 노동자들은 '아침에는 농장에서 양배추를 기르고 밤에는 오페라에서 노래를 부르는' 인간 본연의 노동을 회복하게 된다는 것이다.

조화Harmony를 자연과 사회의 가장 이상적인 상태로 파악한 푸리에는 인류사회는 그 최종단계에서 조화를 획득할 것이라고 믿었다. 그리고 조화는 국가의 해체를 통해 성립하는 노동공동체로서의 팔랑주에서 실현된다. 1,800명 정도로 구성되는 팔랑주에서는 구성원 모두가 사랑과 열정으로 뭉쳐져 있기 때문에 정치적 지도자나 강제적 규범을 필요로 하지 않는다. 노동자들은 성과에 따라 차등적으로 보상받지만 최저수입제에 의해 누구든 기본적인 생활은 보장된다.

엥겔스가 유토피아 사회주의의 대표적 사상가로 평가한 Henri de Saint-Simon, François Marie Charles Fourier, Robert Owen(위로부터)

푸리에는 특히 여성해방을 강조했다. 자본주의사회에서의 여성은 노예와 다름없다고 주장한 그는 페미니즘féminisme이라는 용어를 창시하고 "어느 사회에서나 여성 해방의 정도는 곧 일반적 해방의 자연적 척도"라는 유명한 말을 남기기도 했다. 푸리에의 사상을 추종하는 일단의 지식인들은 그의 사후 팔랑주를 실현하기 위해 미국 메사추세츠에 브룩농장Brook Farm(1841-1847)을 건설했으나 재정난으로 오래 가지 못했다.

영국사회주의의 창시자 오언R. Owen(1771-1858)은 유토피아 사회주의자들 가운데 가장 현실적이고 실천적인 인물이었다. 영국 산업혁명의 최성기에 활동한 그는 다른 사회주의자들과 마찬가지로 노동가치설을 신봉했고, 생산수단의 사적소유와 자본가들의 무한한 이윤추구에 적대적이었다. 29세의 나이에 2천명의 노동자가 일하는 뉴라나크New Lanark의 방적공장 경영자가 된 그는 당시로서는 파격적으로 노동자들의 처우를 개선했다.

그는 먼저 1일 노동시간을 11시간 이내로 제한하고 임금도 대폭 인상했다. 또한 노동자 모두에게 주택을 제공했으며 노동자 자녀들의 교육을 위해 유치원을 건립했다. 노동자들은 공장 내에 설치된 판매소에서 각종 생필품을 싼 가격에 구입할 수 있었고, 판매소에서 남긴 이윤도 노동자들을 위한 기금으로 사용되었다.

박애주의에 기초한 오언의 공장경영이 성공을 거두자 영국의 지식인들은 자본주의를 유지하면서도 노동자들의 삶이 개선될 수 있다는 개량주의적 노선에 관심을 갖기 시작했다. 그러나 오언은 자신의 성과에 만족하지 않았다. 엥겔스에 따르면 오언은 노동자들의 생활조건을 크게 향상시켰음에도 불구하고 '그들은 나의 노예들'이라고 말하곤 했다. 노동자들이 인간의 존엄성을 회복하기에는 턱없이 부족하다는 것이었다.

1825년 그는 자신이 구상한 도덕적 사회를 실현하기 위해 미국 인디애나에 '뉴하모니New Harmony'라는 이상촌을 건설하기도 했다. 그는 1829

년부터는 영국의 노동운동에 적극 가담하여 1833년 '일반공장법General Factory Act'의 제정에 앞장섰고 그 이듬해 전국노동조합대연합의 대표로 선출되었다. 그는 정치투쟁을 주장한 당시의 노동운동가들과 의견을 달리하여 노동운동을 중단했지만 '인간의 얼굴을 한 자본주의'를 실천하기 위한 그의 노력은 죽을 때까지 계속되었다.

유토피아 사회주의자들의 공통점은 인간의 본성과 잠재적 능력에 대한 무한한 신뢰였다. 그들은 인간의 이성과 도덕성을 의심하지 않았기 때문에 자본주의를 대신할 새로운 사회의 도래에 대해 낙관적이었다. 그들 스스로 이상촌의 건설에 나선 것은 낭만적이기까지 하다. 엥겔스는 그들이 프롤레타리아트의 이익을 대변하지 않았고 '특정 계급의 우선적 해방이 아닌 모든 인류의 즉각적 해방'을 추구함으로써 과학적 사회주의에 이르지 못했다고 평가했지만, 그들의 방법적 비과학성은 인간에 대한 그들의 신뢰를 더욱 돋보이게 한다. 현실사회주의가 퇴조하고 신자유주의가 세계를 휩쓸고 있는 지금의 현실에서는 더욱 그렇다.

02 생태지향주의

사회주의가 자본주의의 불공정한 분배방식을 문제 삼는다면 생태지향주의eco-centrism의 일차적 비판대상은 자본주의의 무제한적이고 생태파괴적인 생산방법이다. 자본주의가 기초하고 있는 근대적 자연관에서 자연은 인간의 물질적 욕망을 충족시키는 대상에 지나지 않는다. 자연은 그 자체로서는 아무런 가치를 갖지 못한다. 인간에게 효용을 제공하고 양적으로 제한된 자연만이 가치를 가질 수 있다.

제4장에서 본 것처럼 인간의 욕망은 자연스럽고 정당하기 때문에 그것을 충족시키기 위한 생산행위, 즉 자연을 변경하는 행위 역시 정당하다.

자본주의의 무한생산 체제는 생산의 주체인 자본을 통해서 실현된다. 자본은 그 존재환경인 경쟁 속에서 그 존재이유인 이윤을 획득하기 위해 생산량을 끝없이 늘려나가야 한다. 오염물질을 배출하는 생산기술, 자원의 낭비를 초래하는 무정부적 생산, 각종 폐기물을 쏟아내는 대량소비 등도 자본주의의 반생태적 성격을 보여준다.

생태지향주의는 사회주의와도 일정한 거리를 두고 있다. 사회주의 역시 근대적 자연관과 산업주의industrialism에 기초하고 있기 때문이다. 그들의 노동가치설은 인간에 의해 변경된 자연만이 가치를 갖는다는 것이고, 그들의 진보는 생산력의 증대에 의존하고 있다. 생태주의의 입장에서 보면 "산업시대의 정치인 우파, 좌파, 중도는 각자의 차선車線을 달리고 있지만, 모두가 같은 방향을 향해서 달리는 3차선도로와 같은 것이다J. Porritt."

인간 또는 인간사회와 자연과의 관계에 대한 서구근대의 관점에 도전하는 생태주의는 그 문제의식이 근본적인 만큼 다양한 유파들로 구성되어 있고 유파들 사이의 논쟁도 치열하게 전개되어 왔다. 여기서는 먼저 환경문제를 주도하고 있는 기술지향주의를 살펴보고 생태중심주의에 속하는 심층생태론과 사회생태론을 검토해 보기로 한다.

오늘날 대다수 국가의 환경정책들과 「리우선언」 등 실효성 있는 국제환경협약들은 기술지향주의techno-centrism를 토대로 하고 있다. 기술지향주의 또는 환경주의가 문제 삼는 것은 생태계 파괴가 아니라 그것이 인간에게 미치는 악영향이다. 공기가 맑고 물이 깨끗해야 하는 이유는 그것들의 본래 상태가 그래서가 아니라 인간의 건강에 해롭기 때문이다.

가령 우리나라의 환경정책 기본법은 '환경오염과 환경훼손을 예방하고 환경을 적정하게 관리, 보전함으로써 모든 국민이 건강하고 쾌적한 삶을 누릴 수 있도록 함을 목적으로 한다'고 명시되어 있다. 기술지향주의는 환경문제를 경제성장의 불가피한 부작용, 또는 자연을 이용하는 방법의 오류에서 발생하는 문제로 간주한다. 따라서 환경문제에 대한 이들의 궁극적인 해결책은 환경친화적 과학기술의 채용에 있다.

기술지향주의는 친환경기술의 보급을 시장경제의 원리에 맡긴다. 환경오염은 친환경 제품에 대한 수요가 증가하면 생산자들은 이윤을 획득하기 위해 친환경 기술을 채택할 것이기 때문이다. 유기농법을 비롯한 친환경 농업기술의 성장이 그 대표적인 성과라고 할 수 있다.

이처럼 기술지향주의는 근대적 자연관과 인간중심주의의 연장이며, 자본주의시장경제를 통한 환경문제의 해결을 추구하기 때문에 생태지향주의와는 대립적인 위치에 있다. 경제학의 한 분야인 환경경제학environmental economics도 기술지향주의와 동일한 기반 위에 있다. 환경경제학은 자연 또는 환경재의 가치를 화폐단위로 평가하고, 비용-편익분석을 토대로 환경문제를 해결하는 것을 주요 목표로 한다는 점에서 주류경제학의 범주를 벗어나지 못한다. 조세 등을 통한 오염물질배출규제, 오염물질배출권제도 등은 환경경제학의 구체적 성과들이다.

심층생태론deep ecology은 기술지향주의적 환경운동을 넘어 인간과 자연의 관계를 재정립하고 근대적 삶의 방식을 근본적으로 변화시키려는 생태운동이다. 심층생태론은 원자론에 기초한 서구근대의 기계적 유물론을 인정하지 않는다.

안네스가 제시한 심층생태론의 제1명제는 인간을 포함한 지구 위의 모든 생명체들은 독립적 또는 대립적으로 존재하지 않고 상호의존적으로 연결되어 있다는 전일적全一的이고 유기적인 자연관이다. 지구를 하나의 생명체로 간주하는 가이아Gaia 이론이 대표적이다. 미국 인

> 심층생태론을 제창한 노르웨이 철학자 Arne Naess(1912-2009)는 환경오염과 자원고갈 등 인간의 필요에 의한 환경보존운동을 피상적(shallow)이라고 비판하고 자연생태계에 대한 보다 근원적이고 심층적인(deep) 인식을 촉구했다.

디언의 전통적 자연관을 진술한 '시애틀 추장의 편지'에는 다음과 같은 구절이 나온다. "짐승들이 없는 세상에서 인간이란 무엇인가? 모든 짐승이 사라져 버린다면 인간은 영혼의 외로움으로 죽게 될 것이다. 짐승들에게 일어난 일은 인간들에게도 일어나게 마련이다. 만물은 서로 연결되어 있다All things are connected."

> 경부고속철 천성산 터널공사로 꼬리치레도롱뇽을 비롯해서 이곳에 서식하고 있는 희귀 동식물 30여종이 멸종될 위기에 처하자 지율스님은 100일간의 단식과 법정투쟁까지 전개했다. 2005년 11월 대법원의 판결에 의해 터널공사가 재개되었지만 이 사건은 '생명권 평등주의'와 관련된 논쟁을 불러일으켰다.

만물이 서로 연결되어 있는 심층생태론의 세계에서는 모든 생명체가 동등한 권리를 갖는다. 모든 생명체의 살고자 하는 욕망은 인간의 욕망처럼 존중되어야 한다. 따라서 인간은 생명유지를 위한 절대적 필요vital needs를 충족시킬 때를 제외하고는 다른 생명체의 다양성과 번성을 훼손할 권리가 없다. 가령 굶주림을 면하기 위해 들판을 밭으로 경작하는 행위는 허용되지만 골프장을 만들기 위해 산과 숲을 파괴하는 행위는 허용될 수 없다는 것이다. 심층생태론의 생명권 평등주의는 인구의 대폭적인 감소가 필요하다는 주장으로 나아간다. 현재의 인구 수준으로는 인간 이외의 생명체의 다양성과 번성을 보장할 수 없기 때문이다. 이처럼 심층생태론은 서구근대가 수립한 모든 가치체계와 사회제도들을 부정하는 과격성을 띠고 있기 때문에 사회운동으로서의 영향력은 기술지향주의에 미치지 못한다.

머레이 북친M. Bookchin(1921-2006)에 의해 정립된 사회생태학social ecology은 생태문제가 사회문제와 직결되어 있다는 인식으로부터 출발한다. 그는 기존의 사회체제를 유지 강화시키려는 기술지향주의와 함께 사회적 측면을 배제한 채 생태문제를 인간과 자연과의 관계로만 파악하는 심층생태론을 모두 비판한다. 북친에 의하면 생태위기는 자연에 대한 인간의 지배에 의해 자연이 그 본질인 '자유' 및 '다양성과 상보성'을 상실한 것이며, 그것은 인간에 의한 인간의 지배로부터 유래한 것이다. 그는 인간의 자연지배가 남성에 의한 여성지배(=가부장적 가족제도), 남성에 의한 남성지배(=국가)의 연장선상에 있다고 파악한다. 따라서 생태문제의 해결을 위해서는 국가와 가부장제도가 해체되지 않으면 안 된다. 사회생태론이 생태아나키즘으로 나타나는 것도 이 때문이다.

Murray Bookchin(1921.1-2006.7)
"자본주의시장경제에서 '성장의 한계'를 말하는 것은 전사戰士 사회에서 전쟁의 한계를 말하는 것처럼 무의미하다. 자본주의를 향해 성장의 한계를 설득하는 것은 사람에게 호흡을 멈추라고 설득하는 것만큼이나 어렵다. 자본주의를 '생태적'으로 만들려는 '녹색' 자본주의를 위한 시도들은 무한성장 시스템으로서의 자본주의의 본질로 인해 실패할 수밖에 없다."

북친은 심층생태론이 배격한 인간중심주의, 이성, 과학기술 등 서구근대의 유산들을 생태위기 극복의 주요수단으로 재정립한다. 그는 자연에서 차지하는 인간의 특수한 지위를 인정하지 않고 인간을 동물의 수준으로 끌어내리는 생물중심주의에 동의하지 않는다. 특히 이성은 인간만이 지닌 자연적 본성으로서, 자연의 본질을 인식하고 그것이 구현될 수 있는 사회와 자연을 만들어 나가는 것은 인간의 이성을 통해서만이 가능한 일이다. 북친은 과학기술의 역할에 대해서도 긍정적이다.

태양에너지, 유기농법 등의 발전과 생태공동체에 알맞은 새로운 산업구조를 구축하기 위해서는 생태적 과학기술의 뒷받침이 필수적인 것이다. 그는 생태위기가 원시상태로의 회귀를 통해 해결된다고 생각하지 않는다. 자연과 사회는 그 본질의 구현을 위해 끊임없이 진화해 왔으며, 오늘날 지구가 봉착한 생태위기 역시 진화과정에서 극복해야 할 과제라고 보는 것이다.

03 페미니즘

Kate Millet(1934.9–) "전 역사에 걸쳐 여성 대부분의 문화수준은 남성의 성적 배출구를 제공하고 자식을 낳아 기르는 동물의 기능을 수행하는 동물적 삶으로 제약되어 왔다."

페미니즘feminism의 목표는 여성에 대한 차별과 억압을 해소하여 양성兩性 사이의 평등을 실현하는 데 있다. 인류의 역사는 곧 여성에 대한 억압의 역사이며, 근대문명과 자본주의사회 역시 예외가 아니다. 생태지향주의와 마찬가지로 페미니즘 역시 다양한 분파로 구성되어 있지만 이들의 공통적인 극복대상은 가부장제patriarchy다.

가부장제는 좁게는 '가족공동체 내에서 가부장의 절대적이고 인격적인 지배가 관철되는 형태'를 의미하지만 페미니즘의 관점에서는 가정만이 아니라 사회전체에 작동하고 있는 '여성에 대한 남성의 지배구조'로 정의된다. 페미니즘의 고전적 저서 『성의 정치학(1970)』에서 밀레트Kate Millet(1934–)는 "우리 사회는 다른 역사상의 문명과 마찬가지로 가부장제다… 가부장제의 원칙은 남성이 여성을 지배하고, 나이 많은 남자가 젊은 남성을 지배하는 것과 같이 2중으로 작동하는 것처럼 보인다"고 말한다.

가부장제의 기초 즉 남성이 여성을 지배하는 근거는 타고난 성sex이 아니라 '길러진 성性'으로서의 젠더gender에 있다. 사람은 태어나면서부터 끊임없이 '여성다움feminine'과 '남성다움masculine'을 주입받는다. 남성다움은 주로 능동성, 공격성, 결단력, 실행력, 이성적, 복잡성 등으로 구성되고, 여성다움은 수동성, 방어성, 아름다움, 감정적, 친절함, 순종적, 단순함 등으로 구성된다.

이러한 특성들의 대부분은 남성과 여성의 차이가 아닌, 강한 남성 즉 지배자와 약한 여성 즉 피지배자의 속성에 지나지 않는다. 남녀는 대체로 4-5세 무렵이면 젠다로서의 성을 자인自認하고, 이성을 향한 동성 간의 '다움' 경쟁 등을 통해 스스로 젠다를 강화해 나간다. 가부장제는 곧 젠다에 의한 지배체제gender hierarchy인 것이다.

1970년대를 풍미한 급진적 여성주의Radical feminism의 가부장제 비판은 주로 여성의 성관계Sexuality에 대한 억압을 중심으로 이루어진다. 가부장제에서는 성관계에 대한 규범이 이중적이다. 남녀의 성본능에 대한 차별, 여성의 성 욕구에 대한 억압, 여성의 성적 순결 강요 등이 체계화되어 있다. 여성의 성행위는 공식체계 즉 일부일처제에 의한 부부관계로 한정되어 있지만 남성에게는 매매춘을 비롯한 비공식체계가 허용된다. 비공식체계는 공식체계에서 억압된 남성의 성적욕구의 해소의 장이며, 여성에게는 타락의 장이다.

이슬람 문화권에서는 아직도 여성의 섹슈얼리티 억압이 극단적인 형태로 나타나고 있다. 여기서는 남성의 성욕은 일부다처제를 통해 충분히 해소되어야 하고, 여성의 성적인 매력은 죄악의 근원이므로 집 안에 가두거나 외출할 때는 몸을 가려야 한다. 일부 아랍 국가에서는 지금도 여성할례를 통해 여성의 성적 욕구를 거세하고 있다.

젠다에 의한 지배체제는 성역할 분담으로 구체화된다. 여성의 가장 중요한 역할은 주부나 어머니로서 대표되는 케어care다. 케어는 자신의 심신의 힘을 타인의 욕구나 필요를 만족시키기 위해 사용하는 것이므로 그 자체로서는 성숙한 인간의 행위라고 할 수 있다. 그러나 그것이 여성에게 강제되고 고정될 경우에는 차별과 억압이 된다. 케어행위는 그 적부가 타인에 의해 평가되기 때문에 케어역할에 고정된 여성은 자신의 주체성을 상실하고 늘 타인에 의해 정의되는 객체적 존재로 머물게 된다.

가령 여자는 아버지, 남편, 아들을 따라야 한다는 유교의 삼종지도三從之道는 여성에게 자신의 삶을 갖지 못하도록 하는 억압의 굴레인 것이다.

가부장제는 한편으로는 인격적 미성숙성을 여성다움으로 간주하고 다른 한편으로는 케어를 위한 성숙된 인격을 요구함으로써 여성을 이중적으로 구속하고 있다.

자본주의를 직접적인 비판대상으로 하는 마르크스주의 페미니즘 Marxist feminism에서는 가부장제가 주로 남성의 여성 노동에 대한 억압과 착취를 의미한다. 여성의 가사노동은 남성의 지배하에 있는 부불노동 unpayed work의 대표적 형태다. 여성이 가사노동을 전담하게 된 것은 산업화의 진전에 따라 각종 가전 상품의 보급, 에너지원 공급 방법의 개선, 핵가족화 등으로 인해 가사노동 자체가 줄어들었기 때문이다.

여성에게 가사노동을 전담시키는 것은 자본의 요구이기도 하다. 이 경우 가사노동은 남성 노동력의 재생산과 안정적 공급을 위한 노동으로서의 성격을 갖는다. 자본은 노동력을 장기간 안정적으로 공급받기 위해서 남자들이 가사노동에 간여하는 것을 허락하지 않는다. 남자들이 가사를 이유로 수시로 작업장을 이탈할 경우 자본축적에 곤란을 겪게 될 것이기 때문이다.

전근대사회에서 하나의 세대공동체 내에 통합되어 있던 노동과 섹슈얼리티(=가족의 재생산)는 자본이 생산을 주도하는 자본주의 단계에서는 노동은 시장이라는 공적 영역에, 섹슈얼리티는 가정 즉 사적 영역에 속하게 된다. 공적 영역은 사회적 헤게모니를 장악한 자본의 지배 아래 있으므로 사적 영역에 대해 우위를 확보한다. 그것은 곧 노동의 섹슈얼리티에 대한 우위, 남성의 여성에 대한 우위, 시장에 진출하려는 여성노동에 대한 배제와 주변화로 나타난다. 자본에 의해 차별되고 주변화된 여성노동은 다시 자본에 의해 고이윤 창출을 위한 수단으로 활용된다.

뿐만 아니라 자본은 섹슈얼리티를 사적 영역으로 몰아넣는 동시에 섹슈얼리티로 등치된 여성을 직접적으로 상품화한다. 성의 상품화는 남성의 성적 욕구를 해소하기 위해 여성의 성을 물物로서 취급하고 매매의 대상으로 간주하는 것이며, 이를 통해 여성은 모성과 창부성이라는 극단적인 두 이미지를 갖게 된다.

대부분의 페미니즘이 여성의 남성 영역으로의 진출을 기획하는데 비해 생태여성주의ecofeminism는 여성이 남성을 대체함으로써 가부장제를 해체하려고 한다. 생태여성주의에서의 여성은 자연과 등치된다. 여성과 자연을 동일시하는 것은 가부장적 문명의 오래된 전통으로 여기서는 '남성-문명-이성'이 '여성-자연-감성'보다 우위에 있다. 따라서 급진적 페미니스트들은 여성=자연의 등식을 여성차별을 위한 젠다의 하나로 간주했다.

반다나 시바(Vandana Shiva, 1952-)는 생태여성주의의 대표적 사상가. 그녀가 수립하려는 '지구민주주의(Earth Democracy)'에서는 경쟁과 투쟁, 두려움과 증오심으로 갈라진 인류가 서로에 대한 보살핌, 협동 그리고 동정으로 함께 묶인다.

그러나 생태여성주의자들은 자연으로서의 여성성을 적극적으로 수용하여, 이를 토대로 여성과 자연의 공동의 적인 가부장제를 해체하고 남성이 지배하는 지구를 탈환하려 한다. 에코페미니즘은 그 명칭에서 보는 것처럼 자연과 여성의 동시적 해방을 추구하는 것이다.

생태여성주의의 입장은 여성노동의 시장진출 문제에 주목하는 마르크스 페미니즘과의 대립을 통해 뚜렷이 나타난다. 이들에 의하면 시장은 남성의 자연 지배를 바탕으로 구축된 영역이며, 생명을 생산하고 보육하는 여성성을 완전히 배제한 영역이다.

따라서 여성의 시장진출은 여성을 가부장제에 동참시키는데 지나지 않는다. 생태여성주의가 추구하는 것은 여성의 남성화나 여성의 인간화가 아니라 인간의 여성화에 있는 것이다. 생태여성주의의 이러한 사상적 과격성은 근대문명을 거부하는 심층생태론과 가부장제를 거부하는 여성주의가 더욱 근본적인 수준으로 통합된 데서 기인

한다.

같은 이유로 이들이 제기하는 의제 역시 근대사회의 주역인 '백인남성'들에 의해 저질러지는 모든 문제들을 포괄하고 있고 자본주의를 반대하는 다른 사회운동들과도 폭넓게 연대하고 있다.

찾아보기

| 저자소개 |

김 준 호(金俊浩)

1953년 경남 함양 출생
고려대학교 사학과 졸업
고려대학교 경제학과 대학원 졸업
고려대학교 강사
대전대학교 경제학과 교수(현)
일본 구마모토학원대학 교환교수
대전대학교 법경대학장

저서로는 『노동경제학(노동문제연구소, 1982, 공역)』『경제사입문(백산서당, 1984, 편역)』『경제사(나남, 2003)』 등이 있고, 「한국고대사회의 공납적 수취에 대하여」 등 경제사 관련 논문 다수 발표.

경제학산책 값13,000원

2009년 9월 1일 초판인쇄
2009년 9월 3일 초판발행

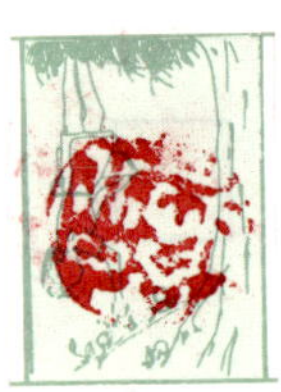

저 자 김 준 호
발행인 리 재 영
발행처 新論社
등록번호 제10-308호(1989.3.4)

판매처 새문사
등록번호 제1-273호(1977.9.19)

주소 : 서울시 마포구 용강동 494-80
전화 : (02)715-7232(代), 717-7235, Fax : (02)715-7235
E-mail : sinlon@saemoon.co.kr
website : www.saemoonbook.com

ISBN : 89-7411-262-2 93320